权威·前沿·原创

皮书系列为

“十二五”“十三五”“十四五”时期国家重点出版物出版专项规划项目

智库成果出版与传播平台

智能网联汽车网络安全与数据安全发展报告（2023）

ANNUAL REPORT ON THE DEVELOPMENT OF INTELLIGENT CONNECTED VEHICLE NETWORK SECURITY AND DATA SECURITY (2023)

主　编 / 中国汽车工程研究院股份有限公司
车联网安全联合实验室

社会科学文献出版社
SOCIAL SCIENCES ACADEMIC PRESS (CHINA)

图书在版编目(CIP)数据

智能网联汽车网络安全与数据安全发展报告.2023/中国汽车工程研究院股份有限公司，车联网安全联合实验室主编.-- 北京：社会科学文献出版社，2023.11
（智能网联汽车蓝皮书）
ISBN 978-7-5228-2590-8

Ⅰ.①智… Ⅱ.①中… ②车… Ⅲ.①汽车-智能通信网-信息安全-研究报告-中国-2023 Ⅳ.①U463.67

中国国家版本馆 CIP 数据核字（2023）第 187468 号

智能网联汽车蓝皮书

智能网联汽车网络安全与数据安全发展报告（2023）

主　　编 / 中国汽车工程研究院股份有限公司　车联网安全联合实验室

出 版 人 / 冀祥德
责任编辑 / 吴　敏
责任印制 / 王京美

出　　版 / 社会科学文献出版社·皮书出版分社（010）59367127
地址：北京市北三环中路甲 29 号院华龙大厦　邮编：100029
网址：www.ssap.com.cn
发　　行 / 社会科学文献出版社（010）59367028
印　　装 / 天津千鹤文化传播有限公司

规　　格 / 开 本：787mm×1092mm　1/16
印 张：22.75　字 数：338 千字
版　　次 / 2023 年 11 月第 1 版　2023 年 11 月第 1 次印刷
书　　号 / ISBN 978-7-5228-2590-8
定　　价 / 128.00 元

读者服务电话：4008918866

《智能网联汽车网络安全与数据安全发展报告（2023）》
编　委　会

主　任　万鑫铭

顾　问　王永建　郭　磊　董红磊　于海洋　樊俊锋
　　　　刘　虹　李　均　王　潼　杨彦召　汪向阳
　　　　冀浩杰　郭云川　贺　鹏　陈宇鹏　王贵勇
　　　　毕　波　杨贵永　刘宗成　张　军

主　编　刘　明　王薛超

执笔人　林　波　朱云尧　杨红松　吴胜男　廖　文
　　　　程国力　刘　虹　倪　华　赵　星　曲现国
　　　　林　烨　云　雷　刘奕宏　王　强　沈　尧
　　　　陈　凯　纪妮丝　李慧慧　邢　凯　赵焕宇
　　　　李　成　石天翔　杨文昌　张中维　汪向阳
　　　　徐艳琴　于娜娜　袁　静　郭海龙　郑少鹏
　　　　沈　毅　宋雪冬　刘为华　康　亮　秦洪懋
　　　　陈丽蓉　谭成宇　罗　薇　杨腾宇　赖栅芃
　　　　李　萱　朱娱庆　李武庆　徐艳琴　杨　波
　　　　陈　聪　王　莉　佟　冬　王　鹏　庞振江
　　　　陶士昌　安　焘　李　昂　马一鸣　韩紫洁

张海春	王春程	田　羽	潘　宇	胡　强
童海涛	叶文虎	曹　阳	周逢军	孙晓东
王　波	贺丹丹	郭燮阳	李　挥	武新世
陈友中	蒋傅礼	刘文浩	王　滨	陈锐辉
刘大鹏	张科强	乐易旺	王金龙	欧阳周婷
王长胜	王　佳	郝伟杰		

支持单位

国家市场监督管理总局缺陷产品管理中心
工业和信息化部电子第五研究所
江苏省智能网联汽车创新中心
华为技术有限公司
上海蔚来汽车有限公司
北京紫电安信跨境数据科技有限公司
上海临港绝影智能科技有限公司
重庆赛力斯新能源汽车设计院有限公司
吉利汽车研究院（宁波）有限公司
智车信安（苏州）信息安全科技有限公司
中电车联信安科技有限公司
上海伊世智能科技有限公司
大陆投资（中国）有限公司
南京领行科技股份有限公司
北京驭安科技有限公司
上海智能网联汽车技术中心有限公司
广东交通职业技术学院
重庆长安汽车股份有限公司
郑州信大捷安信息技术股份有限公司
湖南大学无锡智能控制研究院

广东为辰信息科技有限公司
国家金融科技测评中心
网络通信与安全紫金山实验室
北京智慧云测设备技术有限公司
北京智芯微电子科技有限公司
上海集度汽车有限公司
开源网安物联网技术（武汉）有限公司
国科础石（重庆）软件有限公司
北京神州绿盟科技有限公司
北京大学深圳研究生院
合众新能源汽车股份有限公司
北京犬安科技有限公司
北京大学深圳研究生院
佛山赛思禅科技有限公司
城市之光无人驾驶（深圳）有限公司
深圳市中安无人系统研究院
安徽云乐新能源汽车有限公司

序　言

随着新一轮科技革命发展和国际形势演变，世界各国对于产业链、供应链主导权的争夺日趋激烈，我国汽车产业体系发展也面临着诸多风险与挑战。汽车产业进入了科技创新驱动发展阶段，智能网联汽车已成为汽车产业创新发展的重要方向，通过与交通、能源、信息网络融合以及人工智能的广泛应用，为汽车新技术和相关产业提供了重要的应用场景。伴随着汽车的“电动化、智能化、网联化、共享化”新四化理念在中国的落地落实，智能网联汽车成为人工智能、大数据、5G等技术的重要载体，实现了车与车、车与路、车与人、车与道路设施、车与网络的全方位连接，其蓬勃发展将带动智能交通、智慧能源、智慧城市等领域的深刻变革。我国高度重视和大力支持智能网联汽车发展，当前智能网联汽车正处于技术快速演进、产业加速布局的关键时期。中国汽车产业处于全球汽车技术应用的领先梯队，汽车产业加速转型升级，积极营造高质量发展新生态。

汽车智能化水平不断提升，由传统的交通运输工具转变为智能移动储能终端。智能网联汽车将强化车辆与外部环境的互联，提高汽车信息服务水平，实现智能网联汽车功能硬件与软件兼顾的目标，丰富现代汽车的典型应用场景，为汽车产业提供创新驱动力和新增长点；智能网联汽车通过新一代移动通信技术将自动驾驶汽车和智能交通有机结合，实现汽车安全、高效及智能出行，提升智能网联汽车产业链价值，为汽车产业可持续发展提供中国方案。智能网联汽车通过车路云一体化发展路径，促进道路、车辆、能源、制造、服务等全方位的智能动态协同，大幅提升生产生活效率、提高交通效率、降低能源消耗，加快智能交通系统构建与智慧城市发展，带动整个社会智能转型。

车载雷达、车规级安全芯片、大数据和AI算法等智能网联汽车软硬件技术不断成熟，自适应巡航、自动泊车、主动车道保持、自动变道等辅助驾驶功能得到广泛应用，外部环境感知与内部设备系统的交互逐渐增加，实现了车联万物的智能交互体验，但同时也带来了更为复杂的安全挑战。智能网联汽车架构借鉴已有计算和网联架构，同时也面临这些系统的安全缺陷困扰，众多传统网络攻击手段同样适用于智能网联汽车，导致其网络安全风险增加。此外，智能网联汽车需要融合处理更多源的数据，涉及的数据量也较大，且具有多样性、规模性、非结构性、流动性等特点，在数据的全生命周期中容易产生数据安全隐患。同时，智能网联汽车新技术、新业态、新产品的不断涌现导致现有监管能力提升滞后，由此产生了大量跨行业、跨技术问题，使政府的监管面临严峻的考验，也对中国的汽车产业升级和全球产业链格局重构提出了更高的要求。

智能网联汽车涉及汽车、传统IT技术、通信技术、大数据和访问控制技术等诸多技术的融合，相关功能的实现主要依赖海量数据，智能网联汽车上下游产业链众多，车辆终端、车间网络及车云平台等各个方面在数据全生命周期的各个阶段都面临着被攻击的威胁。智能网联汽车网络安全与数据安全问题已经成为全球重要的安全课题之一，各国政府与组织机构围绕政策标准，出台了一系列相关的法律法规与标准规范。国外在制定标准和管理实践过程中，出台了严格的管理规定，包括涉及行为事件、设计方案、分析和关联测试数据等内容的完整保存，便于发生安全事故后的追查溯源。国内在智能网联汽车网络安全与数据安全标准制定方面，除涉及抵御网络攻击、漏洞检测和修补、数据加密防篡改等基本安全功能需求外，还应结合汽车功能安全需求，覆盖车辆终端安全、车辆间数据传输功能完备以及用户网络安全与数据安全等内容。当前智能网联汽车网络安全与数据安全保障体系已初具规模，但是在数据采集、存储、传输、使用和跨境流动等环节仍存在较大安全风险，迫切需要提升智能网联汽车网络安全与数据安全防护能力，推动智能网联汽车产业健康有序发展。

近年来，国内智能网联汽车产业规模持续扩大，智能网联汽车的网络安全和数据安全问题逐渐得到重视。中央网信办、工业和信息化部等部门针对我国智能网联汽车产业发展现状，围绕智能网联汽车网络安全和数据安全开展深入调研，加强标准体系规划与政策措施研究、管理制度建设的协同，加快整车关键系统零部件功能安全建设，推进我国智能网联汽车网络安全与数据安全工作稳步开展。以汽车产品为核心，统筹推进智能网联汽车标准体系建设，继而推进智能网联汽车产业链的现代化发展，构建中国汽车工业发展新格局，为智能网联汽车行业健康有序发展保驾护航。

本书以“智能网联汽车网络安全与数据安全”为主题，从智能网联汽车网络安全与数据安全概念出发，系统性介绍了智能网联汽车网络安全和数据安全发展现状以及多种安全架构设计方案和相关技术，详细阐述了网络安全与数据安全方面的薄弱点与威胁来源。通过对比各国政策法规与标准规范，梳理了智能网联汽车行业技术体系和产品体系，分析了智能网联汽车网络安全与数据安全发展中存在的安全威胁以及技术难点，为行业监管方向和规范化管理体系建设提出了相应建议。

在本书的编撰过程中，得到了汽车和网络安全与数据安全产业界、科学界等专家老师的大力支持和悉心指导，各位编写成员付出了辛勤努力，社会科学文献出版社为本书出版做了大量工作，在此一并表示感谢！鉴于本报告主题属于新兴领域，数据来源以及资料难免存在纰漏，未来编委会将围绕智能网联汽车网络安全与数据安全展开持续深入研究，力争将本书打造成业内权威的年度报告，希望这份凝聚全行业专家心血和智慧的成果报告，能够对智能网联汽车网络安全与数据安全产业发展起到积极的推动作用。

希望中国汽车工程研究院股份有限公司能够继续发挥汽车行业重要三方机构的组织优势和引领作用，探索更深更广的行业研究工作，为建设汽车强国作出重要贡献。

摘　要

《智能网联汽车网络安全与数据安全发展报告（2023）》是聚焦智能网联汽车领域网络安全与数据安全技术和产业发展的年度研究报告。智能网联汽车网络安全与数据安全产业发展处于初期阶段，政策法规、标准规范等管理体系仍需完善，关键技术与核心产品亟待突破，本报告将根据行业热点、难点每年聚焦不同的技术领域和产业链环节，全方位、多视角分析智能网联汽车网络安全与数据安全发展现状及趋势。本报告由中国汽车工程研究院股份有限公司牵头，联合众多网络安全与数据安全公司、安全芯片公司、关键零部件商、整车企业、高校、科研院所等相关研究人员共同撰写完成。

随着“电动化、智能化、网联化、共享化”理念的落地落实，以及汽车车载应用软件使用量的不断增加，智能网联汽车成为推动车联网产业高质量发展、促进世界经济持续增长的重要引擎。预计 2025 年全球网联汽车销售规模为 7830 万辆，五年复合增长率将达到 11.5%；2026 年全球自动驾驶车辆销售规模为 8930 万辆，五年复合增长率将达到 14.8%，发展空间十分广阔。我国为了推动智能网联汽车发展，相继制定了一系列政策法规和标准体系，力促汽车、通信、交通等协同发展。2022 年我国智能网联汽车市场规模约为 1209 亿元，同比增长 19.5%，预计 2023 年将增至 1503 亿元。随着“新四化”进程加速，智能网联汽车用户对汽车驾驶安全性、舒适性和便利性等的要求越来越高，汽车智能网联功能渗透率进一步提高。与此同时，网络安全威胁加速渗透，网络攻击急剧增加，个人信息过度采集、敏感数据非法利用、重要数据违规出境等智能网联汽车网络安全与数据安全相关问题持续增加。当前，我国智能网联汽车产业进入全新发展阶段，技术加速迭代演进、产业发展不断深化、行业监管需求迫切，对新形势下的网络安全与数据安全治理工作提出了更高的要求。应结合智能网联汽车技术深度融合与跨领域协同的发展特点，从法规、标准、技术、产品、产业等方面构建智能网联汽车网络安全与数据安全生态，加快推进网络安全与数据安全监管体系建设，确保智能网联汽车产业高质量发展。

本报告分为总报告、政策标准篇、数据安全篇、网络安全篇、检测篇、技术篇、专题篇及附录八个部分。总报告介绍了国内外智能网联汽车的网络安全与数据安全发展现状与最新进展，并提出了智能网联汽车网络安全与数据安全发展中存在的安全威胁、技术难点及挑战。根据相关部门的要求，对现有智能网联汽车网络安全与数据安全技术进行了分析，并提出了智能网联汽车网络安全与数据安全相关措施。政策标准篇对比分析了国内外关于智能网联汽车网络安全与数据安全的一系列法律法规与标准框架，对智能网联汽车网络安全与数据安全政策标准与管理规范进行了解读，探讨了智能网联汽车网络安全与数据安全的发展态势、智能网联汽车产业亟待解决的问题。数据安全篇介绍了智能网联汽车数据安全发展现状和面对的风险。根据现有数据安全防护策略与管理体系，结合相关法律法规，对智能网联汽车数据安全面对的挑战与存在的不足进行了分析。网络安全篇介绍了智能网联汽车网络安全现状，对现有的网络安全威胁及常见的网络攻击框架进行了分析。对比分析了国内外网络安全方面的管理体系与技术体系，探讨了网络安全防护的不足之处和未来技术发展趋势。检测篇介绍了智能网联汽车网络安全与数据安全的政策法规与标准规范，分析了常用的风险评估方法以及功能安全与网络安全的联系。围绕硬件安全、固件安全、系统安全、总线安全、无线电安全、网络安全、Web 安全、移动安全、传感器安全等分析了智能网联汽车网络安全测试体系，讨论了提升智能网联汽车安全防护能力的测试验证技术以及安全合规性测试技术。技术篇对 VSOC 发展现状、架构体系、关键技术等进行了分析，介绍了汽车安全运营中心 VSOC 技术的演进；围绕硬件安全、密钥管理安全、OTA 安全、系统安全、通信安全、云平台安全等技术介绍了车联网安全防护能力评估技术；对区块链技术以及隐私计算进行了介绍，并研究了网络安全与数据安全新技术，以期为行业提供技术引导；从定义、现状、区别及实现方式等角度，全面介绍了自动驾驶数据记录系统（DSSAD）技术，以期为自动驾驶数据存储保护提供支持。专题篇包括多个子专题：介绍了新能源汽车远程升级召回管理现状，分析了远程升级的监管挑战；通过对智能网联汽车漏洞评价标准的分析，介绍了智能网联汽车漏洞生命周期管理方法；介绍了智能网联车车云零信任网络规划；对智能网联汽车隐私开发方法与流程进行了深层次分析；围绕车载中间件面临的信息安全威胁提出了车载中间件信息安全策略并展望了未来发展趋势；通过对多边共管多标识网络体系的分析，提出了基于未来网络体系的车路云天地一体化体系 MIN-V2X。附录为政策汇编等资料。

关键词： 智能网联汽车　网络安全　数据安全

目　录

Ⅰ　总报告

Ⅱ　政策标准篇

Ⅲ　数据安全篇

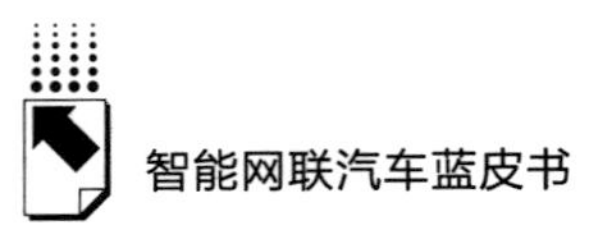

Ⅳ 网络安全篇

Ⅴ 检测篇

Ⅵ 技术篇

Ⅶ 专题篇

皮书数据库阅读**使用指南**

总 报 告

B.1
智能网联汽车网络安全与数据安全发展现状及挑战

摘　要： 本报告从智能网联汽车的网络安全与数据安全概念出发，介绍了国内外智能网联汽车的网络安全和数据安全的发展现状与最新进展，并提出了智能网联汽车网络安全与数据安全发展中存在的安全威胁、技术难点及挑战。通过对现有的安全防护能力评估技术与测试技术的剖析，结合国家相关部门的要求，从政策、标准、产业协同、整车企业等方面提出了智能网联汽车网络安全与数据安全相关措施。

关键词： 智能网联汽车　网络安全　数据安全　安全威胁　安全防护能力评估技术

一　智能网联汽车网络安全与数据安全概述

（一）基本概念

随着5G、大数据、云计算、物联网等技术的成熟，智能网联汽车产业发展日趋多元化。智能网联汽车产业是涵盖汽车制造、电子信息、通信、交通运输等领域的新兴产业，受到了国家的重视，是我国经济发展的重点。

伴随着传统汽车产业与电子信息、通信和道路交通运输等行业的深度融合，智能网联汽车日趋大众化。智能网联汽车采用人工智能、大数据、5G等技术，搭载先进传感器、控制器和执行器等装置，实现了车与车、车与路、车与人、车与道路设施、车与互联网的全方位协调。根据数据交互标准与通信协议满足数据交换、信息通信、自动驾驶等功能性需求，为智能网联汽车用户群体提供道路交通信息、信息娱乐、行车路线规划、自动辅助驾驶、远程控制等功能服务。

随着汽车智能化水平的提升以及使用人群的增加，智能网联汽车网络安全与数据安全面临着巨大的风险与挑战。由于智能网联汽车数据来源和类型的多样化，在汽车和数据全生命周期的各个阶段遭遇的通信劫持、欺骗攻击、漏洞利用等层出不穷。为了对智能网联汽车网络安全与数据安全风险进行有效防范与抵御，需要建立灵活的网络安全和数据安全保护机制，加强对数据加密技术、可信计算技术、终端设备认证技术等安全技术的研究，搭建智能网联汽车网络安全与数据安全风险评估平台，最大程度避免智能网联汽车网络与数据遭到不法人员的攻击与漏洞利用。

（二）智能网联汽车网络安全与数据安全分类

智能网联汽车是融合了汽车、传统IT技术、通信技术、大数据和人工智能等诸多技术的载体，涉及云、管、端各个层面，智能网联汽车数据来源和类型多样化，车辆终端、车间网络及车云平台等各个方面在数据全生命周期的各个阶段都可能面临着被攻击的威胁，智能网联汽车网络安全与数据安全面临的安全风险日益增加。网络安全是为了保护计算机、服务器、移动设备、电子系统、网络和数据免受恶意攻击，如在车辆与车辆、车辆与道路之间进行信息交互的过程中，当遭遇云端、移动端、车端、路边系统及通信链路的各种网络安全攻击时能够保证自身数据功能的完整性以及不可窃取性；数据安全是指通过一些措施确保数据处于被有效保护和合法利用的状态，以及具备保障持续安全状态的能力，要保证数据全生命周期的安全，包括数据采集、传输、存储、处理、合作/共享、销毁等。

1. 网络安全

近几年智能网联汽车产业飞速发展，大量车辆接入互联网，智能网联汽车架构愈发复杂，外部接口不断增多，车辆与车辆、车辆与道路之间进行的信息交互更加频繁，面临云端、移动端、车端、路边系统及通信链路等各种网络安全威胁。

目前智能网联汽车网络安全主要攻击点集中在云端、车端、移动端、车企内部及供应链五个方向，如恶意软件、勒索软件、网络钓鱼、内部威胁、伪装攻击、假冒攻击、篡改攻击、分布式拒绝服务（DDoS）攻击、高级持续性威胁（APT）、中间人攻击等。为解决当下面临的智能网联汽车网络安全威胁问题，需要采用数据加密技术来确保数据保密性；为解决伪装与假冒问题，需要对通信设备与通信数据的真实性与合法性进行检测；为解决攻击者篡改实体的问题，需要采取有效的方法保证实体的完整性；为解决拒绝服务攻击问题，可以利用防火墙、网关等技术抵御外部攻击，用有效的检测手段抵御子网内部攻击。智能网联汽车网络安全防护所需的四个要素包括入侵检测、保密通信、安全认证、权限管理，可以为智能网联汽车提供更为全面的网络安全保护。智能网联汽车网络安全问题相对复杂，主要措施包括车端系统安全、汽车通信安全、云端系统安全、路端系统安全、智能算法安全等。

2. 数据安全

汽车网联化水平不断提高，车内外交互信息越来越多，也越来越复杂，智能网联汽车数据安全问题愈发突出。数据安全是数据全生命周期安全，包括数据采集、数据传输、数据存储、数据处理、数据交换、数据销毁等阶段。目前，智能网联汽车数据安全风险主要涉及三个层面：个人层面、产业层面以及跨境层面。

在个人层面，为确保智能网联汽车适用于不同的场景以及为用户提供多种多样的服务，零部件生产商、整车厂商、网络运营商等利益相关方都有可能对车辆各类数据进行采集与使用，包括身份信息、联系方式、车辆轨迹等信息，甚至涉及用户声音、面部、指纹、体态等敏感生物信息，并且可能在用户不知情的情况下通过车联网功能采集和处理相关数据。智能网联汽车相关数据被过度采集和非法使用会引发个人信息和重要数据安全风险，对个人隐私权造成严重的侵害。

在产业层面，智能网联汽车具有场景复杂化、功能多元化的特点。智能网联汽车包含的通信、娱乐、导航、远程控制等功能性模块涉及大量汽车运行、车辆状态、用户行车轨迹等高价值数据。同时，在智能网联汽车数据存储、加密、访问、传输以及共享等方面缺乏严格的管理规范，责任边界模糊。此外，智能网联汽车的产业链条过长，很多开发组件与软件都来自全球供应链，任何一个环节的数据安全防护不严密都可能造成严重的信息泄露与数据安全隐患。

在跨境层面，智能网联汽车全球产业链的高度融合为其发展带来了便利，但随之而来的是数据出境传输问题。数据出境涉及个人信息与重要数据出境问题，其中或含有影响国家安全的道路、环境、车流分布、人员出行等数据，以及涉及公民个人隐私的车内影像、位置轨迹、驾驶行为、生物特征等。当缺乏严格有效的监管制度时，极易出现智能网联汽车数据分级不当、数据处理活动欠规范、数据全生命周期安全保障能力不足等问题，很可能对国家安全、公共利益、公民个人隐私和财产甚至人身安全带来不可预料的危害。

二　智能网联汽车网络安全与数据安全发展现状

（一）网络安全发展现状

随着汽车智能化、网联化水平不断提高，智能网联汽车的集成度与复杂性逐步提升，暴露出的网络安全问题不容忽视，社会各界对智能网联汽车网络安全问题日益重视，不断完善网络安全相关政策法规与标准，建立网络安全技术体系与测试体系。智能网联汽车网络安全成为当前汽车产业发展的重头戏。

1. 网络安全政策法规与标准

国外的智能网联汽车网络安全政策法规与标准不断推陈出新。2022 年 9 月，欧盟发布《网络弹性法案》（*EU Cyber Resilience Act*），提出了智能网联汽车相关的数字产品从设计阶段到淘汰阶段的整个生命周期符合网络安全要求，从而保障产业链供应链网络安全。2023 年 2 月，国际标准化组织发布 ISO 24089，提出了汽车软件升级需关注车辆、基础设施、软件升级活动的网络安全要求和能力建设。

国内也非常重视智能网联汽车网络安全发展，颁布了系列法规对汽车网络安全发展予以规范和指导。2023 年 5 月，工信部公开征求《汽车整车信息安全技术要求》强制性国家标准的意见，明确车辆安全技术要求及测试验证方法。

2. 网络安全技术体系

国外提出的汽车网络安全技术架构主要由基础设施层、网络层、应用层三部分构成。其中，基础设施层是构建汽车网络安全技术体系的基础，其安全性对整个系统的稳定性和可靠性影响很大，因此需要进行严格的监管。网络层是构建汽车网络安全技术体系的关键一环，需要采用诸多技术手段来保障通信安全，如数据加密、身份认证等。应用层是最容易遭受攻击的，需要采取各种安全策略和技术手段，确保应用程序的安全性，防止恶意攻击造成的严重后果。

国内汽车网络安全技术架构主要由边界防护层、数据传输层和内部管控层三部分构成。其中，边界防护层用于保护车载系统不受外部攻击。数据传输层用于解决数据安全传输问题。为了保障数据传输安全，国内汽车网络安全技术体系采用了基于加密技术的点对点传输方式，并且要求在传输数据前必须进行身份验证。内部管控层用于车辆内部系统的安全管控，通过应用安全软件等手段，保证车辆内部系统免受内部攻击和病毒感染。

3. 网络安全测试体系与平台

智能网联汽车网络安全测试体系主要包含硬件安全测试技术、固件安全测试技术、系统安全测试技术、总线安全测试技术、无线电安全测试技术、网络安全测试技术、Web 安全测试技术、移动安全测试技术、传感器安全测试技术等。

目前，智能网联汽车网络安全测试平台主要为 B/S 架构，分为测试协作平台、测试代理、测试子系统、测试机柜等。在各个系统共性关键检测技术的基础上，智能网联汽车网络安全检测平台集成各类网络安全检测工具，应用于智能网联汽车产品的单元测试、集成测试、渗透测试阶段。

（二）数据安全发展现状

与传统汽车相比，智能网联汽车需要对多方面的数据进行融合处理，涉及的数据量极其庞大且具有多样性、规模性、非结构性、流动性、涉密性等特点。在数据的全生命周期，很容易产生数据安全问题。此外，随着智能网联汽车的普及，其数据安全问题不容忽视，是智能网联汽车发展的关键。

1. 数据安全政策法规与标准

2022 年 2 月，欧盟发布了《数据法：关于公平访问和使用数据的统一规则的法规提案》（草案），对智能网联汽车数据的归属权和分享权进行了细致规定。2022 年 8 月，欧盟发布（EU）2022/1398 更新整车型式认证。按照法规获得的 UN 型式认证正式成为被欧盟认可的申请 WVTA 认证的基础依据，以更好地应对数据安全威胁。

2022 年 7 月，国家互联网信息办公室发布的《数据出境安全评估办法》对个人信息、重要数据两大类内容进行规范管理。2022 年 10 月，工信部对推荐性国标《智能网联汽车数据通用要求》公开征求意见，规定了智能网联汽车数据的一般要求、个人信息保护要求、重要数据保护要求、审核评估要求等；《智能网联汽车数据通用要求》的内容被强标《汽车整车信息安全技术要求》引用。2023 年 5 月，北京市高级别自动驾驶示范区工作办公室发布的《北京市智能网联汽车政策先行区数据安全管理办法（试行）》填补了国内自动驾驶示范区级数据安全管理的空白，构建了示范区企业数据能力提升及共享机制。

2. 数据安全技术体系

目前，国内外数据安全技术体系主要是借鉴 IPDR 模型，根据数据安全的建设规范，确定数据安全技术与工具。通过对数据全生命周期的典型场景进行风险监测，评估现有数据安全措施的薄弱点与优点，对数据安全措施的薄弱部分进行优化，进而提升数据安全防护能力。

此外，国内对于自动驾驶数据记录系统（DSSAD）也提出相关要求。自动驾驶数据记录系统（DSSAD）一般配备在具有 L3 级及以上自动驾驶系统的车辆上，在智能网联汽车自动驾驶期间，完成对数据的监测、采集、记录等。当发生数据安全事件后，自动驾驶数据记录系统（DSSAD）可以对自动驾驶期间的数据进行提取，还原用户与自动驾驶系统之间在事件发生前后的交互场景，为智能网联汽车数据安全及责任划分提供有效的保障。

3. 数据安全防护策略

智能网联汽车数据安全与传统的互联网应用架构模型息息相关，在传统互联网系统的数据安全防护策略和手段的研究基础上，形成智能网联汽车数据安全防护策略。总体防护策略覆盖数据全生命周期，在数据全生命周期的每个环节上确保数据安全的防护能力。智能网联汽车防护策略覆盖数据提取、大数据平台、车机数据流转、App 用户数据流转、安全传输、数据使用、数据第三方共享、数据溯源等威胁智能网联汽车数据安全的典型场景，对威胁智能网联汽车数据安全的典型场景进行风险分析，有针对性地提出数据安全防护策略，为智能网联汽车数据安全保驾护航。

三　智能网联汽车网络安全与数据安全面临的问题及挑战

（一）政策方面

随着《网络安全法》《数据安全法》《个人信息保护法》等法律法规的发布和实施，智能网联汽车网络安全与数据安全问题逐渐受到行业的重视，但是关于汽车行业如何在实际工作中有效且系统应对合规要求尚无明确的标准指导和行业共识。目前我国针对智能网联汽车重要数据采取穷举的方式来进行定义，如《数据安全法》就规定了如何对数据进行分类分级。然而，随着技术的不断进步以及智能网联汽车的发展，通过穷举很难系统概括智能网联汽车数据的全部范畴，也难以对智能网联汽车网络安全与数据安全进行全面的保护。

在《网络安全法》《数据安全法》《个人信息保护法》三大基本法的框架要求下，应出台智能网联汽车网络安全与数据安全规范指南，用于指导智能网联汽车网络安全与数据安全的相关管理工作，对智能网联汽车网络安全与数据安全的非法行为进行严厉的处罚。同时通过各种措施宣传智能网联汽车网络安全与数据安全规范，加强用户的维权意识、网络安全与数据安全防范意识，实现对智能网联汽车网络安全与数据安全的全面保护。

（二）标准方面

汽车智能化水平的提升以及技术的融合在给用户带来便利的同时，也使得汽车网络安全与数据安全义务更加复杂，安全责任边界和归属比较模糊。目前国内外行业组织都意识到智能网联汽车网络安全与数据安全标准的重要性，中国通信标准化协会（CCSA）、车载信息服务产业应用联盟（TIAA）、中国智能网联汽车产业创新联盟（CAICV）等标准委员会及行业组织积极研究制定智能网联汽车网络安全与数据安全标准。但目前已发布的网络安全与数据安全相关标准较少，大多是在《数据安全法》和《个人信息保护法》之前制定的，并没有与管理体制形成有效配合。根据工信部发布的《车联网网络安全和数据安全标准体系建设指南》《国家车联网产业标准体系建设指南（智能网联汽车）（2023版）》，制定和完善智能网联汽车网络安全与数据安全相关标准，明确安全义务的责任主体，有效管理智能网联汽车网络安全与数据安全。

国外在制定智能网联汽车网络安全与数据安全实践指南和标准过程中，倾向于更加严格的规定，除了明确能够抵御网络攻击、漏洞检测、数据防篡改等基本安全功能要求外，还针对汽车功能，在车辆终端安全、车辆间数据传输功能完备以及用户数据安全等方面提出了相应的要求。

国内可以借鉴国外的相关标准，结合国内智能网联汽车发展形势，出台智能网联汽车网络安全与数据安全实践指南和标准，为智能网联汽车行业各方提供切实有效的标准制度支持，在促进智能网联汽车发展的同时加强对网络安全与数据安全的保护。

（三）产业协同方面

智能网联汽车产业链长、主体多元复杂，智能网联汽车的生产和应用涉及软硬件研发生产、汽车制造（集成）商、互联网云厂商、电信运营商、业务运营等领域。智能网联汽车网络安全与数据安全防护体系复杂，行业各方自身的技术优势差异较大，网络安全与数据安全的保护难度较大。比如传统汽车企业熟悉汽车的基本功能、关键系统、核心数据、性能要求以及运行工况，但对于如何建立智能网联汽车网络安全与数据安全风险评估机制与安全防护机制缺乏经验。智能网联汽车上下游供应商缺乏合作意识，无法全面考虑网络安全与数据安全问题，可能存在潜在的网络安全与数据安全风险。

行业各方需要加强交流合作，结合自身的技术优势与产品特点，共同探索智能网联汽车网络安全与数据安全的保护方法。建立完善的不定期交流机制，促进行业各方互相监管与相关成果共享，为智能网联汽车网络安全与数据安全保驾护航。

（四）测试评估方面

目前，智能网联汽车网络安全与数据安全评测还存在较大的技术缺口。车载网联技术方面，缺乏完善的安全测试方法和专业工具，缺乏专业的通信协议分析和威胁预警工具，对智能网联汽车运行过程中产生的数据缺乏有效的利用方法。行业各方在智能网联汽车网络安全与数据安全测试评估方面均有着各自的优势和特点，比如安全公司通过在车端、云端部署探针，完成安全数据采集，并完成基础安全分析与决策。安全人员通过车端和云端安全数据，掌握总体安全态势，按流程有序处理安全事件，最终保障车辆在运营阶段的安全。基于海量数据构建威胁模型，实现对采集、分析、预警、处置的全流程风险管控，实时保障车辆行驶安全。

智能网联汽车网络安全与数据安全相关企业、测试评估平台开发企业等需要加强协同合作，共同搭建智能网联汽车网络安全与数据安全测试评估平台，为智能网联汽车网络安全与数据安全发展营造良好的测试环境。

参考文献

王会杰、杨燕红、李志强：《我国智能网联汽车发展现状及策略分析》，《汽车实用技术》2023 年第 6 期。

杨珊、张莎莎：《论智能网联汽车发展的法律障碍与应对》，《西南交通大学学报》（社会科学版）2023 年第 1 期。

陈岁岁、李娟：《“互联网+”背景下智能网联汽车发展研究》，《汽车测试报告》2023 年第 4 期。

李端、闫寒：《浅析智能网联汽车网络安全》，《工业信息安全》2022 年第 3 期。

陈建辉、李怡飞：《国内车联网领域关键技术的发展现状及趋势》，《汽车实用技术》2023 年第 7 期。

张宁、李文、赵爽：《新形势下的车联网安全风险及应对》，《通信世界》2023 年第 7 期。

李靖：《无人驾驶汽车网络安全问题分析》，《汽车与新动力》2022 年第 6 期。

王兆、李宝田、孙航：《构筑智能网联汽车信息安全标准保障体系》，《中国信息安全》2021 年第 7 期。

安永：《车联网安全风险交织，如何破解严峻形势?》，《汽车与配件》2023 年第 11 期。

吴雨桐、葛悦炜：《自动驾驶汽车信息安全风险下的执法困境及对策研究》，《法制与经济》2023 年第 1 期。

樊哲高：《政策法规促进智能网联汽车规模化发展》，《智能网联汽车》2022 年第 5 期。

葛欣、董建阔、陈滏媛：《智能网联汽车数据安全检测研究现状》，《现代交通与冶金材料》2023 年第 3 期。

蔡方博、张倩、赵晓令：《智能网联汽车操作系统的发展及挑战》，《智能网联汽车》2023 年第 3 期。

陈思琦：《智能网联汽车数据跨境流动的法律问题研究》，《网络安全技术与应用》2023 年第 4 期。

暴爽、李丽香、彭海朋：《智能车联网信息安全研究》，《信息安全与通信保密》2023 年第 3 期。

谷阳阳、王磊、刘鹏飞：《标准政策下智能网联汽车信息安全发展思考》，《汽车实用技术》2022 年第 18 期。

吴海燕、陈朴、陈亚亮：《智能网联汽车数据安全国内外治理机制及政策研究》，《电信快报》2022 年第 9 期。

H. Taslimasa, S. Dadkhah, E. C. P. Neto, et al., "Security Issues in Internet of Vehicles (IoV): A Comprehensive Survey," *Internet of Things*, 2023, Vol. 22.

T. Limbasiya, K. Z. Teng, S. Chattopadhyay, J. Zhou, "A Systematic Survey of Attack Detection and Prevention in Connected and Autonomous Vehicles," *Vehicular Communication*, 2022, Vol. 37.

政策标准篇

B.2 智能网联汽车网络安全与数据安全标准解读

摘　要： 本报告介绍了国内外智能网联汽车网络安全与数据安全的政策规范和标准动态。目前，国际上制定的智能网联汽车相关标准包括保障网络安全与数据安全以应对网络攻击、未授权入侵，安全培训和管理制度，安全防护中及时监测、处理安全风险和提升应对网络安全风险能力等。我国针对智能网联汽车网络安全和数据安全在政策法规、标准体系等方面进行了深入研究。此外，本报告分析了智能网联汽车网络安全和数据安全政策标准现状，通过对智能网联汽车网络安全和数据安全管理、产品管理、保障措施等进行规范，加快形成统一的国家车联网产业标准体系架构，推动我国智能网联汽车网络安全与数据安全工作稳步开展。

关键词： 政策法规　标准体系　安全管理　智能网联汽车

一　国内外智能网联汽车网络安全与数据安全政策标准动态

智能网联汽车网络安全和数据安全作为重要的安全课题之一，各国政府与组织机构在政策标准上积极跟进，出台了一系列法律法规与标准规范。目前，国内外智能网联汽车网络安全与数据安全法律法规体系已初见规模。

（一）国外智能网联汽车网络安全与数据安全相关政策标准

欧洲、美国、日本等国家和地区高度重视智能网联汽车网络安全和数据安全，相关监管机构陆续颁布法律法规，制定配套标准，引导智能网联汽车安全发展。

1. 欧洲

欧洲作为众多整车制造和零部件企业的聚集地，现行关于网络安全和数据安全的法律大部分也适用于智能网联汽车，同时相关组织机构也提出了针对智能网联汽车网络安全和数据安全的专项标准或指导。2018 年 5 月，欧盟《通用数据保护条例》（GDPR）正式生效，由于智能网联汽车全生命周期涉及大量数据处理，汽车数据处理企业应保证用户对于隐私的知情权和控制权等。2019 年，欧盟网络安全局（ENISA）发布了《智能汽车安全的良好实践》（*ENISA Good Practices for Security of Smart Cars*），提出了智能汽车网络安全及隐私保护等问题的解决思路和框架，多项内容在国际范围内尚属首次。2021 年 3 月，欧洲数据保护委员会（EDPB）通过《车联网个人数据保护指南》（*Guidelines 01/2020 on Processing Personal Data in the Context of Connected Vehicles and Mobility Related Applications*），阐释了车联网不同场景下的隐私保护和数据风险以及应对措施。2022 年 2 月，欧盟公布了《数据法：关于公平访问和使用数据的统一规则的法规提案》（*Data Act：Proposal for a Regulation on Harmonised Rules on Fair Access to and Use of Data*）草案全文，对智能网联汽车数据的归属权和分享权进行了规定。2022 年 8 月，欧盟发布（EU）2022/1398 更新整车型式认证，对欧盟 GSR2.0 汽车安全框架性法规（EU）2019/2144 进行了补充和完善，首次将关于网络安全和网络安全管理系统（CSMS）的第 155 号法规（UN R155）纳入欧盟的通用安全法规。按照法规获得的 UN 型式认证正式成为被欧盟认可的申请 WVTA 认证的基础依据，以更好地应对网络安全和数据安全威胁。2022 年 9 月，欧盟发布《网络弹性法案》（*EU Cyber Resilience Act*），适用于所有直接或间接连接到另一设备或网络的数字产品，其中数字产品是指“任何软件或硬件产品及其远程数据处理解决方案，包括单独投放市场的软件或硬件组件”，智能网联汽车相关的数字产品从设计到淘汰的整个生命周期应符合网络安全要求，从而保障产业链供应链网络安全。

2. 美国

美国对智能网联汽车网络安全与数据安全关注较早，政府部门与行业机构陆续通过加强立法、制定政策和实践指南等方式，引导智能网联汽车网络安全和数据安全发展。2016 年 2 月，美国汽车工程师学会（SAE）发布的 SAE J3061 推荐规程《信息物理汽车系统网络安全指南》（*Cybersecurity Guidebook for Cyber-physical Vehicle Systems*）是首部针对汽车网络安全而制定的指导性文件，针对威胁分析和风险评估的方法与汽车网络系统的全生命周期安全保障给出了建议，并定义了安全测试方法的框架，围绕汽车网络安全形成了一套结构化的指导流程和原则。2017 年 7 月，美国通过了《自动驾驶法案》（*Safely Ensuring Lives Future Deployment and Research in Vehicle Evolution Act*）。该法案要求自动驾驶车辆厂商必须制定网络安全计划。2020 年 1 月，美国交通部（USDOT）公布了《确保美国自动驾驶汽车技术的领导地位：自动驾驶汽车 4.0》（*Ensuring American Leadership in Automated Vehicle Technologies：Automated Vehicles 4.0*），确立了自动驾驶在美国的领先地位，明确了自动驾驶十大原则，强调行驶安全和网络安全，确保隐私和数据安全。2022 年 9 月，美国国家公路交通安全管理局（NHTSA）发布了《现代车辆安全的网络安全最佳实践》（*Cybersecurity*

Best Practices for the Safety of Modern Vehicles），对其 2016 年版进行更新，提出了智能网联汽车通用网络安全最佳实践和网络安全技术最佳实践，以确保车辆网络安全。

3. 日本

日本汽车产业发达，高度重视智能交通系统研究，稳步推进智能网联汽车网络安全与数据安全发展。日本《网络安全战略》明确将汽车列入物联网系统安全领域。日本信息处理推进机构（IPA）从汽车可靠性角度出发，通过对汽车安全的攻击方式和途径进行分析定义了汽车安全模型 IPACar。2018 年 9 月，日本国土交通省正式发布了《自动驾驶汽车安全技术指南》，提出汽车生产商及使用自动驾驶汽车的移动服务系统供应商应根据网络安全相关的联合国世界车辆法规协调论坛（WP. 29）的最新规定，在进行车辆的设计和开发时考虑网络安全，包括如何应对黑客攻击等。2020 年 4 月，日本实施新《道路交通法》，正式允许 L3 级自动驾驶汽车上路。

4. 国际组织

2020 年 6 月，联合国世界车辆法规协调论坛（WP. 29）发布了全球首部汽车网络安全与数据安全强制性法规——UN R155（*UN Regulation No. 155 Uniform Provisions Concerning the Approval of Vehicles with Regards to Cyber Security and Cyber Security Management System*），同时发布了 UN R156 软件升级法规（*UN Regulation No. 156 Uniform Provisions Concerning the Approval of Vehicles with Regards to Software Update and Software Updates Management System*）。法规要求在 2024 年 7 月 1 日之后，汽车制造商现有架构的所有车型进入欧盟市场和 1958 协议成员国市场，必须配置 UN R155 法规要求的网络安全管理体系，并确保车型的技术设计和架构符合法规要求。2021 年 3 月，WP. 29 第 183 次全体会议审议通过了 UN R155 解读文件 *Proposals for Interpretation Documents for UN Regulation No. 155*，旨在帮助企业和审核机构理解法规要求，保障不同审核机构评审活动的一致性。2021 年 8 月，由国际标准化组织 ISO 与 SAE 共同制定的 ISO/SAE 21434《道路车辆—信息安全工程》

(*Road Vehicles-cybersecurity Engineering*)标准正式发布，成为首个为汽车行业解决道路车辆网络安全问题的国际性标准，为目前汽车网络安全领域最具权威性、认可度最高的标准。2022 年 3 月，ISO 发布 ISO/PAS 5112《道路车辆—网络安全工程审核指南》(*Road Vehicles-guidelines for Auditing Cybersecurity Engineering*)首版标准。该标准基于 ISO19011:2018《管理体系审核指南》的结构框架，拓展应用至汽车网络安全管理领域，紧密衔接 ISO/SAE 21434 标准相关要求，以支撑指导其审核工作，从审核的角度诠释汽车网络安全管理体系。2023 年 2 月，ISO 发布 ISO 24089《道路车辆—软件升级工程》(*Road Vehicles-software Update Engineering*)，提出了汽车软件升级需关注车辆、基础设施、软件升级活动的网络安全要求和能力建设。

(二)国内智能网联汽车网络安全与数据安全相关政策标准

近年来，国内智能网联汽车产业规模持续扩大，智能网联汽车的网络安全和数据安全问题得到重视。我国相关单位和机构针对智能网联汽车网络安全和数据安全在政策法规、国家标准、行业标准、团体标准等方面进行了深入研究。

1. 政策法规

2020 年 2 月，国家发展改革委等部门联合印发《智能汽车创新发展战略》，拉开了我国智能网联汽车高速发展的序幕，而后智能网联汽车网络安全和数据安全相关政策法规密集出台，如《关于加强智能网联汽车生产企业及产品准入管理的意见》《关于加强车联网网络安全和数据安全工作的通知》《关于开展汽车数据安全、网络安全等自查工作的通知》《关于开展车联网身份认证和安全信任试点工作的通知》等，旨在针对智能网联汽车网络安全和数据安全管理、产品管理、保障措施等提出意见和要求。

2021 年 10 月，作为国内首个汽车行业数据安全政策要求，国家互联网信息办公室联合国家发展和改革委员会、工业和信息化部、公安部、交通运输部发布《汽车数据安全管理若干规定（试行）》，明确了汽车数据、汽车数据处理以及汽车数据处理者的定义和范围，个人信息采集处理要求，汽车数据处理的原则，汽车数据出境管理，数据安全审查备案等；明确汽车数据处理者应当履行个人信息保护责任，加强重要数据安全保护，做好汽车数据安全管理和保障工作。

2022 年 2 月，工业和信息化部发布了《车联网网络安全和数据安全标准体系建设指南》，从顶层设计视角指导汽车数据安全、网络安全相关标准研制，指出预计 2023 年底初步构建车联网网络安全和数据安全标准体系，到 2025 年形成较为完善的车联网网络安全和数据安全标准体系。

2022 年 9 月，国家网信办发布的《数据出境安全评估办法》是基于《网络安全法》《数据安全法》《个人信息保护法》等法律法规制定的，主要针对个人信息、重要数据两大类内容进行规范管理，与智能网联汽车领域息息相关。

2022 年 10 月，工业和信息化部发布的《道路机动车辆生产准入许可管理条例（征求意见稿）》是我国首次对道路机动车辆生产准入条例公开征求意见，突出了智能网联汽车的内容，覆盖管理制度要求、车联网卡要求、网络和服务平台要求、个人信息和数据存储要求，以及漏洞管理制度、风险评估、安全监测及应急制度要求。

2022 年 11 月，为贯彻落实《关于加强智能网联汽车生产企业及产品准入管理的意见》，提升智能网联汽车产品性能和安全运行水平，推动智能网联汽车产业健康有序发展，工业和信息化部会同公安部组织起草了《关于开展智能网联汽车准入和上路通行试点工作的通知（征求意见稿）》，这是针对 L3 级和 L4 级智能网联汽车的准入与上路而发布的指导性文件。

此外，国内各地也发布了智能网联汽车网络安全和数据安全专项工作办法或要求。2022 年 8 月，深圳出台的我国首部规范智能网联汽车管理的法规《深圳经济特区智能网联汽车管理条例》正式实施，其第六章网络安全和数据保护相关条文的关键词句源于《汽车数据安全管理若干规定

（试行）》，同时也承接了《网络安全法》《数据安全法》《个人信息保护法》上位法的相关内容。2022 年 11 月，上海发布全国首部无驾驶人智能网联汽车创新应用法规《上海市浦东新区促进无驾驶人智能网联汽车创新应用规定》，为无人驾驶车的技术创新、道路测试、商业运营等提供了法治支撑。2023 年 5 月，北京市高级别自动驾驶示范区工作办公室正式发布《北京市智能网联汽车政策先行区数据安全管理办法（试行）》，填补了国内自动驾驶示范区级数据安全管理的空白，明确了在市自动驾驶办公室统筹指导下，企业负数据安全主体责任，构建了示范区企业数据能力提升及共享机制。

2. 国家标准

2021 年 10 月，汽车网络安全与数据安全领域首批四项基础性国家标准发布，《汽车信息安全通用技术要求》（GB/T 40861-2021）主要发挥指南性作用，基于汽车网络安全与数据安全风险危害及诱因、系统性防御策略，从保护对象的真实性、保密性、完整性、可用性、访问可控性、抗抵赖性、可核查性、可预防性八个维度明确了通用技术要求，《电动汽车远程服务与管理系统信息安全技术要求及试验方法》（GB/T 40855-2021）、《车载信息交互系统信息安全技术要求及试验方法》（GB/T 40856-2021）、《汽车网关信息安全技术要求及试验方法》（GB/T 40857-2021），涉及车载信息交互系统、汽车网关和电动汽车车载终端三个部件，对于智能网联汽车的典型场景和零部件提出更为具体的网络安全与数据安全要求。

2022 年 6 月，工业和信息化部发布《汽车软件升级通用技术要求》强制性国家标准征求意见稿，规定了汽车软件升级的管理体系要求、车辆要求、试验方法、车辆型式的变更和扩展。

2022 年 7 月，《电动汽车充电系统信息安全技术要求及试验方法》（GB/T 41578-2022）发布，规定了充电系统网络安全与数据安全技术要求和测试方法，包括硬件安全、软件安全、数据安全、通信安全等。

2022 年 10 月，推荐性国家标准《信息安全技术 汽车数据处理安全要求》（GB/T 41871-2022）获准通过，将于 2023 年 5 月 1 日起实施。该标准细化了汽车数据处理者对汽车数据进行收集、传输等处理活动的通用安全要求、车外数据和座舱数据安全要求。

2022 年 10 月，工信部发布推荐性国标《智能网联汽车数据通用要求》公开征求意见，规定了智能网联汽车数据的一般要求、个人信息保护要求、重要数据保护要求、审核评估要求等。

2023 年 5 月，工业和信息化部发布《汽车整车信息安全技术要求》强制性国家标准征求意见稿，规定了汽车网络安全与数据安全管理体系要求、一般要求、技术要求、审核评估及测试验证方法。并在提及数据安全要求时，引用编制中的 GB/T《智能网联汽车数据通用要求》对应的内容。

3. 行业标准

2020 年 8 月，工业和信息化部批准发布《基于公众电信网的联网汽车安全技术要求》（YD/T 3737-2020）行业标准，规定了基于公众电信网的联网汽车安全技术要求，包括 TSP 安全、App 安全、通信安全、终端安全、CAN 总线安全。同期，工业和信息化部批准发布《车联网信息服务 数据安全技术要求》（YD/T 3751-2020）、《车联网信息服务 用户个人信息保护要求》（YD/T 3746-2020），对智能网联汽车数据安全和个人信息提出保护要求。

2021 年 12 月，《基于 LTE 的车联网无线通信技术 安全证书管理系统技术要求》（YD/T 3957-2021）行业标准批准发布，规定了基于 LTE 的车联网安全证书管理系统技术要求，主要内容包括安全证书管理系统架构和相关的显式证书格式及交互流程。适用于 V2X 安全通信的数字证书机制，保证 V2X 通信消息的完整性、真实性、不可否认性及保密性等。

4. 团体标准

智能网联汽车网络安全和数据安全相关的团体标准主要集中在智能网联汽车数据通用要求、数据共享安全、数据全生命周期管理、智能网联汽车终端和零部件、智能网联汽车服务平台等。

二　智能网联汽车网络安全与数据安全政策标准解读

（一）《国家车联网产业标准体系建设指南（智能网联汽车）（2023版）》解读

1. 总体介绍

2023 年 7 月，为适应我国智能网联汽车发展新阶段的新需求，工业和信息化部、国家标准化管理委员会联合修订印发了《国家车联网产业标准体系建设指南（智能网联汽车）（2023 版）》。这是《国家车联网产业标准体系建设指南》的第二部分，是对《国家车联网产业标准体系建设指南（智能网联汽车）（2018 版）》的继承、延伸与完善，是在对第一阶段标准体系建设情况进行客观总结、对智能网联汽车产业新需求和新趋势进行深入分析后，形成的框架更加完善、内容更加全面、逻辑更加清晰的标准体系建设指南，为智能网联汽车产业高质量发展奠定了坚实的基础。

本部分与《国家车联网产业标准体系建设指南》其他部分（总体要求、信息通信、电子产品与服务、车辆智能管理、智能交通相关等部分）共同形成统一、协调的国家车联网产业标准体系架构。智能网联汽车是具备环境感知、智能决策和自动控制，或与外界信息交互乃至协同控制功能的汽车，是推动车联网产业高质量发展、促进世界经济持续增长的重要引擎。当前，我国智能网联汽车产业进入全新的发展阶段，技术加速迭代演进、产业发展不断深化、行业监管需求迫切，对新形势下的标准化工作提出了更高的要求。《国家车联网产业标准体系建设指南（智能网联汽车）（2023 版）》充分考虑了智能网联汽车技术深度融合和跨领域协同的发展特点，设计了“三横二纵”的技术逻辑架构，主要针对智能网联汽车通用规范、核心技术与关键产品应用，构建包括智能网联汽车基础、技术、产品、试验标准等在内的智能网联汽车标准体系，充分发挥标准对智能网联汽车产业关键技术、核心产品和功能应用的基础支撑与引领作用。

下一步，工业和信息化部将深入推进智能网联汽车标准体系建设，继续指导全国汽标委智能网联汽车分标委（SAC/TC114/SC34）及有关单位，加大在功能安全、网络安全、操作系统等重点领域的标准研制力度，积极参与国际标准法规协调制定，推进关键标准的宣贯实施，加快新能源汽车与信息通信、智能交通、智慧城市等融合发展，通过标准引导推动我国智能网联汽车产业高质量发展。

2. 具体内容解读

（1）建设阶段及目标

根据智能网联汽车技术现状、产业需要及未来发展趋势，分阶段建立适应我国国情并与国际接轨的智能网联汽车标准体系。

第一阶段，到 2025 年系统形成能够支撑组合驾驶辅助和自动驾驶通用功能的智能网联汽车标准体系。制修订 100 项以上智能网联汽车相关标准，涵盖组合驾驶辅助、自动驾驶关键系统、网联基础功能及操作系统、高性能计算芯片及数据应用等标准，并贯穿功能安全、预期功能安全、网络安全和数据安全等安全标准，满足智能网联汽车技术、产业发展和政府管理对标准化的需求。

第二阶段，到 2030 年全面形成能够支撑实现单车智能和网联赋能协同发展的智能网联汽车标准体系。制修订 140 项以上智能网联汽车相关标准并建立实施效果评估和动态完善机制，满足组合驾驶辅助、自动驾驶和网联功能全场景应用需求，建立健全安全保障体系及软硬件、数据资源支撑体系，自动驾驶等关键领域国际标准法规协调达到先进水平，以智能网联汽车为核心载体和应用载体，牵引“车—路—云”协同发展，实现创新融合驱动、跨领域协同及国内国际协调。

（2）技术逻辑框架

智能网联汽车标准体系横向以智能感知与信息通信层、决策控制与执行层、资源管理与应用层三个层次为基础，纵向以功能安全和预期功能安全、网络安全和数据安全通用规范技术为支撑，形成“三横两纵”的核心技术架构，完整呈现标准体系的技术逻辑，明确各项标准在智能网联汽车产业技术体系中的地位和作用。同时结合智能网联汽车与移动终端、基础设施、智慧城市、出行服务等相关要素的技术关联性，体现跨行业协同特点，共同构建以智能网联汽车为核心的协同发展有机整体，更好地发挥智能网联汽车标准体系的顶层设计和指导作用（见图 1）。

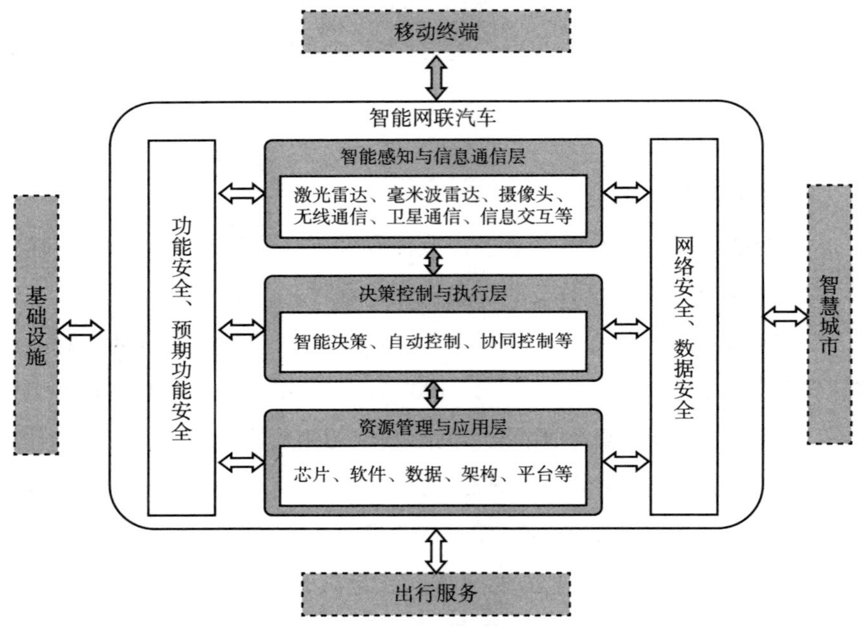

图 1　智能网联汽车标准体系技术逻辑框架

资料来源：《国家车联网产业标准体系建设指南（智能网联汽车）（2023 版）》。

（3）标准体系框架

按照智能网联汽车标准体系的技术逻辑架构，综合考虑不同功能、产品和技术类型、各子系统之间的交互关系，将智能网联汽车标准体系划分为三个层级。其中，第一层级规定了智能网联汽车标准体系的基本分类，即基础、通用规范、产品与技术应用三个部分；第二层级根据标准内容范围和技术等级，细分形成 14 个二级分类；第三层级按照技术逻辑，进一步细化形成 23 个三级分类，从而形成了逻辑清晰、内容完整、结构合理、界限分明的标准体系框架（见表 1）。

表 1　智能网联汽车标准体系

层级	内容																											
层级一	基础			通用规范												产品与技术应用												
层级二	术语和定义	分类和分级	符号和编码	功能安全与预期功能安全		网络安全与数据安全		人机交互		地图与定位	电磁兼容	评价体系及工具				信息感知与融合			先进驾驶辅助		自动驾驶			网联功能与应用		资源管理与应用		
层级三				功能安全	预期功能安全	网络安全	数据安全	驾驶交互	座舱交互			评价及审核能力	管理及开发流程	测试设备及工具	测试场景	雷达与摄像头	车载信息交互终端	感知融合	信息辅助	控制辅助	功能规范	试验方法	关键系统	功能规范	网联技术应用	平台架构	车用软件	车用芯片

（4）网络安全与数据安全部分

智能网联汽车网络安全与数据安全部分标准分为两大类（网络安全、数据安全），一是汽车网络安全标准基于车联网复杂环境，以车端为核心运用纵深防御理念保护其免受网络攻击或缓解网络安全风险，主要包括安全保障类与安全技术类标准。其中，安全保障类标准主要规范了企业及产品相关的体系管理和审核评估方法；安全技术类标准主要包括车用数字证书、密码应用等底层支撑类技术要求，元器件级、关键系统部件级、整车级安全技术要求及测试评价方法，以及入侵检测等综合安全防护技术要求、软件升级技术要求等。二是汽车数据安全标准用于确保智能网联汽车数据处于有效保护和合法利用的状态并具备保障持续安全状态的能力，对数据提出明确的安全保护要求，对重要数据和个人信息提出重点安全保护要求，主要包括数据通用要求、数据安全要求、数据安全管理体系规范、数据安全共享模型和架构等标准（见表2）。

表2　智能网联汽车网络安全与数据安全部分现行和在研标准清单

标准项目及分类		标准类型	性质	计划号/标准号	采用的或相应的国际/国外标准号
网络安全与数据安全(220)					
网络安全(221)					
221-1	汽车整车信息安全技术要求	国标	强制	20214422-Q-339	UN R155
221-2	汽车软件升级通用技术要求	国标	强制	20214423-Q-339	UN R156
221-3	道路车辆信息安全工程	国标	推荐	20230389-T-339	ISO 21434
221-4	汽车信息安全应急响应管理规范	国标	推荐	20213611-T-339	
221-5	汽车信息安全通用技术要求	国标	推荐	GB/T 40861-2021	
221-6	车载信息交互系统信息安全技术要求及试验方法	国标	推荐	GB/T 40856-2021	
221-7	电动汽车远程服务与管理系统信息安全技术要求及试验方法	国标	推荐	GB/T 40855-2021	
221-8	汽车网关信息安全技术要求及试验方法	国标	推荐	GB/T 40857-2021	

续表

标准项目及分类		标准类型	性质	计划号/标准号	采用的或相应的国际/国外标准号
221-9	电动汽车充电系统信息安全技术要求及试验方法	国标	推荐	GB/T 41578-2022	
221-10	汽车诊断接口信息安全技术要求及试验方法	国标	推荐	20211169-T-339	
数据安全(222)					
222-1	智能网联汽车数据通用要求	国标	推荐	20213606-T-339	

网络安全重点方向包括道路车辆网络安全与数据安全工程审核指南、道路车辆网络安全保障等级和目标攻击可行性、道路车辆网络安全验证和确认、汽车网络安全入侵检测技术规范、车载安全模块加密认证技术规范、智能网联汽车数字身份标识、网络安全和个人信息保护智能网联汽车设备的安全要求及评估、汽车电子控制单元安全防护技术规范、汽车数字证书应用规范、汽车密码应用技术要求、汽车安全漏洞分类分级规范、汽车芯片安全技术规范等。

数据安全重点方向包括智能网联汽车数据安全要求、智能网联汽车数据安全管理体系规范、智能网联汽车数据安全共享模型与规范、智能网联汽车数据安全共享参考架构等。另外车用芯片部分标准还包括汽车安全芯片技术要求及试验方法。

（5）组织实施

智能网联汽车标准体系建设的组织实施工作具体包括如下几方面。一是加强统筹协调。在智能网联汽车推进组（ICV-2035）等相关机制下，加强汽车、信息通信、电子、智能交通、车辆管理、密码、地理信息等相关标委会等组织机构的协同配合，形成顶层设计科学、层次结构清晰、职责范围明确、合作协调顺畅的工作模式，以智能网联汽车标准体系为主体，推动国标、行标、团标协同配套，协力研制符合产业发展需要的系列技术标准。二是加速创新驱动。聚焦智能网联汽车重点技术领域，整合行业优势资源力量，充分发挥标准领航效应，实现技术创新与标准制定相互融合、验证试验与效果评估相互促进，引领智能网联汽车新产品、新业态、新模式快速发展，共同加速智能化网联化技术进步，推动构建智能网联汽车融合创新发展的产业生态。三是加深开放合作。积极参与联合国世界车辆法规协调论坛（WP. 29）、国际标准化组织（ISO）、国际电工委员会（IEC）、国际电信联盟（ITU）等国际标准法规协调工作，持续关注自动驾驶、V2X 通信、车用操作系统等国内外技术标准组织相关动态，通过国际专家咨询组（FEAG）及国际标准法规协调专家组（HEAG）等机制，组织开展双边、多边沟通交流，携手推进智能网联汽车国际标准法规制定。四是加快宣贯实施。调动地方主管部门、行业组织、科研院所、高等院校及行业企业等各方力量，推进智能网联汽车标准技术研讨、标准宣贯、示范应用、人才引育等工作，持续提升公众认知。结合技术创新和产业发展趋势，定期开展行业调研与实施效果评估，持续完善标准体系，为产业发展和行业管理提供有力保障。

（二）《道路机动车辆生产准入许可管理条例（征求意见稿）》

1. 基本信息

2022 年 10 月 28 日，工信部发布了《道路机动车辆生产准入许可管理条例（征求意见稿）》（以下简称《条例》），对于车企和车辆生产提出了新要求，其中，突出了智能网联汽车的准入管理内容，对车辆网络安全和车企的信息保护责任做了非常详细的规定，适用于道路机动车辆生产企业在中华人民共和国境内的道路机动车辆生产准入许可管理。

《条例》明确了未来车型必须具备安全、环保和节能功能，并将车辆网络安全与数据安全提升到了全新的高度，有利于提升道路机动车辆网络安全和数据安全保护水平，推动道路机动车辆产业高质量发展。

2. 重难点问题解读

《条例》中第六、九、二十二、二十六至三十、四十八条专门针对智能汽车生产企业的义务提出了网络安全与数据安全要求，主要体现在网络安全、数据安全、个人信息保护、车联网卡安全管理、软件升级管理制度、告知义务等方面，条例总体结构如表 3 所示。

表 3 《道路机动车辆生产准入许可管理条例（征求意见稿）》总体结构

部分	内容
总则	第二条 适用范围
	第三条 准入许可单位
	第三条 监督管理单位
	第四条 企业自律与行业自律
生产准入许可管理	第五条 准入许可管理原则
	第六条 企业申请条件
	第七条 资料提交
	第八条 准入例外
	第九条 产品申请条件
	第十一条 准入受理时间
	第十二条 社会公开信息
	第十三条 准入许可变更
	第十四条 自主产品检验
	第十五条 风险测试评估与附条件准入
	第十六条 软件升级备案
生产企业的义务	第十七条 生产一致性
	第十七条 信息保存年限
	第十八条 企业信息变更及报备
	第十九条 准入许可使用限制
	第二十条 售后服务要求
	第二十条 生产停止后要求
	第二十一条 合格证要求
	第二十二条 产品说明书要求
	第二十三条 产品宣传
	第二十四条 商标及标识要求
	第二十五条 义务履行
	第二十六条 管理制度要求
	第二十七条 车联网卡要求
	第二十八条 网络和服务平台要求
	第二十九条 个人信息和数据存储要求
	第三十条 漏洞管理制度
	第三十条 风险评估、安全监测及应急制度要求

续表

部分	内容
监督检查	第三十一条 监督检查部门
	第三十二条 涉嫌违法措施
	第三十三条 监督检查方式
	第三十四条 问题处置措施
	第三十五条 对经营不善企业的公示要求
	第三十六条 准入许可注销
	第三十七条 第三方检验机构信用管理
法律责任	第三十八条 未取得准入许可擅自销售处罚
	第三十九条 不正当手段取得准入许可处罚
	第四十条 违反准入许可使用限制规定处罚
	第四十一条 未保持准入许可条件处罚
	第四十二条 未履行汽车义务处罚
	第四十三条 违反一致性、变更、标识规定处罚
	第四十四条 违反企业信息变更报备规定处罚
	第四十五条 违反售后规定处罚
	第四十六条 违反合格证要求处罚
	第四十七条 违反产品说明书要求处罚
	第四十八条 违反安全规定处罚
	第四十八条 违反产品宣传、商标标识规定处罚
	第四十九条 公示超期处罚
	第五十条 不配合监督处罚
	第五十一条 生产停止后未履行产品售后服务处罚
	第五十一条 生产停止后未及时公布处罚
	第五十二条 检验检测机构虚假报告处罚
	第五十三条 违反条例构成犯罪处罚
附则	第五十四条 定义
	第五十五条 专门出口的道路机动车辆
	第五十六条 无轨电车、有轨电车、轮式专用机械车、拖拉机及拖拉机运输机组
	第五十七条 施行时间

（1）生产企业准入许可条件的能力要求

《条例》中第六条规定，生产企业准入许可条件应符合具备软件升级保障能力，生产智能网联汽车企业同时应当具备车辆产品网络安全、数据安全保障能力。同时企业生产的智能网联汽车产品应当符合功能安全、预期功能安全、网络安全和数据安全相关标准、技术规范要求，其中具有自动驾驶功能的产品应当通过风险测试评估。

（2）软件升级

车辆生产企业进行车辆软件升级时，应当报工信部备案。除《条例》中规定的内容外，2022 年 4 月工信部发布的《关于开展汽车软件在线升级备案的通知》要求 L3 级以上自动驾驶汽车的软件在线升级涉及汽车自动驾驶功能的，应经工信部批准。

（3）落实管理制度和安全保障机制

《条例》规定，针对网络安全、数据安全、个人信息保护、车联网卡安全管理、软件升级管理制度和安全保障机制，企业需要明确管理要求，制定文档化制度，采取管理和技术措施，保证责任到岗到人。智能网联汽车产品需要满足强制性标准要求，如《汽车软件升级通用技术要求》《汽车整车信息安全技术要求》等。

（4）车联网卡管理义务

使用车联网卡的智能网联汽车企业需履行车联网卡采购、使用、实名登记等管理制度及报送义务。车联网卡实名登记是依法落实实名制要求、维护车联网安全、促进行业健康发展的基础性工作。关于车联网卡管理制度的要求，2021 年 9 月工信部发布的《关于加强车联网卡实名登记管理的通知》中也有相关规定。该通知进一步明确车辆生产企业应参照电话用户真实身份信息登记相关标准规范，实施车联网卡实名登记制度。

（5）网络安全和关键信息基础设施安全防护义务

《条例》中第二十八条规定，智能网联汽车生产企业生产活动中应用的网络和服务平台应当按照《网络安全法》规定，实行网络安全等级保护制度和关键信息基础设施安全防护。这体现了《网络安全法》中关于网络安全等级保护义务以及《关键信息基础设施安全保护条例》中对关键信息基础设施的安全保护义务。智能网联汽车生产企业在履行网络安全保护相关制度的同时被认定为关键信息基础设施运营者的，需要遵守《关键信息基础设施安全保护条例》，遵从《信息安全技术 关键信息基础设施保护要求》、《信息安全技术 关键信息基础设施安全检查评估指南》（审查阶段）开展相关评估。

（6）个人信息和重要数据保护

智能网联汽车生产企业在产品销售、使用等过程中收集和产生的个人信息与重要数据，应当依法在境内存储。《条例》也呼应了《汽车数据安全管理若干规定（试行）》中的个人信息、重要数据定义，并明确境内存储、境外安全评估工作要求。

（7）车辆产品安全监测、响应机制

《条例》要求企业建立漏洞管理流程，按照风险评估、安全监测及应急制度要求，制定应急预案。《条例》特别针对数据安全提供风险评估和监测机制，同时需要针对数据安全事件制定专项应急预案。

（三）《汽车软件升级通用技术要求》（征求意见稿）

1. 标准基本信息介绍

2023 年 3 月 15 日，全国汽标委智能网联汽车分标委组织召开标准审查会，完成了对智能网联汽车行业第一项强制性国家标准《汽车软件升级通用技术要求》的审查工作。该标准规定了汽车软件升级的管理体系要求、车辆要求、试验方法、车辆型式的变更和扩展、说明书，适用于具备软件升级功能的 M 类、N 类汽车，主要内容包括管理体系要求、车辆要求、试验方法、车辆型式的变更和扩展等。

2. 重难点问题解读

软件升级是将某版本的软件更新到新版本或更改配置参数的过程，也称“软件更新”。该标准借鉴联合国法规 R156《关于软件升级和软件升级管理系统的汽车型式批准统一规定》的思路，结合我国政府管理需求和行业发展而制定，未对体系审核主体提出要求，其中第 4~6 章节规定了软件升级管理体系要求、车辆要求及试验方法，技术要求覆盖了软件升级售前的研发阶段和售后的在用车管理。

（1）软件升级管理体系要求

软件升级管理体系是指为完成软件升级而制定的一种规范组织的过程和程序的系统方法，其中组织主要是指车辆制造企业。《汽车软件升级通用技术要求》主要是对软件升级管理一般要求、过程要求、信息记录要求、安全要求提出了相关要求，并针对在线升级提出附加要求。企业必须在软件升级过程中，分析、记录软件升级对车辆功能及参数的影响，采取升级包真实性、完整性校验等安全措施以保护升级包及升级过程安全，具体要求如表4所示。

表4 《汽车软件升级通用技术要求》（征求意见稿）软件升级管理体系要求

序号	要求类型	关键要求点
1	一般要求	软件升级流程和过程记录安全存储
2		软件识别码唯一可识别
3		软件识别码更新
4		未存储软件识别码的声明和更新
5	过程要求	软件版本信息标识
6		软件识别码流程管理（访问、更新、生产一致性识别）
7		被升级系统与其他系统相关性
8		目标车辆识别
9		兼容性确认
10		生产一致性影响评估
11		新增型式批准新功能
12		安全相关功能评估
13		用户通知与确认流程
14	信息记录要求	流程规范与制度文档
15		生产一致性相关系统的配置文件
16		软件识别码唯一可识别记录
17		目标车辆识别、兼容性确认文件
18		软件升级记录文档
19	安全相关要求	升级包防篡改流程
20		升级过程安全保障
21		软件功能和代码验证
22		软件升级突发事件应急管理
23	在线升级的附加要求	在线升级安全影响评估
24		在线升级复杂操作安全保障

（2）车辆要求

《汽车软件升级通用技术要求》主要规定了针对车辆端软件升级的执行要求，包括软件升级告知和确认、车辆状态确认、车辆升级安全保障、升级失败处理等问题，其中升级安全保障指的是升级前对于安全性的预估，具体要求如表5所示。

表5 《汽车软件升级通用技术要求》（征求意见稿）车辆要求

序号	要求类型	关键要求点
1	一般要求	升级包真实性完整性校验
2		软件识别码/软件版本(集)的更新能力
3		软件识别码可读取
4		软件版本(集)可读取
5		软件识别码/软件版本防篡改
6	在线升级的附加要求	用户告知
7		升级确认
8		先决条件
9		电量保障
10		升级影响车辆安全
11		升级影响驾驶安全
12		升级不禁止车门锁止
13		升级结果告知
14		升级失败回退

（3）试验方法

试验方法是针对检测机构基于上述技术要求所提出的，软件升级试验覆盖在线升级和离线升级车辆，内容包括升级包真实性完整性试验、软件识别码/软件版本信息更新及读取试验、软件识别码/软件版本信息防篡改试验、用户告知试验、用户确认试验、先决条件试验、电量保障试验、车辆安全试验、驾驶安全试验、车门防锁止试验、结果告知试验及升级失败处理试验，其中升级包真实性、防篡改试验引用于正在制定的另一项强标——《汽车整车信息安全技术要求》。

该标准部分内容除了相关检测动作外，需要企业和检测机构共同配合，由企业对其采取的升级策略的可行性和必要性进行说明，检测机构评估是否合理。

（四）智能网联汽车安全芯片的相关标准

1. CC EAL

信息技术安全性评估准则（Common Criteria for Information Technology Security Evaluation，以下简称“CC 标准”），是目前最全面的评估准则，已经成为一系列的 ISO 标准。根据“保护轮廓”的安全要求，评估过程分为功能和保护两部分。1996 年 6 月，CC 标准第一版发布；1998 年 5 月，CC 标准第二版发布；1999 年 10 月 CCV2.1 版发布，并且成为 ISO 标准；目前更新版本为 v3.1 Release 5。

CC 标准是一个框架，计算机相关产品或信息技术产品开发者可以根据保护配置文件（Protection Profile，PP）中的安全功能要求（SFR）和安全功能保证要求（SAR）开发自己的产品来满足认证需求。CC 标准还定义了评估保障等级（Evaluation Assurance Level，EAL），描述了评估的严格性和深度的数字等级，从 EAL 1 到 EAL 7，EAL 7 最严格。CC 标准是《CC 标准互认协定》（CCRA）的技术基础，该协定确保了各成员国之间对安全 IT 产品的认证互认。

国际评估保障等级 EAL 包括 7 个等级（EAL1～7），完全遵循国际标准化通用 CC 标准，是评估 IT 产品或系统安全的数字级别。国内 EAL 等级评估由中国网络安全审查技术与认证中心实施，包括 5 个等级（EAL1～5）。每个保障级由一些安全保障要求组成。每一级均需要对 7 个功能类进行评估，分别是配置管理、分发和操作、开发过程、指导文献、生命期的技术支持、测试、脆弱性评估。保障等级越高，表示通过认证需要满足的安全保证要求越多，系统的安全特性越可靠。EAL 不衡量系统本身的安全性，只表示测试的严格程度。特定 EAL 等级的产品或系统需要满足特定的安全保证要求。一般来说，更高的 EAL 认证需要耗费更多的时间和费用。通过了相应保障级别的 EAL 认证，代表该产品或系统已满足了该级别的所有安全要求。等级越高，表示通过认证需要满足的安全保证要求越多，系统的安全特性越可靠。

2. ISO/SAE 21434

ISO/SAE 21434 标准是道路车辆网络安全工程的国际标准，2021 年 8 月 31 日正式发布。这个标准是由国际标准化组织（ISO）和美国汽车工程师协会（SAE）联合制定的，旨在为道路车辆的电子电气系统提供网络安全工程的要求和指南。该标准为汽车电子电气系统的网络安全风险管理提供了指南，适用于车辆中所有的电子系统、部件和车辆软件，以及任何外部连接。该标准覆盖了车辆生命周期的所有阶段，从概念、开发、生产、运行、维护到报废，要求在每个阶段都进行网络安全风险管理和控制。该标准还是联合国网络安全法规 UN R155 的关键支撑标准，有助于汽车产品开发商、原始设备制造商及其供应商确保其车辆的网络安全，并符合相关的法规要求。这个标准适用于车辆中所有的电子系统、部件和车辆软件，以及任何外部连接，如 Wi-Fi、蓝牙、互联网等。

3. SAE J3061

SAE J3061 标准是汽车信息物理系统网络安全指南，是由美国汽车工程师协会（SAE）制定的推荐性文件，为汽车电子电气系统的网络安全工程提供了最佳实践指导。该标准定义了一个完整的生命周期流程框架，涵盖从概念、开发、生产、运行、维护到报废的各个阶段，要求在每个阶段都进行网络安全风险管理和控制。在此文件中，详细定义了一个结构性框架，以“帮助”相关方制定一个网络安全流程框架，用于指导建设安全性要求极高的计算机系统。该标准还总结了一些常用的工具和方法，以及网络安全与数据安全的基本原则。该标准是 ISO/SAE 21434 标准的前身，也是其技术基础。

4. AEC

汽车电子协会（Automotive Electronics Council，AEC）是由汽车制造商与美国的主要部件制造商联合成立的团体，通过制定质量控制标准，使车载电子部件的可靠性提升和认定标准规格化。

根据工作温度范围和可靠性要求，芯片可分为0级、1级、2级、3级、4级和5级。其中，0级是最高等级，要求芯片能够在-40℃~150℃的温度范围内正常工作；5级是最低等级，要求芯片能够在-40℃~85℃的温度范围内正常工作。AECQ认证是一种应用于汽车零部件的车规级标准，实际上是一套关于硬件的规格标准。通过对芯片进行严苛的可靠性认定，以判断制造商所声明的产品是否符合需求提出时的功能，以及在长期使用过程中功能与性能是否能始终如一。

AECQ认证包括以下几个方面。

（1）应力测试：对汽车电子部件进行各种应力测试，如温度、湿度、振动、静电放电、机械冲击等，以评估其耐久性、寿命和故障率。

（2）网络安全：对汽车电子部件进行网络安全测试，如抗干扰、抗攻击、数据保护等，以评估其网络安全性能和风险管理能力。

（3）环境适应性：对汽车电子部件进行环境适应性测试，如盐雾、紫外线、化学物质等，以评估其抗腐蚀、抗老化和抗污染能力。

（4）功能验证：对汽车电子部件进行功能验证测试，如电气特性、信号传输、兼容性等，以评估其功能正确性和一致性。

AECQ认证中的各类标准是根据不同类型的汽车电子部件而制定的，主要有以下几种。

（1）AEC-Q100：针对集成电路的应力测试标准，包括12个子标准，如AEC-Q100-001、AEC-Q100-002等，对应不同的测试项目，如邦线切、静电放电、闩锁效应等。

（2）AEC-Q101：针对分立器件的应力测试标准，包括6个子标准，如AEC-Q101-001、AEC-Q101-002等，对应不同的测试项目，如静电放电、短路可靠性等。

（3）AEC-Q102：针对LED的应力测试标准，包括4个子标准，如AEC-Q102-001、AEC-Q102-002等，对应不同的测试项目，如温度循环、湿热偏压等。

（4）AEC-Q200：针对被动元件的应力测试标准，包括11个子标准，

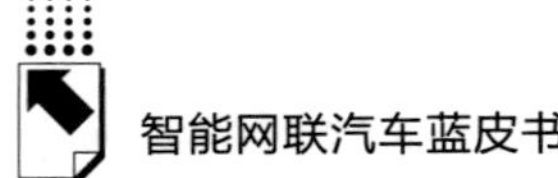

如 AEC-Q200-001、AEC-Q200-002 等，对应不同的测试项目，如温度特性、绝缘电阻等。

这些标准都是根据汽车电子部件的特性和要求而制定的，旨在保证其在汽车环境中的可靠性和稳定性。通过 AECQ 认证的汽车电子部件可以获得 AEC 的认证标志和证书，表明其符合 AEC 的相关标准和规范，可以被汽车制造商和供应商信赖与采用。

5. IATF 16949

IATF 16949 由国际汽车工业工作组（International Automotive Task Force，IATF）开发，并得到国际标准化组织质量管理和质量保证计算委员会（ISO/TC 176）认可。该技术规范以 ISO9001 为基础，结合汽车行业的具体实践，对相关汽车产品的设计和开发、生产及安装服务的质量管理体系提出要求。通过该体系认证，为实现汽车相关生产企业的零失效（Zero Defect）质量目标奠定管理基础。

在汽车安全芯片方面，IATF 16949 要求组织遵循一套严格的质量管理体系，从设计、开发、生产、安装到售后服务的每个环节都要保证产品符合顾客和法规的要求。组织还要识别和控制与产品安全有关的特殊性，这些特殊性是由顾客或组织自身的风险分析所确定的，可能影响到产品的安全性能或合规性。组织要将这些特殊性记录在相关的文件中，并用明显的标识进行标记，以便在生产过程中进行有效的控制和验证。

IATF 16949 通过先期产品质量策划（APQP）、生产件批准程序（PPAP）、统计过程控制（SPC）、失效模式及后果分析（FEMA）、测量系统分析（MSA）等方法和工具，帮助企业建立自我检查、发现问题、寻求改进和自我完善的管理机制，预防产品缺陷，减少不合格品，提升工作效率，满足顾客对汽车产品的高质量要求。

IATF 16949 认证是由 IATF 认可的第三方认证机构对申请认证的企业进行认证评审。认证机构采用 IATF 16949 检查清单作为审核输入，应用汽车行业统一的过程检查方法对申请认证企业的产品开发、生产制造、外包服务、售后服务等所有业务覆盖环节进行全面审核，审核的范围覆盖管理体系、过程和产品，涉及质量管理体系、管理职责、资源管理、产品实现、测量、分析和改进等多个模块。

6. 国密等级

国密等级是指安全芯片作为商用密码产品的安全等级，由国家密码管理局制定和认证，分为以下三个等级。

（1）等级 1：满足最低安全标准，对密钥和敏感信息提供基础保护措施，如加密、解密、签名、验证等。

（2）等级 2：在等级 1 的基础上，有逻辑或物理保护措施，如防止非法访问、篡改、复制、删除等。

（3）等级 3：最高安全等级，要求对各种安全风险具有全面的防护能力，如防止侧信道攻击、物理攻击、逆向工程等，对应不同的安全要求和保护措施。

在汽车安全芯片方面，国密等级主要是对芯片的密码算法、安全芯片接口、密钥管理、敏感信息保护等方面进行评估，以确保芯片的安全性。国密算法是我国自主研发的一套密码算法，主要包括 SM1/2/3/4/7/9 等算法，其中 SM1 和 SM7 是非开放算法，SM2/3/4/9 则是开放算法（已发布对应的国家标准和国际标准）。汽车安全芯片需要支持国密算法，并通过国家密码管理局及相关检测机构的检测认证，才能获得国密等级证书。

数据安全篇

B.3 智能网联汽车数据安全发展现状

摘　要： 本报告介绍了数据安全发展现状以及现阶段国家针对智能汽车数据安全的监管理念。从个人层面、产业层面、跨境层面分析了智能网联汽车数据安全面临的风险问题。根据现有的风险评估法律法规和ISO 27000框架，分析了以数据安全为核心对智能网联汽车的风险评估流程。从软硬件研发生产、汽车制造（集成）商、互联网云厂商、电信运营商、业务运营等多个角度分析了现阶段汽车数据安全面临的挑战，并从车联网数据提取、大数据平台、车机数据流转、App用户数据流转、安全传输、数据使用、数据第三方共享等方面提出了智能网联汽车数据安全防护策略。

关键词： 数据安全　风险评估　安全防护策略

一　数据安全发展现状

随着汽车产业的电动化、智能化、网联化、共享化，汽车与外界进行智能的通信和交互，离不开海量数据的收集、传输、处理等活动。汽车逐渐从交通工具加速发展为数据空间，而数据内容已不仅仅是客观记录，更多的是可以处理、开发、挖掘的资源。

2023 年 1 月，工信部、国家网信办、国家发展改革委等部门印发《关于促进数据安全产业发展的指导意见》，提出到 2025 年数据安全产业基础能力和综合实力明显增强，数据安全产业规模超过 1500 亿元。我国已经将数据安全纳入国家安全体系，《国家网络空间安全战略》、“十四五”规划与 2035 年远景目标纲要等均体现了数据安全的重要性。基于《数据安全法》《个人信息保护法》，网信办等部门联合发布《汽车数据安全管理若干规定（试行）》，对个人信息、敏感个人信息、重要数据做了定义并提出了要求，车企在采集、存储、使用上述信息时，须严格遵守“两法一规定”，否则会面临受到监管处罚的风险。国家正在加强对智能汽车数据安全的监管，以保障产业安全健康发展，坚持安全与发展并重，将加强安全管理和用户个人信息保护作为推动汽车产业高质量发展的重要保障，发展数据安全产业对于提高各行业各领域的数据安全保障能力、加速数据要素市场培育和价值释放、夯实数字中国建设和数字经济发展基础有着重要的意义。

日新月异的互联网技术、多元化的市场需求及不断壮大的用户群体，促使各大车辆制造商、软件研发厂商不断推陈出新，为智能网联汽车技术发展注入了源源不断的活力。在人工智能技术、大数据技术的助力下，更加精准的导航和行车路线规划、自动辅助驾驶、远程控制、一键倒车等功能为用户提供了更加便捷、舒适的出行体验。此外，智能网联汽车还可以与其他智能设备联动，为用户提供更加智能化的生活方式。在可预见的未来，将会有越来越多的汽车制造商和研发机构加入这个领域，推动智能网联汽车技术不断创新。

二　数据安全风险

（一）个人层面

汽车制造商、服务提供商、网络运营商等利益相关方都有可能接触到车辆相关的各类数据，包括身份信息、联系方式、家庭住址、银行账号等个人信息，车辆行驶时间和轨迹等驾驶动态信息，以及涉及个人的车内人员声音、面部、指纹、体态等敏感生物信息。然而，个人数据往往在用户不知情的情况下被过度采集、泄露、篡改及窃取。同时，部分数据还会被用于以营销推广为目的的大数据分析、用户画像等，对个人隐私造成严重侵害。车主作为数据泄露事件的受害者，所面临的法律风险是最直观的。相关个人信息的泄露可能会导致车主面临人身、财产风险，如遭遇电信诈骗。而在实践中，电信诈骗犯罪追赃挽损的概率很小。一旦发生大规模客户数据泄露事件，无论是汽车制造商还是服务提供商在其公告中提到的责任承担相关内容对于单体客户来说实际操作意义都不大。在实践中，个人信息被收集的情况较普遍，有些信息收集超过了必要的限度；在事后追责的举证方面，车主很难证明自身的损失与某项服务漏洞导致的汽车数据泄露事件之间的因果关系。对于车主来说，防范相关法律风险的最重要的措施还是要提高自身警惕性。

（二）产业层面

智能汽车及产业链上下游企业一方面掌握着大量汽车运行、车辆状态、用户行车轨迹等高价值数据，另一方面却在数据存储、加密、访问、流转和共享等方面缺少可依循的规范，相关权利、义务和责任也不够明确。但凡移动终端、通信网络、信息服务平台中的任何一个环节防范不严，都会使网络黑客攻击有可乘之机，面临严重的数据安全威胁和路面交通风险。同时，汽车制造链条中的许多开发组件和软件都来自全球供应链。数据安全漏洞一旦发生风险将可能危及整个供应链；攻击可能会导致恶意软件或恶意硬件被植入车辆系统，威胁车主驾驶安全。

数据泄露事件促使国家和产业更重视数据安全，强调更规范、合法、安全地收集和使用数据。

一是法律层面。相关法律法规明确规定了数据收集者的义务，智能汽车企业首先要了解并遵守现有规定，履行相应义务。比如，制定内部安全管理制度、操作规程，对个人信息实行分类管理，采取相应的加密、去标识化等安全技术措施，合理确定个人信息处理的操作权限，定期对从业人员进行安全教育和培训，制定并组织实施个人数据安全事件应急预案等。

二是技术层面。智能汽车企业要在数据全生命周期，包括数据采集、传输、存储、处理、合作/共享、销毁等环节，从技术上落实法律法规要求。比如，在数据采集过程中应遵循最小必要原则。智能汽车和车主之间的互动性远远高于传统汽车，相比之下其收集的车主信息范围相对较广。但这些收集工作并不是全部必要的，法规也没有明确是否能在技术上给予车主选择提供或者不提供相关信息的权利，除了告知外，是否真正在技术上遵循了最小必要原则，这些都是相关企业需要关注的问题。再如，未脱敏或加密的数据不得用于数据匹配或测试。数据匹配应在内部安全环境下进行，确需在外部环境中进行的，应事先予以评估，以确保外部环境安全可控。

三是数据合规意识培养及数据合规体系建设层面。智能汽车企业建立和完善数据合规体系有助于全方位防范数据泄露风险，确保数据安全。

（三）跨境层面

当前，全球智能汽车产业链高度融合，部分业务需要车辆和用户信息的跨境传输，而其中或含有关系国家安全的道路、环境、车流分布、人员出行等数据，以及涉及公民个人隐私的车内影像、位置轨迹、驾驶行为、生物特征等数据。在缺少明确监管举措的情况下，较易出现车联网数据分级不当、数据处理活动欠规范、数据全生命周期安全保障能力不足等问题，可能会影响国家安全和公共利益，危害公民个人隐私、财产甚至人身安全。

《中华人民共和国数据安全法》的出台使得各行业对数据安全风险及数据安全合规的关注度大大提升。对于企业来说，开展汽车数据安全风险评估，分析企业内部现存风险漏洞情况，明确现状与法律要求之间的差距，进而全面开展汽车数据安全治理是当下工作的重中之重。

汽车数据安全风险评估以法律法规为出发点，以 ISO27000 理论框架为准绳，以发现数据安全风险为主要目的，围绕数据这一核心对象，设置一系列风险评估内容和流程。由于数据流动的特殊性，在不同场景中数据流动面临不同的风险，也对应着不同的风险评估内容和方法。通常数据安全风险评估流程包括评估准备阶段、风险识别阶段、风险分析阶段、风险评价阶段。

（1）评估准备阶段

需确定风险评估的目标，确定风险评估对象、范围和边界，在企业内部组建评估团队，进行风险评估前期调研。评估团队需要根据评估要求，建立风险评价准则，进而制定完整的风险评估实施方案，同时该方案需获得企业最高管理者的支持和批准。

（2）风险识别阶段

需识别的内容分为资产识别、脆弱性识别、威胁识别、已有安全措施识别。

资产识别是风险评估的核心环节，资产按照层次可分为业务资产、系统资产和单元资产，因而资产识别也相应地从三个层次进行。根据汽车数据遭到破坏后的影响范围定义影响程度，再根据业务分类和数据遭到破坏后的影响程度进行资产定级，明确数据资产价值。

脆弱性识别以资产为核心，针对每一项需要保护的资产，识别其可能被威胁利用的脆弱性，并评估严重程度；也可以从物理、网络、系统、应用等层次进行识别，然后与资产、威胁对应起来。脆弱性识别包括脆弱性主体识别、脆弱性类型识别和脆弱性问题描述。

威胁识别的内容包括威胁的来源、主体、种类、动机、时机和频率。对汽车数据资产在数据处理活动中可能发生的危害进行识别，掌握脆弱性被利用的可能性和对数据资产的影响程度，判断数据安全风险的大小。

已有安全措施识别依据安全措施种类可分为预防性安全措施识别和保护性安全措施识别。评估人员应对已采取的安全措施的有效性进行确认，评估其有效性，即是否真正地降低了系统的脆弱性、抵御了威胁。有效的安全措施实施，可以降低企业或组织在汽车数据安全管理和技术两个方面的脆弱性，缓解汽车数据资产面临的威胁，降低汽车数据安全风险评级。

（3）风险分析阶段

组织应在风险识别基础上开展风险分析，内容包括：根据威胁的能力和频率，以及脆弱性被利用的难易程度，计算安全事件发生的可能性；根据安全事件造成的影响程度和资产价值，计算安全事件发生后对评估对象造成的损失；根据安全事件发生的可能性及其可能造成的损失，计算系统资产面临的风险值；根据业务所涵盖的系统资产风险值综合计算业务风险值。

（4）风险评价阶段

风险评价包括系统资产风险评价和业务风险评价。系统资产风险评价根据风险评价准则对系统资产风险计算结果进行等级处理，通常分为五级，由低到高依次为很低、低、中等、高、很高。业务风险评价根据风险评价准则对业务风险计算结果进行等级处理，在进行业务风险评价时，可从社会影响和组织影响两个层面进行分析。

风险评估报告应当包括处理的重要汽车数据的种类、数量、范围、保存地点与期限、使用方式，开展汽车数据处理活动情况以及是否向第三方提供，面临的汽车数据安全风险及其应对措施等。

当前，全球智能汽车产业链高度融合，部分业务需要车辆和用户信息的跨境传输，而其中或含有关系国家安全的道路、环境、车流分布、人员出行等数据，以及涉及公民个人隐私的车内影像、位置轨迹、驾驶行为、生物特征等数据。在缺少明确监管举措的情况下，较易出现车联网数据分级不当、数据处理活动欠规范、数据全生命周期安全保障能力不足等问题，可能会影响国家安全和公共利益，危害公民个人隐私、财产甚至人身安全。

三　智能网联汽车数据安全面临的问题

智能网联汽车是一种高度复杂的技术系统，集成了车辆控制、车载通信、传感器网络、移动互联网、物联网等多种技术。智能网联汽车多层次的系统架构表现为其由多个子系统组成，包括车载计算机、车载通信设备、云端服务器等多个层次，各个层次之间需要进行复杂的协同工作，以保证系统的正常运行；智能网联汽车对多源数据的采集和处理体现为其需要从多个雷达传感器、摄像头等设备中采集数据，并对这些数据进行处理和分析，以提供车辆控制和用户服务等功能，复杂的数据通信和交互安全需要实现车与车、车与路边设备、车与云端服务器、车与行人等多种数据通信。与此同时，随着工业 4.0 的落地和软件定义汽车理念的推广，智能网联汽车还需要满足多样化的用户需求，满足不同用户对智能辅助驾驶、车上娱乐、车联网服务等方面的个性化服务需要，这就要求智能网联汽车系统获取和处理海量、多源异构的数据以保证其具有高度的可定制性和灵活性。

结合智能网联汽车系统的特性，智能网联汽车的数据类型可以有以下归类。

（1）车辆状态数据，是指车辆的各种状态数据，如车速、加速度、转向角度、油耗等。这些数据主要用于车辆控制和性能分析。

（2）位置数据，是指车辆的位置信息，可以通过车载 GPS 系统获得。位置数据可用于导航、交通监管等应用。

（3）驾驶员行为数据，是指驾驶员的行为数据，如驾驶习惯、驾驶行为等。这些数据可以用于安全管理、行为监管等应用。

（4）环境数据，是指车辆周围环境的数据，如气象数据、交通状况数据等。这些数据可以用于交通流量分析、交通管理等应用。

（5）娱乐和信息数据，是指车载娱乐系统、互联网连接等产生的数据，如音乐、视频、社交媒体等。这些数据主要用于娱乐和信息服务。

（6）车辆身份和车主身份数据，是指车辆身份、车主身份等敏感数据，包括车牌号码、车主姓名、车主联系方式等信息。这些数据需要受到严格的保护。

（7）网络安全数据，是指车辆网络安全方面的数据，如网络攻击日志、网络安全事件等。这些数据可以用于安全监管和防御。

综上所述，结合智能网联汽车的复杂性和相关数据的多样性可以看出智能网联汽车的数据安全面临极大的挑战，具体问题如下。

（1）数据隐私泄露风险，智能网联汽车涉及的数据涵盖车辆位置、驾驶行为、乘客信息等敏感数据，一旦这些数据被泄露，会对车主的隐私造成严重威胁。其中，当个人信息和敏感个人信息被泄露或不当使用时，会引发严重的数据隐私泄露问题。这种问题在汽车行业中尤其突出，汽车中存储了大量的车主个人信息和敏感个人信息，因此在汽车领域数据隐私泄露面临以下问题。①个人隐私权受到侵犯，泄露的个人信息可能会被恶意利用，包括用于诈骗、钓鱼、骚扰等，严重侵犯驾乘人员的个人隐私权；②财产受到损害，泄露的敏感个人信息，如银行卡号、口令、账户余额、购买记录等，可能会被不法分子利用进行盗刷、盗取个人财产等，造成经济损失；③人身安全受到威胁，泄露的敏感个人信息，如家庭住址、车辆行驶轨迹等，可能会被恶意利用进行跟踪、盗窃等，造成车主人身安全受到威胁；④影响个人信用记录，泄露的敏感个人信息，如驾驶证号码、个人信用信息、保险信息等，可能会被不法分子利用，影响车主的信用记录，进而影响其日常生活和工作。

（2）网络攻击风险，智能网联汽车的车载电子系统与互联网相连，使得它们成为网络攻击的目标。攻击者可以通过网络漏洞或软件缺陷，入侵车辆的控制系统，进行车辆遥控、窃取个人信息等攻击。基于智能网联汽车的攻击大致可以分为四种。①远程攻击，攻击者通过远程入侵汽车的电子系统，如通过互联网或蓝牙等方式，实现对汽车的掌控，包括控制车辆行驶、远程打开车门等；②物理攻击，攻击者通过直接物理接触汽车的系统，如连接到汽车的控制器、车载电脑等，通过物理手段对汽车进行攻击；③恶意软件攻击，攻击者可以通过安装恶意软件或病毒等方式，对汽车的电子系统进行攻击，实现对汽车的掌控；④信号干扰攻击，攻击者通过发射干扰信号等方式，对汽车的无线电信号进行干扰，使汽车无法正常工作或受到操纵。

（3）车用数据安全风险，智能网联汽车的车用数据对于车辆的安全和性能而言至关重要，这些数据一旦被非法篡改、损坏或丢失，将会严重影响车辆的行驶安全和功能稳定。车用数据安全主要面临以下风险。①车辆控制系统数据被篡改，攻击者可能通过入侵车辆控制系统，篡改车辆行驶数据、车辆控制系统数据等，从而使车辆操作不可控，导致车辆安全受到威胁。

②车辆位置信息被泄露，智能网联汽车车载设备通常会收集车辆位置数据，攻击者可能窃取这些数据并进行恶意利用，如用于追踪车辆位置、实施诈骗等。③行驶数据被泄露，车辆行驶数据包括车速、行驶距离、加速度、刹车力度等信息。这些数据可能被攻击者窃取或泄露，导致车主的隐私权受到侵犯。④车辆电子控制单元数据被篡改，攻击者可能入侵车辆电子控制单元，篡改车辆故障码、维修记录等数据，从而影响车辆的安全性和可靠性。⑤车辆诊断和维修数据被泄露，包括发动机状态、油耗、零部件更换记录等信息。这些数据可能被攻击者窃取或泄露，导致车主的隐私权受到侵犯。⑥缺乏数据加密和安全传输机制，智能网联汽车车用数据的传输可能存在安全风险，如缺乏加密机制或数据传输过程中被截获等问题。这可能导致数据被泄露或篡改等安全问题。

四 汽车数据安全面临的挑战及对应防护策略

智能网联汽车数据安全问题是一个复杂的系统性问题，涉及多个产业链参与角色和技术应用。

从产业链参与角色看，智能网联汽车的生产和应用涉及软硬件研发生产、汽车制造（集成）商、互联网云厂商、电信运营商、业务运营等领域。这些不同领域的参与者之间需要协同合作，共同制定技术标准和监管政策，以确保智能网联汽车数据安全。从网联汽车技术应用角度看，智能网联汽车数据安全问题主要涉及车载信息交互系统、车载无线通信（蓝牙、Wi-Fi、无线射频、V2X）、车云通信、云平台数据处理以及 OTA 等各种技术的使用整合。这些技术的使用使得数据通信接口空前增加，数据处理单元和存储位置更加分散，从而为攻击者提供了更广的攻击面，大大降低了攻击难度。从用户角度看，智能网联汽车的数据安全问题涉及普通用户隐私、企业保密信息，政府、军队以及国家重点部门的关键数据。尤其是视觉感知、人工智能、高精度地图技术的普及，增加了网联汽车系统数据的泄露风险，威胁到个人、企业乃至国家安全。

（一）智能网联汽车数据安全面临的保护挑战

1. 上下游产业协同意识薄弱

智能网联汽车的生产和应用涉及软硬件研发生产、汽车制造（集成）、互联网云、电信运营、业务运营等领域。这些领域的参与者之间需要协同合作，共同制定技术标准和监管政策，以确保智能网联汽车数据安全。上下游供应商缺乏合作意识则成为一大隐患。这可能会导致各个供应商在设计、生产、销售和数据运营时无法全面考虑数据安全问题，从而给消费者和国家带来潜在的数据安全风险。

2. 人员安全意识薄弱，无法让已有安全防护能力得到充分发挥

参与智能网联汽车生命周期的各个角色都可能存在安全意识薄弱的问题，忽视安全防护措施的重要性，从而无法充分发挥已有的安全防护能力。他们还可能会忽视潜在的数据泄露和黑客攻击等异常行为，从而没有采取相应的措施来保护车辆和关键数据安全。这种意识层面的风险将给智能网联汽车数据安全带来较大的威胁。

3. 通信接口暴露比例上升，难以收敛

智能化、网联化技术赋予汽车空前的驾乘体验，自动驾驶、智能座舱等场景的应用，极大地提升了用户体验。但随着车载信息交互系统、车载无线通信（蓝牙、Wi-Fi、无线射频、V2X）、OTA 等多种新技术的应用，数据通信接口空前增加。例如，V2X 场景下的 RSU 与 OBU 通信、OTA 场景下的车—云通信等，这些数据通信接口的增加为攻击者提供了更广的供给面并降低了攻击难度。近两年各主机厂与车联网信息服务商被恶意攻击的次数达到数百万次，目前车端和云端网络安全防护水平参差不齐，数据接入点成为攻击者的目标。

4. 通信协议复杂，导致安全治理保护难度加大

复杂的系统构成决定了智能网联汽车平台的“端”“管”“云”势必会牵扯各种通信协议及数据转换协议。如 OS-硬件之间的机电控制类协议，V2X 场景下的 802.11P、蓝牙、LTE-V2X 等协议，电信运营商的车载 2G/

3G/4G/5G/5G-V2X 协议，车联网云平台的 HTTP/SOCKET/DUBBO/RESTFUL 等应用层协议。而随着市场规模不断扩大，势必会有更多的协议加入。这导致安全从业人员必须有更强的专业技术能力才能胜任，对数据安全从业者的要求由以往的“一专多能”变为“一精多专”。

5. 人工智能对多元化数据的存储要求，导致之前没必要保存的数据被持久化存储

智能驾驶技术需要车辆能够像人一样感知周围环境并做出判断和决策，同时还需要支持主动控制和人机交互。为了实现类似于人在驾驶过程中对周围环境的感知和车辆状态的把控，必须对车辆的“大脑”进行深度训练，这需要依赖人工智能下的深度学习算法。要实现深度学习，需要大量的数据支持，包括环境数据、路况数据、用户数据、驾驶员的语言指令和面部表情等。以往，这些数据是不会被采集和持久化记录保存的，更不会被上传到云端存储和分析。当下这些海量的数据在推动技术进步的同时，也直接导致了各种敏感信息泄露事件的发生。特别是当车辆进入一些涉密单位或场景时，记录的信息可能涉及国家安全事务，如保密单位建筑布局和精确地理坐标位置等。

6. 网联汽车数据使用场景多元化，数据保护难度大

智能网联汽车的数据使用价值较高，包括车、路、人等多维度信息，可用于车辆状态监测、自动驾驶模型训练、路况信息分析等多元化场景。在使用这些数据产生积极的社会价值的同时，若缺乏配套的数据安全防护措施，则会存在较大的数据泄露风险，特别是可能还会涉及用户隐私及汽车相关重要数据。当前在网联汽车数据多元使用场景中，对于用户隐私及重要数据的安全处理，尚缺乏全面且相对统一的标准体系，加之各家车企或汽车运营平台企业安全防护水平各异，数据的保护难度相对较大。

7. 高精地图普及，威胁国家安全

随着高精地图的普及，信息泄露风险增加，可能导致国家重要战略目标、基础设施和军事设施的精确位置等信息被泄露，从而威胁国家安全。高精地图记录的信息越丰富，越能够为智能汽车提供决策支持。对于附带 L3 以上级别的辅助驾驶汽车来说，地图精度直接关系到行车安全。然而，如果

这些信息被不法分子利用或在高精地图数据采集过程中发生数据泄露，就会对国家安全造成极大的威胁。

（二）智能网联汽车数据安全防护策略

从本质上看“智能网联汽车”仍脱离不了传统的互联网应用架构模型，因此在选择数据安全防护策略时，也要充分考虑传统互联网系统的数据安全防护策略和手段。总体防护策略仍需从数据全生命周期入手，保障数据在每个环节的“入”“出”是安全可靠的。

1. 车联网数据提取

存储车联网数据时采用加密技术，整个数据提取流程完全自动化，拒绝人工拼写 SQL 执行。针对所有提取行为采用严格的审计措施。对数据提取的 SQL 进行事前校验，并参照 SQL 白名单对 SQL 的合法性进行校验。只有通过变更 SQL 白名单才能变更 SQL。对于 SQL 发起的主体，依据规则进行鉴权。此外，应检测数据传输过程中的完整性，如果检测到完整性被破坏，需重新获取数据。

2. 大数据平台

数据上报依据特殊流程，以确保安全性。在数据处理时，不允许个人直接访问原始数据，必须通过大数据平台进行处理。为了避免直接接触原始数据，研发及数据分析时应使用高仿真脱敏数据进行分析。同时，对大数据组件进行鉴权和严格的审计，以依据规范保障大数据环境安全。

为了确保数据存储环境的安全性，推荐使用大数据脆弱性检测工具对其进行检测。同时，搭配数据脱敏工具对敏感数据进行高仿真脱敏。整个数据分析过程都在数据分析平台上完成，同时对大数据组件进行审计。

3. 车机数据流转

强烈建议采用安全机制和接口鉴权等措施对车机系统进行安全校验，包括密钥证书格式、消息签名、加密流程、密钥协商等。此外，还应定期对车机系统进行安全扫描，并由专人进行巡检。对车机系统的 API 调用进行审计，对身份及设备进行鉴别。还应将 TSP 运维人员和 TSP 数据库中的敏感数据进行隔离，并对运维行为进行管控和审计。同时，要限定车机应用回传数据内容，并对回传内容进行审计。

在检测车机系统漏洞脆弱性的过程中，可以使用安全扫描工具来发现潜在风险，并提出修复建议。接口管控系统用于管控数据从车机端向互联多端发送时的接口内容和合规性，应及时发现违规调取数据的接口并识别返回内容是否正常，对调取数据对象的身份进行认证，确保合法可信。

4. App 用户数据流转

建议采用多项措施来确保 App 的安全性，包括 App 安全加固与定期检测、数据加密传输、双向强身份认证、数据环境检测、应用检测、应用间数据交换管控、数据加密存储、数据库审计。

建议使用 App 加固工具对 App 程序进行安全加固，包括代码的强壮性和抗攻击性。此外，建议使用数据加密工具对存入数据库的敏感个人信息进行加密处理。使用数据库审计工具解析数据库协议，及时发现数据库访问风险，并审计访问对象、访问时间、访问结果等内容。可以使用数据环境检测工具对应用系统的运行环境进行检测，扫描是否存在操作系统漏洞、中间件漏洞、脆弱性代码等问题。身份认证系统则通过数字证书技术对数据交换双方的身份进行可信认证。

5. 安全传输

为了确保数据传输过程的安全性、防止中间人攻击等，建议对通信信道进行二次加密。加密技术包括对称密码技术和非对称密码技术。在对称加密通信中，通信双方使用同一个密钥进行加密与解密；而在非对称加密通信中，发送方使用公钥加密，接收方使用私钥解密。一般来说，非对称加密相较于对称加密更加安全，但需要消耗更长的时间。此外，建议使用签名或散列函数技术来确保数据传输过程不可篡改。发送方一般使用签名或哈希函数技术，接收方验证签名或哈希认证码；若未验证通过，则请求再次发送。

6. 数据脱敏

数据脱敏是数据使用过程中最常见的一种保护手段。脱敏方法/策略多样（分为静态脱敏和动态脱敏），可以看作失真和变形的一系列集合。

7. 数据三方共享

在车联网数据共享环节，除基本的细粒度角色权限访问控制、数据脱敏等传统安全措施外，一些较新的数据安全保护技术，如联邦学习、多方安全计算等隐私计算技术也越来越多地被采用。另外同态加密函数具有同态性质。密文域中的操作等价于明文域中的操作。这种性质使得数据处理、分析和检索等操作在密文域也变得可能。

8. 数据水印

数据水印是数据管理和溯源的一项关键技术。通过改变数据库记录属性的值或者插入新的伪造记录来嵌入水印信息。嵌入水印需要具有鲁棒性，即嵌入水印的数据表需要抵抗攻击者的插入、替换、删除行/列等攻击。

9. 提高安全从业者技能素养并在全社会普及基本网络安全知识

在可预见的未来，智能网联汽车是时代发展的主流趋势。智能网联汽车数据安全保护需要"一精多专"的多学科交叉型人才，应尽早在国内培养相关专业人才，包括软件工程、数据科学、网络安全、法律等方面的专业人才。需要推动社会各界达成共识，尽早设立涵盖以下课程的专业。

（1）软件工程、网络安全课程，学习智能网联汽车软件系统的开发和维护知识，掌握基本的安全开发和防护原理知识。

（2）数据科学，学习大数据处理和分析技术，掌握其中潜在的安全风险点和解决方案。

（3）网络安全，学习基本的网络安全知识和网络层/传输层的攻击原理与手段，进而能从根本上防范黑客攻击和数据泄露等风险。

（4）法律，学习各种法律法规政策，让各种智能网联汽车数据保护机制和手段合法合规地在企业和社会落地生根。

（5）项目管理及业务安全分析，可以作为一门选修课程。长久以来，在人类的传统认知中，"安全就是反人性的"。而开设这门课程的目的就在于尝试从意识层面改变人们对"网络安全"的认知，从而提高安全接受度和认可度。课程主要内容包括市场需求分析方法、用户行为分析理论和社会工程学等，为智能网联汽车的安全防护工作提供更加人性化的解决方案、更加有力而高效的数据支持。

参考文献

中国汽车工程研究院股份有限公司等主编《智能网联汽车网络安全与数据安全发展报告（2022）》，社会科学文献出版社，2022。

360 智能网联汽车安全实验室：《2022 智能网联汽车信息安全研究报告》，2022 年 6 月。

毕马威：《2022 车联网数据安全监管研究报告》，2022 年 4 月。

B.4
智能网联汽车数据安全检测

摘 要： 本报告围绕智能网联汽车数据安全检测问题，从汽车数据的采集阶段、传输阶段、存储阶段、使用阶段和销毁阶段等角度分析了智能网联汽车数据治理体系建设。现阶段我国数据安全审查的相应程序和实施制度还欠完善，根据现有的法律法规与数据安全审查形成过程分析，可进一步完善我国智能网联汽车数据安全审查制度。通过对数据出境安全评估的法律法规进行梳理，明确需要申报数据出境安全评估的四种情形，并从七个因素综合评估数据出境活动可能对国家安全、公共利益、个人或者组织合法权益带来的风险。

关键词： 数据安全检测　治理体系　安全审查　数据出境

一　智能网联汽车数据安全检测

数据生命周期每个阶段的数据安全管理共同构成覆盖数据全生命周期安全的治理体系。为防范和抵御数据安全风险，机构在开展业务及日常经营管理过程中，需遵循合法正当原则、目的明确原则、选择同意原则、最小够用原则、全程可控原则、动态控制原则、权责一致原则。

智能网联汽车数据治理体系建设涵盖汽车数据的采集阶段、传输阶段、存储阶段、使用阶段和销毁阶段。

汽车数据的采集阶段，在这个过程中实现数据的采集与提取、转换与标准化、信息上传，并提供内置安全审计与监管等辅助工具。按照采集模式，可分为从外部机构和从个人信息主体采集数据。两种采集过程都有应满足相应的数据安全要求。

汽车数据的传输阶段，数据从一个实体发送到另一个实体，在这个过程中存在数据传输中断、篡改、伪造及窃取等安全风险。数据传输涉及与机构相关联的全通信网络架构和通信方式，按照传输模式，可分为机构内部数据传输、机构与外部机构或客户的数据传输两种形式，不同传输形式和不同传输对象采用的数据传输技术方式不同，对应的数据安全要求也不同。

汽车数据的存储阶段，数据被持久保存，包括但不限于采用磁盘云存储服务、网络存储设备等载体存储数据，在这个过程中可能存在数据泄露、篡改、丢失、不可用等安全风险。存储过程包含两类安全要求，即存储安全及备份和恢复。

汽车数据的使用阶段，数据会在业务开展过程中被访问、导出、加工、展示、开发测试、汇聚融合、公开披露、转让、委托处理、共享等。数据的使用不应超出数据采集时所声明的目的和范围。数据使用过程中存在数据非授权访问、窃取、泄露、篡改、损毁等安全风险，因而在每一类使用当中都对应着不同的数据安全要求。

汽车数据的销毁阶段，机构在停止业务服务、数据使用以及存储空间释放再分配等场景下，对数据库、服务器和终端中的剩余数据以及硬件存储介质中的数据等采用数据擦除或者物理销毁的方式，确保数据无法复原。其中，数据擦除是指使用预先定义的无意义、无规律的信息多次反复写入存储介质的数据存储区域；物理销毁是指采用消磁设备、粉碎工具等以物理方式使存储介质彻底失效。机构应制定数据销毁操作规程和管理要求，明确数据销毁场景和技术措施，满足销毁阶段的数据安全要求。

数据安全是汽车行业面临的重大共性问题，数据安全治理体系建设是循序渐进、迭代升级、不断优化的。从梳理数据资产开始，开展数据分类分级，完善全生命周期中数据安全管理措施，逐步形成更为全面和可靠的数据安全治理体系，保证行业机构数据安全治理能力稳步提升。

二　智能网联汽车数据安全技术

借助 I（识别）P（防护）D（监测）R（响应）模型，遵循数据安全原则，采用与制度流程相配套的技术和工具，通过持续对数据生命周期内各使用场景进行风险监测，评估和识别现有数据安全控制措施的有效性及薄弱环节，对有问题的风险场景及时进行数据安全整改，优化数据安全相关制度流程，进而持续提升数据安全防护能力。

（一）识别（I）技术

基于建立的法律法规库，明确应执行的合规项及相应的安全策略和安全措施。根据谓词切分与语义识别技术、知识库与匹配技术、机器建模与匹配技术等对数据（资产）进行分类分级，评估数据安全风险，分析数据处理活动过程中的脆弱性及威胁，检查已有安全措施，判定残余风险，结合数据资产价值和残余风险评估数据安全风险值，最终形成数据安全风险评估报告。

（二）防护（P）技术

1. 身份安全基础设施

基本的身份安全基础设施包括 IAM 身份识别与访问管理、PKI 基础公钥设施。IAM 一般包含账号、认证、权限、应用及审计部分。PKI 是基于公钥理论和技术建立的提供安全服务的基础设施，包括密钥管理服务、数字证书服务、密码计算服务、时间戳服务、密码设备管理和硬件安全模块服务。

2. 数据生命周期安全防护

首先，在数据收集阶段通过业务数据关联分析、流量分析等手段进行数据收集合法性监测；对数据采集设备进行识别、准入与访问控制，并持续检测数据采集设备运行状态，基于流量阈值进行策略处置。在数据存储阶段建立一套完整的数据存储安全机制，应用数据库加密技术保障结构化数据存储安全，应用数据 DLP 技术保障非结构化数据存储安全，以及应用数据保护技术保障数据的可用性。其次，在数据使用阶段通过网络 DLP、数据动态脱敏技术及数据库安全防护能力，在网络传输过程中精确识别出各类敏感数据，及时切断数据传输通道，避免数据泄露；根据用户身份，对用户查询的数据进行动态脱敏，实现基于“身份—数据”的访问权限控制；对应用访问数据库的权限进行细粒度管控，加强数据库访问的安全防护。最后，在数据提供与公开阶段通过综合运用静态脱敏、动态脱敏、数据水印技术，保障提供给数据使用方的是脱敏后的数据，并对二次传播的数据进行溯源；当前更为安全的数据共享与公开方式是采用数据不离开本地的隐私计算技术，按照数据使用方的数据使用需求，直接向使用方提供数据结果。

（三）监测（D）技术

1. 集中流转监测

完善的审计机制是涵盖敏感数据、策略、数据流转基线等多个维度的集合体，对数据生产流转、数据操作进行监控、审计、分析，及时发现异常数据流向、异常数据操作行为，并进行告警，输出报告。

2. 集中风险分析

在传统依赖于规则检查、专家经验和阈值设定的基础上，采用用户和实体行为分析技术（UEBA），从单维度检测到多维度检测，从单点检测到长周期分析，从基于规则分析到关联分析、行为建模和异常分析，发现更多更隐蔽的安全风险。

（四）响应（R）技术

1. 集中事件处置及溯源

安全编排和自动化响应（SOAR）可收集不同来源、不同类型的安全威胁数据，运用数据分析方法进行安全事件分类，根据定义的事件响应与处置流程制定自动化事件响应与处置流程。

2. 集中管控能力

可通过单点技术的平台化应用，构建适应数据安全集中运营要求的数据安全运营平台、支撑监管单位统一监测和预警的数据安全监测平台、持续评估访问过程可信的零信任数据安全平台。

3. 零信任数据安全平台

零信任数据安全平台默认不信任企业网络内外的任何人、设备和系统，而是以身份认证和授权重新构建访问控制的信任基础，任何在授权前的人/设备/应用程序都视为不被信任的，在访问数据前都应取得信任。基于零信任原则，可以保障办公系统的三个“安全”——终端安全、链路安全和访问控制安全。

三　智能网联汽车数据安全审查

《中华人民共和国数据安全法》规定，国家建立数据安全审查制度，对影响或者可能影响国家安全的数据处理活动进行审查，以降低数据安全风险，保护国家数据安全。数据安全审查相关制度的制定极具难度，既要使数据安全审查制度实行的全过程处于法制框架内，还要最大程度地保障现实公民数据权利。

一般而言，数据安全审查制度包括审查机构、审查程序和审查范围三个方面。其中审查机构的建立包括机构设置和部门协调，审查程序属于程序性问题，而审查范围则包括审查内容和审查重点等，属于安全审查制度构建的基础性实体问题。数据安全审查制度也需要从审查机构、审查程序和方法及审查范围层面加以建构。

数据安全审查制度，首先要确立数据安全审查组织，依托独立的数据安全审查机构来行使审查权。其次，要建立一整套完整、全面的数据安全审查程序以保障审查制度的运行，内容包括但不限于数据安全案件的受理程序、数据安全侵犯事件的筛查程序、数据安全审查机构的决定程序等。此外，还需要确定合法的数据安全审查技术和方法，确立对应的审查原则，在实践中予以严格落实。

当前我国数据安全审查的相应程序和实施制度仍欠完善，数据安全审查的法制化成效较低，因而智能网联汽车数据安全审查研究也有待进一步深化。

四 智能网联汽车数据出境安全管理

2022 年 7 月国家互联网信息办公室发布《数据出境安全评估办法》（以下简称《办法》），对数据处理者向境外提供在境内运营中收集和产生的重要数据与个人信息的行为建立安全评估规范。《办法》的施行和规定的公布意味着我国数据出境安全制度初步形成。此外，《个人信息出境标准合同规定（征求意见稿）》也已公布。

数据出境活动包括两类情形：一是数据处理者将在境内运营中收集和产生的数据传输、存储至境外。二是数据处理者将收集和产生的数据存储在境内，境外的机构、组织或者个人可以访问或者调用。

数据出境安全评估遵循两项基本原则：一是坚持事前评估和持续监督相结合原则，二是风险自评估与国家安全评估相结合原则。

《办法》明确了需要申报数据出境安全评估的四种情形：一是数据处理者向境外提供重要数据；二是关键信息基础设施运营者和处理 100 万人以上个人信息的数据处理者向境外提供个人信息；三是自上年 1 月 1 日起累计向境外提供 10 万人个人信息或者 1 万人敏感个人信息的数据处理者向境外提供个人信息；四是国家网信部门规定的其他需要申报数据出境安全评估的情形。

在数据处理者完成数据出境风险自评估之后，按照要求形成自评估报告，同时拟定与境外接收方签署的相关法律文件，数据出境合同的拟定应当依据国家网信办制定的个人信息出境标准合同的相关规定。完成后，数据处理者须向省级网信部门提交申报书、数据出境风险自评估报告、数据处理者与境外接收方拟定的法律文件和网络部门安全评估工作需要的其他文件。省级网信部门应当自收到上述申报材料之日起 5 个工作日内完成完备性查验，后将完备文件报送给国家网信部门。国家网信部门自收到完备的申报材料之日起，应当在 7 个工作日内确定是否受理并书面通知数据处理者。国家网信部门受理申报后，将根据申报数据出境的领域，组织国务院有关部门、省级网信部门以及专门机构等进行安全评估。评估结果有效期届满或者在有效期内出现本《办法》中规定重新评估情形的，数据处理者应当重新申报数据出境安全评估。已经通过评估的数据出境活动在实际处理过程中不再符合数据出境安全管理要求的，在收到国家网信部门书面通知后，数据处理者应终止数据出境活动。数据处理者需要继续开展数据出境活动的，应当按照要求整改，整改完成后重新申报评估。

在进行数据出境安全评估时，重点评估数据出境活动可能对国家安全、公共利益、个人或者组织合法权益带来的风险，着重考虑以下七个因素。一是数据出境的目的、范围、方式等的合法性、正当性、必要性。二是境外接收方所在国家或者地区的数据安全保护政策法规和网络安全环境对出境数据安全的影响；境外接收方的数据保护水平是否达到中华人民共和国法律、行政法规的规定和强制性国家标准的要求。三是出境数据的规模、范围、种类、敏感程度，出境中和出境后遭到篡改、破坏、泄露、丢失、转移或者被非法获取、非法利用等风险。四是数据安全和个人信息权益是否能够得到充分有效保障。五是数据处理者与境外接收方拟订立的法律文件中是否充分约定了数据安全保护责任义务。六是遵守中国法律、行政法规、部门规章情况。七是国家网信部门认为需要评估的其他事项。

为了保障数据处理者的商业秘密等合法权益，《办法》规定了参与安全评估工作的相关机构和人员对在履行职责中知悉的国家秘密、个人隐私、个人信息、商业秘密、保密商务信息等数据应当依法予以保密，不得泄露或者非法向他人提供、非法使用。

在经过安全评估后，数据在由境外接收方实际控制时，我国规定数据处理者要按照我国网信部门制定的关于标准合同的规定与境外数据接收方订立合同，约定双方的权利和义务，尤其突出“数据安全优先”。

参考文献

李岩松：《复杂网络环境下智能网联汽车安全威胁分析与远程入侵研究》，西安电子科技大学硕士学位论文，2019。

360 智能网联汽车安全实验室：《2022 智能网联汽车信息安全研究报告》，2022 年 6 月。

B.5
智能网联汽车数据安全保护

摘　要： 本报告分析了当前智能网联汽车数据流的典型架构，根据“云、管、端、路侧单元”的整体安全架构，结合个人信息等数据类型，进行了智能网联汽车数据分类。通过对无线通信技术的分析，提出采用PKI（公钥基础设施）机制来保障数据流的安全认证与安全通信。从数据安全薄弱点、智能网联汽车数据生命周期安全典型威胁场景、车联网行业数据特点、数据生命周期安全典型场景等方面对智能网联汽车数据安全进行了分析。

关键词： 汽车数据流　数据分类　数据生命周期　安全威胁

一　网联汽车数据流典型架构

网联汽车是通过无线通信技术将汽车与互联网连接起来，实现车辆之间、车辆与基础设施之间、车辆与云平台之间的信息交互和数据共享，从而达到加强行车安全、提升驾驶体验、调节交通流量等目的的一种新型智能交通系统。

（一）网联汽车安全整体架构

网联汽车是一个集成智慧车端设备、无线通信、云平台、路侧基础设施以及其他外部相关系统的综合性运营生态系统。针对此智能生态系统的长期、稳定、安全运营，建立健全整体系统生态安全预警和防护体系，且需要长期持续地对系统生态进行全面的安全监测和管理，以及时发现和处理潜在的安全风险。

宏观上，网联汽车安全的整体架构依旧遵从国际普遍认可的车联网域“云、管、端、路侧单元”的安全架构，此处就这四方面逐层展开描述（见图1）。

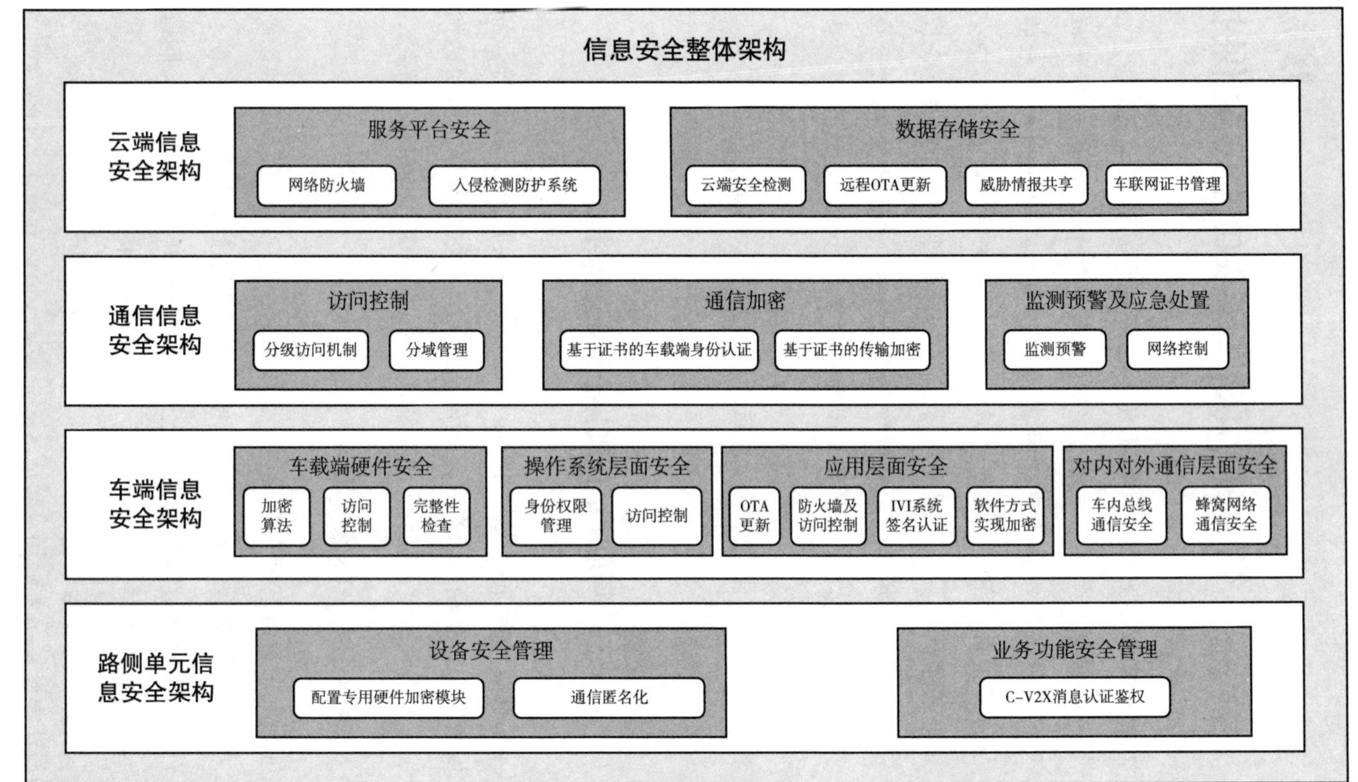

图 1　安全整体架构

资料来源：《智能网联汽车信息安全发展报告（2021）》。

1. 云端信息安全架构

云端平台是网联汽车系统的基础设施，承担着车辆数据的存储、处理分析以及控制指令下达等重要职责。通过云端技术，云端平台可以对车辆的使用情况、驾驶行为等进行深入分析，提供更加智能化的驾驶体验。通过下发指令，可以实现对车辆的远程控制，如远程锁车、远程启动等功能。对于云端平台的安全防护，常见措施如下。

（1）利用成熟云平台安全防护技术，如采用防火墙、入侵检测等网络安全措施，保证云端平台的网络安全。

（2）采用数据加密、数据备份等数据安全措施，保证云端平台的数据安全。

（3）采用身份认证、权限管理等措施，保证云端平台的访问控制安全。

（4）采用安全防护措施，如 WAF（Web 应用防火墙），以保证云端平台的应用安全。

2. 通信信息安全架构

“管”通常是指网联汽车与云端平台的通信传输通道，即“车—云”之间的通信，针对网络通信通道的主要安全防护措施如下。

（1）通信加密，即采用 TLS 等安全传输协议技术，保护车云通信数据的完整性与保密性。

（2）认证授权，采用 PKI 数据证书体系技术，保障“车—云”双方的身份可信，保障可信通信。

（3）入侵检测，网络传输层进行异常流量的监测分析，及时阻断恶意入侵行为，提升网络传输层安全防护能力。

3. 车端信息安全架构

车端是网联汽车系统的重要组成部分，通过内置传感器及通信模块，可以实时获取车辆状态信息、与云端平台通信上传数据或者接收云端指令，实现智能驾驶，针对车端的安全防护主要包括以下几方面。

（1）硬件安全，采用安全芯片等硬件安全模块，保证车端硬件的安全性。

（2）操作系统安全，采用身份权限管理及访问控制措施，保证车端设备操作系统层面的安全。

（3）应用安全，车端设备上层应用具备安全更新、抵抗攻击、数据安全存储等防护能力。

（4）通信安全，针对车端内部如 ECU、MCU 等通信以及蓝牙、Wi-Fi、车云等外部通信，应配置保证通信完整性、保密性及通信质量的措施。

4. 路侧单元信息安全架构

路侧单元（RSU）包括交通信号灯、路况监测设备、路侧停车设备、路侧视频监控设备等。这些设施通过互联网和云计算技术，与车辆和云平台进行通信，实现车辆与道路、车辆与车辆之间的信息交互和服务支持，针对路侧单元的安全保护，常见措施如下。

（1）硬件安全，RSU 需采用安全的专用硬件模块，保障通信加密及设备安全管理。

（2）认证鉴权，针对 C-V2X 消息能够进行认证鉴权，保证智能网联业务功能的安全管理。

（二）网联汽车数据主要分类

参考上述的“云、管、端、路侧单元”的安全架构，再结合“人（用户）”的个人信息等数据类型，总体上可将网联汽车系统的数据分为以下几大类。

（1）车辆基础属性类数据，如车牌号、品牌型号、车架号等。

（2）车辆运行工况类数据，如实时车速、剩余电量/油量、制动状态、自动驾驶系统运行状态、激光雷达运行状态等。

（3）环境感知类数据，如路面拥堵情况、摄像头数据、激光雷达数据、信号灯状态、道路限速信息、天气情况等。

（4）车控类数据，如自动泊车确认指令、远程启动指令、远程开关门锁指令等。

（5）应用服务类数据，如车辆服务相关数据、用户服务内容信息、应用服务系统运行监测数据等云端应用服务系统相关数据。

（6）用户个人信息，如用户手机号、账号口令、性别、身份证、设备信息等。

同时，参考网联汽车系统数据分类，基于数据一旦被泄露、篡改、破坏或非法获取、非法利用、非法共享，对国家安全、公共利益、组织、个体合法权益的影响程度，将数据等级大致分为一般数据、重要数据、敏感数据三个等级。

（三）网联汽车数据流典型架构

网联汽车系统的整体数据流架构仍是“云、管、端、路侧单元”四个维度一体化的数据交互体系，涵盖数据的采集、传输、存储、使用、销毁等全生命周期。总体上分为“车—云”通信、“车—人”通信、“车—路”通信、“车—车”通信以及车内通信（见图 2）。“车—云”、“车—人”、“车—路”以及“车—车”的通信当前主要依赖的是运营商蜂窝通信的无线通信技术，因无线接口对互联网是暴露的，常采用 PKI（公钥基础设施）机制来保障数据流的安全认证与安全通信。车内通信是以车载终端、ADAS、车辆控制系统等为主体的车内通信网络，其数据流包括内部的高速局域网、FlexRay 等，以及包括近场通信在内的数据流，如车内蓝牙、Wi-Fi。

二　网联汽车数据安全威胁分析

（一）数据安全薄弱点分析

网联汽车系统是通过采用无线通信等技术将车辆与其他设备连接起来，实现车辆之间、车辆与基础设施之间的信息交换和互联互通。车联网的发展为人们的出行提供了更多便利，但同时车联网整体数据的保护管理和技术手段还不成熟，汽车数据安全保护工作尚存在一些薄弱点。

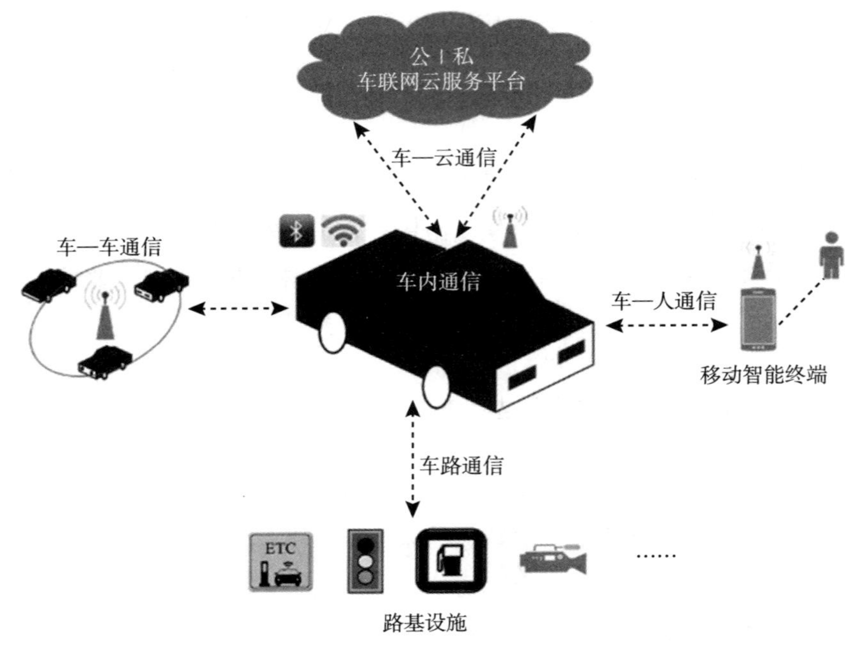

图 2　网联汽车数据流典型架构

资料来源：ICVS 智能汽车产业联盟：《车联网网络安全架构》，2022。

1. 数据采集的合规

因车端或者用户手机 App 端收集的汽车数据可能会包括车主的基本信息、位置轨迹等用户个人信息，这些信息对于分析用户的行为、构建用户画像具有较高的价值，但若在收集此类数据时未充分考虑个人信息保护相关合规要求，则可能存在因数据被过度采集和滥用而侵害用户合法权益的风险。

2. 近场通信数据的风险

在汽车近场端到端直连通信的场景下，各终端之间将通过如广播等方式在专用频段进行短距离的链路信息交互，如果未做好通信双方的身份认证以及传输过程的加密，则恶意攻击者将可能利用近场无线通信接口的开放性，通过中间人攻击方式进行身份仿冒、截获数据包或篡改数据包内容等攻击。近场通信数据涉及的车辆控制指令等，一旦被恶意攻击者伪造篡改将会直接影响汽车安全，给车主带来经济损失甚至影响人身安全。

3. 远场通信数据的风险

车云、车人等场景的通信数据交互，与传统的物联网类似，通信大多采用 API 接口方式，涉及协议包括 HTTP、MQTT 等，同样如未对通信双方的身份进行验证及保障通信链路的安全传输，均会被恶意攻击者截获或篡改，造成数据泄露或针对车联网信息系统的恶意破坏。另外，远场通信如未严格限制及监测通信的目标，则可能存在汽车数据违规出境风险，包含的大量城市道路基础设施、交通标志、政府机构标识等真实地理位置信息等，一旦违规出境，或将危害国家安全。

（二）智能网联汽车数据生命周期安全典型威胁场景

随着智能网联汽车的快速发展，越来越多的汽车制造商和相关企业开始将车辆与互联网连接，以提供更加便捷和智能的服务。然而，这也带来了更多的安全威胁。攻击者可能会通过攻击汽车的无线通信或互联网连接，从车辆中窃取敏感数据，如位置信息、座舱数据和个人身份信息。这些数据可能会被攻击者用于进行其他类型的攻击，如身份盗窃、勒索和诈骗等。恶意软件也可能会通过汽车的娱乐系统或其他连接设备接入汽车系统，从而获取对车辆的控制权或者窃取敏感数据。攻击者还可能通过攻击汽车供应链中的某个环节，如零部件供应商或者软件开发商，从而获取对汽车系统的控制权或者窃取敏感数据。用户也可能因疏忽或者操作不当，如使用弱口令或者连接不安全的 Wi-Fi 网络等，从而使汽车系统遭受攻击或者数据被泄露。

为了更好地理解智能网联汽车数据生命周期中存在的安全威胁场景，需要对智能网联汽车的数据特点及数据生命周期进行详细分析。

（三）车联网行业数据特点

1. 数据的多样性

数据类别不仅包括汽车基础数据（车牌号、车辆品牌和型号、车辆识别码、车辆颜色、车身长度和宽度等外观相关数据），也包括基础设施、交通数据、地图数据（红绿灯信息、道路基础设施相关、道路行人的具体位置、行驶和运动的方向、车外街景、交通标志、建筑外观等真实交通数据），以及车主的大量用户身份类数据（姓名，手机号码，驾照，证件号码，支付信息，家庭住址，用户的指纹、面部等生物特征识别信息等）、用户状态数据（语音、手势、眼球位置变化等）、行为类数据（登录、浏览、搜索、交易等操作信息等）等。

2. 数据的规模性

车联网数据融合了来自汽车、道路、天气、用户、智能计算系统等多方面的海量数据，涉及数据类型多、规模大，以及众多数据处理主体，如智能网联汽车生产企业、车联网服务平台运营企业等，并且随着用户的增加，数据呈指数级增长态势，需要统计分析应用的数据量大。

3. 数据的非结构性

车联网技术下大量的数据通过车辆内置和外挂的设备不断生成，各车厂、零部件商对于这部分数据的规范定义存在差异，且没有统一的标准，车联网平台之间的数据无法有效同步，数据的非结构性和非标准性对数据聚合或拆分技术以及权限管理和安全存储都带来了巨大的挑战。

4. 数据的流动性

大量相关主体，如智能网联汽车生产企业、车联网服务平台运营企业等会参与车联网数据处理，海量数据在用户端、车端、云端等多场景的交互使得数据的流动性增大。如何确保交互流动的数据的安全性，是车联网数据安全体系建设中的一个重要课题。

5. 数据的涉密性

智能网联汽车在公开道路驾驶过程中会采集大量的地图数据，而基于采集地图数据形成的测绘成果中依据《测绘法》涉及国家秘密的，需要按照《保密法》中的相关规定进行分级管理。此外，车联网的一部分数据可能被归入《数据安全法》体系下的重要数据甚至是核心数据的范畴，一旦未经授权披露、丢失、滥用、篡改或销毁，或汇聚、整合、分析，可能造成影响国家安全、公共安全等严重后果。

（四）数据生命周期安全典型威胁场景

1. 车机数据采集及流转

场景描述：在智能网联汽车中，数据采集是整个数据生命周期的第一步。在这个阶段，传感器和其他设备会收集各种类型的数据，如位置信息、车速、油耗、驾驶习惯等。这些数据会被存储于汽车内部的设备，并且可能会被发送到云端服务器或其他外部设备。

车机系统能够处理的数据包含视频、图片、车机数据、车辆基本信息、其他 ECU、语音、VIN、GPS 等。数据会通过互联网上传至企业云端和车机应用厂商。

威胁及风险分析：车机系统本身存在漏洞，引发音/视频、图片、车机数据、车辆基本信息、其他 ECU、VIN、GPS 等数据的泄露风险。缺乏对运维人员的有效监控措施，TSP 运维以及 TSP 数据库的审计等存在泄露风险。车机应用数据回传缺乏有效监测，无法知晓是否有数据违规回传行为。

2. 数据传输

场景描述：车联网数据的安全传输是典型的安全威胁场景，最早可以追溯到二战时期的军事保密通信，而后随着车联网等终端的普及和网络技术的发展，以及安全传输需求的增长，车联网数据的安全传输场景非常普遍。

威胁及风险分析：在数据安全通信中，要满足数据传输的不可窃听和不可篡改两个基本的安全需求。

3. 数据存储

场景描述：车辆中的传感器和车机系统收集了大量的数据，包括车辆位置、驾驶行为、媒体偏好、个人信息数据等。这些数据需要被安全地存储，以保护用户的隐私和车辆的安全。

威胁及风险分析：存储空间的访问未设置合理的认证机制及权限控制，过多的存储空间暴露面可能造成数据的非法访问，相应的数据明文存储，造成数据泄露后可被直接读取。

4. 数据使用

场景描述：数据的分析、使用是汽车数据处理的典型场景之一，如产品测试、培训、敏感数据分析与统计等实际业务场景。

威胁及风险分析：在汽车数据的分析使用过程中，对于敏感数据或用户隐私未做相应的脱敏处理，则存在较大的数据泄露风险。脱敏的需求是在保留一定的数据可用性基础上，降低数据的敏感度，或者保护用户隐私。具体的需求应根据业务的应用进行定制化调整。

5. 数据共享

场景描述：按照监管要求，存储在 TSP 数据库及备份库中的原始数据应被报送至监管单位，基于对原始数据的处理生成再生库，对数据进行分析，或者在功能研发迭代时需要用到原始数据。

威胁及风险分析：通过人工操作将原始数据通过互联网进行报送，人工介入过多会导致风险系数提升，互联网不确定性因素也会引发潜在的风险。在对原始数据进行处理生成再生库的过程中，由于没有对原始数据做处理，外加对再生库中的数据缺乏有效的审计，无法清晰了解再生库中的数据使用情况，可能会加大数据泄露的风险。

6. 数据清除

场景描述：涉及个人信息的相关数据，需要建立健全数据管理制度，对收集的个人信息进行分类、归档、备份和删除等，在用户要求删除个人信息时，应当及时响应并采取必要措施。

威胁及风险分析：因未能对应删除的数据执行删除操作，导致的数据泄露以及监管合规风险。

参考文献

中国信息通信技术研究院：《2021 数据安全与个人信息保护技术白皮书》，2021。

甄文媛：《智能网联汽车数据安全如何治理》，《汽车纵横》2021 年第 7 期。

焦伟：《关于智能网联汽车的数据安全分析及应对措施》，《中国新通信》2021 年第 22 期。

刘岸泽：《单宏寅：智能网联汽车数据安全保护》，《智能网联汽车》2021 年第 6 期。

覃庆玲、谢俐倞：《车联网数据安全风险分析及相关建议》，《信息通信技术与政策》2020 年第 8 期。

李岩松：《复杂网络环境下智能网联汽车安全威胁分析与远程入侵研究》，西安电子科技大学硕士学位论文，2019。

B.6
智能网联汽车数据安全分级

摘　要： 本报告围绕智能网联汽车数据安全分类分级问题，结合现有数据安全法律法规，根据数据在经济社会发展中的重要程度以及遭受攻击带来的危害程度，对数据实行分类分级保护。对智能网联汽车数据分类以及数据分级的依据和规则进行详细分析，有助于推动我国智能网联汽车数据安全分级管理工作的有序开展。

关键词： 数据分类　数据分级　分类分级保护　智能网联汽车　数据安全

《中华人民共和国数据安全法》规定，国家应建立数据分类分级保护制度，根据数据在经济社会发展中的重要程度，以及一旦遭到篡改、破坏、泄露或者非法获取、非法利用，对国家安全、公共利益或者个人、组织合法权益造成的危害程度，对数据实行分类分级保护。各地区、各部门应当按照数据分类分级保护制度，确定本地区、本部门及相关行业、领域的重要数据具体目录，对列入目录的数据予以重点保护。

针对智能网联汽车数据也应当进行分类和分级处理。企业应该定期梳理数据，明确数据应用主体，确定数据所属类别，确定不同类别数据产权归属和使用管理权责，对数据实施分级管理，明确不同等级数据访问权限和使用规则。

一　数据分类依据

智能网联汽车数据分类应遵循系统性、规范性、稳定性、明确性、扩展性原则，基于对机构所有数据的考量，建立层层划分、层层隶属、概念一致、稳定可靠、界限分明、可持续扩展的分类体系。

在梳理汽车数据资产的过程中，首先依据机构业务系统的数据安全需求以及相关法律法规的规定，按照数据安全管理的目的和原则，了解组织核心数据处理活动有关情况，形成初步的数据清单。其次，根据数据的业务属性及其在处理活动中的重要程度，进行数据分类，形成数据目录。

从数据来源角度，智能网联汽车数据可分为以下六类。

（1）车辆数据，包含基本信息、感知数据、运行数据、决策数据及个人信息。

（2）路侧基础设施数据，包含路侧基础设施基本信息、感知数据、运行状态数据。

（3）云控基础平台数据，包含云控平台基本信息、云控应用服务数据、云端录入个人信息。

（4）网络数据，包含网络基本信息、网络监测数据。

（5）高精地图数据，包含地图要素及属性、服务云控平台的交通运输数据。

（6）第三方数据，包含生活服务类数据、车辆服务类数据。

依据产业链的实际运营情况，智能网联汽车数据可分为以下四类。

（1）车端，包含基本数据、感知数据、决策数据、运行数据、车控类数据。

（2）用户端，包含用户身份证明信息、用户服务相关信息、用户其他相关信息。

（3）路端，包含基本信息、感知数据、融合计算、应用服务、运行状态数据、地图数据、交通大数据。

（4）云端，包含基本信息，控制数据，网络监测数据，生活服务、车辆服务、应用服务、用户服务内容信息，用户资料信息，车辆销售数据。

二 数据分级规则

智能网联汽车数据分级应遵循以下原则。

（1）合法合规性原则，数据分级应满足国家法律法规及行业主管部门有关规定。

（2）可执行性原则，数据分级的规则应避免过于复杂，以确保数据分级工作的可行性。

（3）时效性原则，数据分级具有一定的有效期，宜按照级别变更策略对数据级别进行及时调整。

（4）自主性原则，可根据自身数据管理需要，如战略需要、业务需要、对风险的接受程度等，自主确定数据安全级别。

（5）客观性原则，数据的分级规则应是客观且可以被校验的，即通过数据自身的属性和分级规则就可以判定其级别，已经分级的数据是可以复核和检查的。

（6）就高从严原则，数据分级时采用就高不就低的原则进行定级，如数据集包括多个级别的数据项，按照数据项的最高级别对数据集进行定级。

智能网联汽车数据分级的评估要素是指数据安全性遭到破坏后可能受到影响的对象及影响程度。

影响对象是指智能网联汽车数据一旦遭受篡改、破坏、泄露或者非法获取、非法利用，受到影响的对象，包括国家安全、公共利益、企业合法权益、个人隐私等。影响对象的确定应考虑以下内容。

（1）国家安全，一般是指数据的安全性遭到破坏后，可能对国家安全、社会稳定等造成影响。

（2）公共利益，一般是指数据的安全性遭到破坏后，可能对公众使用公共服务、公共设施、公共资源等造成影响，或者影响公共健康安全等。

（3）企业合法权益，一般是指数据的安全性遭到破坏后，可能对某机构的生产运营、声誉形象、公信力等造成影响。

（4）个人隐私，一般是指数据的安全性遭到破坏后，可能对信息主体的私人活动、人身权、财产权以及其他合法权益等造成影响。

影响程度是指智能网联汽车数据一旦遭受篡改、破坏、泄露或者非法获取、非法利用，对影响对象所造成的危害程度。危害程度从高到低可分为特别严重危害、严重危害、一般危害、轻微危害。

（一）特别严重危害

（1）可能直接影响国家政治安全。

（2）可能关系国民经济命脉。

（3）可能引起大范围社会恐慌，对社会稳定造成极大影响。

（4）可能关系重大公共利益，多个省区市的大部分地区的社会公共资源供应长期且大面积瘫痪，对公共利益造成极高的影响。

（5）可能导致组织遭到监管部门严重处罚，或影响重要/关键业务的正常开展，造成重大经济或技术损失，严重破坏机构声誉，企业面临破产。

（6）可能使个人信息主体遭受重大的、不可消除的、无法克服的影响，容易导致自然人的人格尊严受到侵害或者人身、财产安全受到危害。

（二）严重危害

（1）可能关系国家安全重点领域，对国家安全造成严重威胁。

（2）可能影响宏观经济运行状况和发展趋势。

（3）可能直接导致重大突发事件、重大群体性事件等，引起社会矛盾激化，对社会稳定造成较大的影响。

（4）可能造成一个或多个地市大部分地区的社会公共资源在一定时间较大范围中断，对社会公共利益造成较大的影响。

（5）可能导致组织遭到监管部门处罚，或者影响部分业务的正常开展，造成较大经济或技术损失，破坏组织声誉。

（6）可能使个人信息主体遭受较大影响，消除影响代价较大。

（三）一般危害

（1）可能对国家安全造成直接威胁。

（2）可能对行业领域发展、生产、运行和经济效益等造成轻微影响。

（3）可能直接影响公共秩序，对社会稳定造成轻微影响。

（4）可能使小范围的社会公共资源受到影响，对公共利益造成轻微影响。

（5）可能使组织遭遇个别诉讼事件，或在某一时间造成部分业务中断，使组织的经济利益、声誉、技术等轻微受损。

（6）可能使个人信息主体遭受困扰，但尚可以克服。

（四）轻微危害

可能对企业合法权益和个人隐私等产生轻微影响，但不会影响国家安全、公共利益。

根据智能网联汽车数据安全性遭受破坏后的影响对象和所造成的影响程度，将数据安全级别从高到低划分为5级、4级、3级、2级、1级。

5级数据特征包括：重要数据通常主要用于大型或特大型机构、重要核心节点类机构的关键业务，一般只针对特定人员公开，且仅为必须知悉的对象访问或使用。数据安全性遭到破坏后，对国家安全造成影响，或对公众权益造成严重的影响，或对经济运行、社会稳定、公共利益造成特别严重危害。

4级数据特征包括：数据通常主要用于大型或特大型机构、重要核心节点类机构的重要业务，一般只针对特定人员公开，且仅为必须知悉的对象访问或使用。数据安全性遭到破坏后，对社会稳定、公众权益造成一定影响，或对个人隐私或企业合法权益造成严重影响，但不影响国家安全。

3级数据特征包括：数据用于机构关键或重要业务，一般只针对特定人员公开，且仅为必须知悉的对象访问或使用。数据安全性遭到破坏后，对公众权益造成轻微影响，或对个人隐私或企业合法权益造成一般影响，但不影响国家安全。

2 级数据特征包括：数据用于机构一般业务，一般只针对受限对象公开，通常为内部管理且不宜广泛公开的数据。数据的安全性遭到破坏后，对个人隐私或企业的合法权益造成轻微影响，但不影响国家安全、社会稳定、公众权益。

1 级数据特征包括：数据一般可被公开或可被公众获知、使用。数据的安全性遭到破坏后，可能对个人隐私或企业合法权益不造成影响，或仅造成微弱影响，但不影响国家安全、社会稳定、公众权益。

此外，智能网联数据安全级别划分的通用规则包括但不限于：重要数据的安全等级不可低于 5 级；个人信息相关数据在数据安全定级过程中宜从高考虑；对于数据体量大、涉及的客户多或涉及多行业及多机构客户的情况，影响程度宜从高确定。

参考文献

Information Security, "Cybersecurity and Privacy Protection: Guidence on Managing Information Security Risks," ISO IEC 27005-2022.

工业和信息化部：《关于加强车联网网络安全和数据安全工作的通知》（工信部网安〔2021〕134 号），2021 年 9 月 15 日。

数据安全推进计划：《智能网联汽车数据分类分级实践指南》，2022 年 12 月。

国家互联网信息办公室等：《网络安全审查办法》，2021 年 12 月 28 日。

网络安全篇

B.7 智能网联汽车法律法规标准及行业现状

摘　要： 本报告分析了智能网联汽车网络安全行业现状，讨论了当前欧盟智能网联汽车网络安全立法现状，并与我国进行对比分析。同时分析了智能网联汽车网络安全发展形势，重点分析了常见的网络攻击框架，如 Cyber Kill Chain 和 ATT&CK 等。从云端、车端、移动端、车企内部、供应链等方面对车企攻击面进行分析，并从资产发现与收敛、移动应用加固、漏洞管理、员工安全意识四个方面提出了攻击面的安全防护策略。

关键词： 网络安全　攻击框架　攻击面　防护策略

一　网络安全现状

（一）网络安全现状

随着汽车智能化、网联化的快速发展，车联网架构复杂，外部接口增多，暴露面扩大，车辆与车辆、车辆与道路之间进行的信息交互更加频繁，面临云端、移动端、车端、路边系统及通信链路的各种网络安全威胁。智能网联汽车为用户带来了更加便捷的出行体验，但也隐藏着很多安全隐患。据Upstream发布的《2023年全球汽车行业网络安全报告》，过去5年中，全球汽车行业遭受的70%的汽车安全威胁都是由远距离的网络攻击行为引发，损失超过5000亿美元。2022年网络攻击者最常使用的载体分别是远程信息处理和应用服务（35%）、远程无钥匙进入系统（18%）、电子控制单元（14%）、车载智能应用API（12%）、车载信息娱乐系统（8%）、车载移动应用程序（6%）和电动汽车充电系统及设施（4%）。智能网联汽车面临的网络安全风险日益扩大，不仅会带来隐私数据泄露、系统服务中断等风险，更会直接影响车辆功能安全，进而导致人身安全风险事件。

国际方面，欧盟发布了《通用数据保护条例》（GDPR）法律、EDPB发布了《车联网个人数据保护指南》，较为明确地阐释了车联网应用环境下的个人数据处理活动中存在的隐私和数据保护风险及应对措施。此外，UNECE WP. 29 R155车辆网络安全（CSMS）法规、ISO SAE 21434国际标准发布，二者都要求在车辆整个生命周期实施网络安全并且在组织内部建立有效的网络安全管理体系。

中国方面，积极开展汽车网络安全与数据安全系列的标准制定工作，规范汽车行业的网络安全及数据安全标准。汽车行业依托于《网络安全法》《数据安全法》《个人信息保护法》这三项“上位法”，不断完善车联网领域的政策法规，逐渐形成车联网安全体系，为车联网产业安全健康发展提供支撑。《网络安全法》是我国依法治网、化解网络安全风险的一项法律重器，对我国网络安全的发展和保障具有里程碑的作用和意义。《数据安全法》是我国数据安全领域最高位阶的专门法，意味着国家从法律层面对数据安全管理和开发利用进行规定和约束，进一步提升国家数据安全保障能力。《个人信息保护法》是一项针对个人信息收集、使用和保护的法律法规，标志着我国对个人信息的立法保护方面上升到了新的高度。《网络安全等级保护条例（征求意见稿）》的发布既是完善相关法律规范体系的需要，也为解决等级保护现实问题提供了契机，成为等级保护创新发展的驱动力。《汽车数据安全管理若干规定（试行）》对汽车行业数据安全管理的合规工作提出了更高要求。除上述标准规定外，还发布了《App违法违规认定办法》《智能网联汽车生产企业及产品准入管理指南（试行）（征求意见稿）》等要求以及《信息安全技术—网络安全等级保护基本要求》（GB/T 22239-2019）、《车载信息交互系统信息安全技术要求及试验方法》（GB/T 40856-2021）等标准，即将发布的整车安全技术要求和汽车软件升级通用技术要求，企业建立网络安全体系，通过规范制度、流程、职责等来管理车辆网络安全领域的风险；企业具备网络安全保障能力，具备保障电子电气系统、组件和功能免受网络威胁的技术措施，确保车辆及其功能处于被保护的状态，保障车辆安全运行。

（二）网络安全威胁现状

1. 安全形势分析

近几年国际智能网联汽车市场高速发展，我国智能网联汽车产业也快速成长，与此同时，智能网联汽车的数据安全、网络安全等问题日益显著。

2023年汽车网络安全事件频发，仅在第一季度，就发生多起公开安全事件，如日产北美公司第三方服务商配置错误导致数据泄露；充电桩管理系统OCPP协议会话管理出现缺陷，可造成拒绝服务或免费充电；丰田全球供应商信息管理系统认证机制存在漏洞，可获取大量数据等。

智能网联汽车网络安全是相对复杂的问题，既包括传统的固件安全、系统安全、应用安全等安全问题，也包括新的供应链安全、数据安全、AI安全等安全问题。根据已有案例分析，其主要攻击点集中在云端、车端、移动端、车企内部以及供应链五个方向，不同的方向会产生不同的安全问题，也会产生不同程度的影响，如云端可能出现数据泄露、车辆信息跟踪等问题，车端和移动端可能出现车辆控制等问题，而车企内部与供应链则可能从更高维度对智能网联汽车的网络安全进行攻击，完成从信息泄露、代码泄露、漏洞利用到远程控制或本地接管等一系列攻击行为也并非不可能。

解决智能网联汽车的网络安全问题迫在眉睫，也已经成为安全产业发展中的重点，构建全链条综合防御体系成为网联汽车网络安全发展的必然趋势。

2. 常见网络攻击框架：ATT&CK、Cyber Kill Chain

传统网络安全攻击对于智能网联汽车的网络安全问题也具有一定的参考价值，而网络安全攻击框架更是大同小异，探究网络安全攻击框架对解决智能网联汽车的网络安全问题具有一定的启发。

（1）Cyber Kill Chain

Cyber Kill Chain 是美国国防承包商洛克希德·马丁公司提出的网络安全杀伤链模型，包含七个阶段，如图 1 所示。

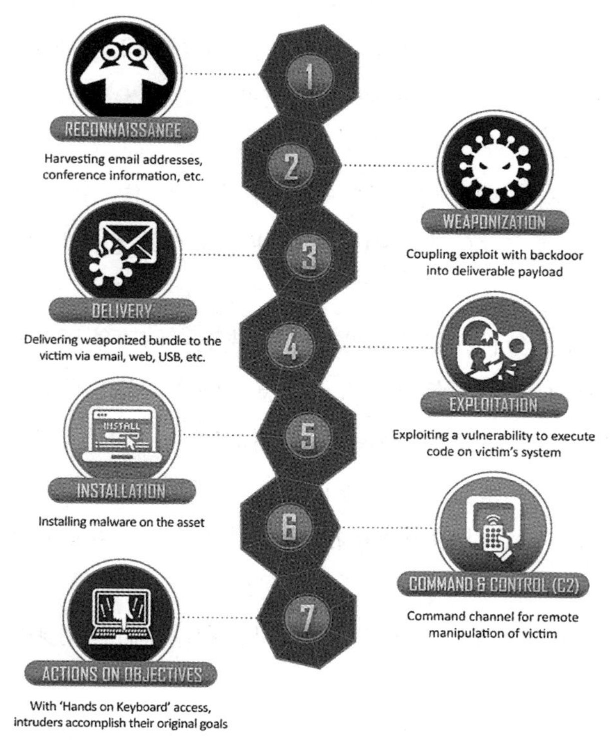

图 1　Cyber Kill Chain

资料来源：https：//www. lockheedmartin. com/en-us/capabilities/cyber/cyber-kill-chain. html。

①侦察：攻击者搜索目标的相关信息；

②武器化：攻击者将恶意代码嵌入将要投递给受害者的载荷中；

③投递：通过 E-mail、USB、Web 等方式向受害者投递包含恶意代码的包；

④利用：通过漏洞在受害者系统中执行任意代码；

⑤安装：在受害者系统中安装木马；

⑥命令与控制：在受害者机器中建立用于远程操作的命令通道；

⑦目标行动：攻击者达成目标，如数据窃取、系统破坏等。

（2）ATT&CK

ATT&CK 是由美国研究机构 MITRE 于 2014 年在 Cyber Kill Chain 基础上建立的新型攻击框架。ATT&CK 将已知的攻击行为汇总成一个技战术列表，极为全面地展示了攻击者在进行网络攻击时可能会采用的攻击方式，因此也有助于建设防御性安全模型。

ATT&CK 共有 14 项战术，每一项又有多种技术，每一项战术在逻辑上是递进的，在一次完整的攻击中并不会使用所有技术，但通常来说 14 项战术都会被使用。

①侦察：通过各种扫描或探测技术，获取一切可能用于攻击的信息或资源，包括服务信息、资源信息、人员信息、网络信息、公司信息等；

②资源建设：在攻击前做好所需资源的筹备，如用于 C2 的域名与服务器、用于钓鱼的邮箱或社交账号等；

③初始访问：通过服务的漏洞或钓鱼社工等手段获取进入目标网络的访问权限；

④执行：在目标网络中执行恶意代码，利用这种能力来实现网络的更广更深的探测或直接窃取数据；

⑤权限维持：对已获取的据点进行权限维持，在因重启、更换凭据等而切断与据点的联系后仍能在一定时间内重新获取权限；

⑥权限提升：当需要更高的权限才能达成目标时，通常会利用系统漏洞、错误配置等方式在系统或网络上获得更高权限；

⑦防护绕过：在攻击过程中绕过安全产品从而避免被发现，这类技术包括卸载/禁用安全软件或加密混淆数据和脚本，还可以利用可信进程来伪装恶意软件；

⑧凭证访问：通过如键盘记录、凭证转储等方式窃取凭证，通过正常的凭证访问受害者系统或网络；

⑨发现：通过嗅探、翻找文件、查看浏览记录等方式获取更多的信息，在整个 ATT&CK 中属于最难防御的战术；

⑩横向移动：基于已有落脚点，在网络环境中进行其他系统的权限获取和控制，寻找更好的访问权限并控制全网络；

⑪收集：收集后一般会窃取数据，常见的收集目标源包括各种驱动器、浏览器、音频、视频和电子邮件；

⑫命令和控制：攻击者与受害者网络中受其控制的系统进行通信，通常会试图模仿正常的流量来避免被检测到；

⑬渗出：通过用于数据窃取，通过加密打包等方式将所需数据取出；

⑭影响：操纵、中断或破坏企业的系统和数据。

（三）车企攻击面概况

1. 云端

云是智能网联汽车的重要一环，云为网联汽车提供了强大的计算和存储能力支持，使汽车可以通过云平台获取和处理大量的数据和信息，且由于云访问难度相对较低，云成为最易被关注的攻击面。

云上攻击面主要包括服务、端口、应用、API、存储桶等，对于攻击者来说，信息搜集的第一项就是针对车云通信相关链路进行信息搜集。

通过扫描和探测就可以发现一些服务、端口和应用，通常来说三者存在对应关系，如云上的 22 端口对应 SSH 服务、80 端口对应 HTTP 服务，HTTP 服务通常又是由一些应用开启的。在扫描端口获取服务或应用信息后，就可以进行针对性攻击。如果是存在认证服务，如 Mysql、SSH、Ftp 等，则爆破、喷洒会比较常见，如果是发现一些应用，如云控平台、云资源平台等，那传统的 Web 漏洞可能被利用。

目前 API 是云端攻击的重要方向之一，在许多车企的内部测试中都有关于内部 API 泄露（API 文档泄露或 App 逆向发现）后通过构造 API 请求实现控车或信息窃取的问题报告。API 一般容易出现四种安全风险：漏洞利用、基于身份验证的攻击、授权错误和 DoS。

存储桶在云上攻防中常被提及，而在网联汽车的网络安全中往往被忽略，实际上存储桶问题可能会间接影响网联汽车，如存储桶缺少权限划分，攻击者可以通过获取存储桶内的文件来查找是否存在车主、车辆信息，也可通过 PUT 方法、DELETE 方法任意上传或删除存储桶内文件，导致服务出错等。

2. 车端

车端网络安全是整车安全的子集，其入侵方式可以简单分为两类，即基于 Wi-Fi 与基于组件。

基于 Wi-Fi 较易被理解，许多智能网联汽车内部都会开启一个 Wi-Fi 用来进行内部操作或提升车的智能属性。而如果 Wi-Fi 是默认口令或弱口令，或者很容易被破解，则攻击者可通过接入 Wi-Fi 从而链接汽车内部网络。

基于组件则是指通过 T-BOX、IVI 等域控或系统接入汽车内部网络，比如 IVI 中可能存在浏览器，若浏览器内核版本较低且存在可用 EXP，就可以直接通过 EXP 攻击浏览器从而获取 IVI 权限，同时也就获取内部网络的一个驻点。

3. 移动端

移动端主要包含 App 和车载娱乐系统。

App 向所有人公开，因此获取难度很小。攻击者可以通过官网、应用市场等方式获取 APK，对 APK 进行信息提取和逆向分析，实现 API 获取和模拟、通信协议还原、加密算法还原甚至远程控制车辆。

车载娱乐系统一般采用安卓操作系统，也可以作为移动端设备来看待，其面临的问题主要包括以下两种。①任意 APK 安装。若安卓无 APK 安全检测，则可以直接安装木马，反之，则可以安装 Termux 之类的模拟终端 App。②安卓版本漏洞。安卓版本较低甚至存在可用 EXP，则可直接利用 EXP 进行提权获取安卓 Root 权限。

4. 车企内部

智能网联汽车的网络安全一般都只会关注车、端、云三个层面，但如果直接攻击车企内部，就可以从更高维度实现对汽车的攻击，而车企内部问题多为钓鱼或代码泄露。

钓鱼是指通过向车企内部人员投递携带木马的文件来控制车企内部人员的终端，这种方式通常都需要对方配合主动点击文件或打开文件。常见的场景有投递携带木马的简历给 HR、投递携带木马的商业合作文件给商业对接人等。

代码泄露是近年的高频安全事件，如 2018 年苹果专有的 iBoot 源代码泄露、2021 年日本三井住友银行代码泄露、2022 年 Twitter 代码泄露等。这类事件的发生一般有两种可能，一种是员工的安全意识薄弱，将在公司开发的代码上传至公开代码托管平台或个人网站，另一种是员工在离职后，恶意公开代码。代码泄露有时不能简单地理解为代码逻辑泄露，代码逻辑泄露确实会帮助攻击者轻松了解业务逻辑以及使用的一些组件等，从而找到漏洞进行攻击；但如果代码泄露了敏感信息会构成非常大的隐患，如 AKSK、用户账号口令、测试账号口令、数据库连接字符串等。

5. 供应链

供应链攻击从 2017 年开始呈爆发式增长态势，其定义为利用软件供应商与用户之间的信任关系，在合法软件的正常传播和升级过程中，利用供应商存在的漏洞，对软件进行劫持替换或篡改，从而入侵用户。

对于智能网联汽车来说，供应链攻击难以抵御，大众、福特、本田都出现过因供应商被攻击而自主设计图纸、技术规则等敏感信息被窃取的事件。现今，网联汽车关联的供应商相比传统汽车更多，且多数与智能化相关，因此解决供应链攻击问题更为紧迫。

（四）攻击面防护策略

1. 资产发现与收敛

资产发现与收敛主要是针对云上，对于资产应采取最小化原则，对不需要对外开放的任何形式的资产都应关闭对外映射，及时下线已废弃的资产，在一定时间内及时关闭用于测试或临时使用的资产，将整个对外暴露面收缩至最小。

针对汽车其实也应该控制资产的暴露面，如在车内网中对网段进行扫描，识别开放的端口与服务、车机禁止下载官方认定外的 App、安卓系统关闭 ADB 调试功能以及 OBD 的鉴权或限制等。

2. 移动应用加固

目前移动应用是智能网联汽车的标配，应用加固与渗透测试也就成为网联汽车安全加固的重要组成部分。目前绝大多数国内车企都会采购如梆梆、腾讯、百度、网易等公司的成熟 App 加固方案。加固方案一般以加壳混淆、防调试、防 Root 为主，目的是防止攻击者对 App 进行静态分析、动态调试以及 Hook，保护应用安全。

目前安卓应用较普遍，攻击者绕过手段也多种多样，其并不会企图破解整个应用的，而是针对感兴趣的点进行攻破，这使得加固更加困难。

目前最常用的绕过 Root 检测的手段是直接使用 Magisk 中的模块。在新版 Magisk 中，进行进程 Root 白名单已经成为标准功能；安卓的调试较为常用的框架是 Frida，各厂商也会对 Frida 进行重点检测。绕过 Frida 检测的方法有 Server 特征替换、修改端口、VA+Gadget、maps 文件替换等；脱壳的难度相对较大，需要独立分析不同厂商的壳，比较常见的方法是 FART。此方法的本质还是对内存中处于解密状态的 dex 的 dump，一般分为三步：内存中 DexFile 结构体完整 dex 的 dump、主动调用类中的每一个方法，实现对应 CodeItem 的 dump 和通过主动调用 dump 的 CodeItem 对 dex 被抽取方法进行修复。商业壳中一般会使用 VMP，单纯采用 FART 一般只能获取部分代码，这一部分还需要额外分析，因此攻击者的成本也会提高。

3. 漏洞管理

漏洞管理是一个持续、主动且自动化的过程，针对车、云、端、企业的所有漏洞，无论是内部发现还是外部发现，都有一套完成的流程，配套一个可用的平台，完成从漏洞发现、漏洞验证、漏洞确认、漏洞修复、漏洞复测到漏洞关闭的过程。

漏洞管理的目的是通过尽可能地减少暴露的漏洞来降低组织的整体安全风险，其过程主要如下。

（1）资产盘点：通过已有资产检索与资产发现两个手段，进行完整资产盘点，为漏洞关联资产做准备，这通常是漏洞管理中最为复杂的一项。

（2）漏洞扫描：通过漏洞扫描工具对盘点的资产进行自动化测试，寻找存在的漏洞或缺陷，包括公开漏洞扫描、弱口令扫描等。

（3）渗透测试：通过人工半自动化的方式对整体网络环境进行评估，识别未知风险，并交付完整的渗透测试报告。

（4）补丁管理：对系统、框架、组件的漏洞补丁进行统一管理，及时通告并下发，并对安装结果进行统计，确保补丁的覆盖率。

（5）漏洞修复：针对漏洞扫描、渗透测试发现的漏洞进行修复，并进行复测，判断修复结果以便决定是否需要重复上述流程。

4. 员工安全意识

在缩小攻击面时往往会忽略员工安全意识，事实上绝大多数大型攻击都将员工作为第一突破点，通过员工办公终端可以访问到绝大多数业务系统，也可以窃取很多内部保密文件或配置文件，通过这些成果可以快速实现攻击。

针对员工安全意识有以下需要谨记的注意事项。

（1）警惕外部邮件附件。

（2）警惕外部邮件内含链接。

（3）非办公终端不连入办公网。

（4）口令定期更换。

（5）口令与个人无强绑定关系。

参考文献

LockheedMartin, "The Cyber Kill Chain," https://www.lockheedmartin.com/en-us/capabilities/cyber/cyber-kill-chain.html.

MITRE, "ATT&CK Matrix for Enterprise," https://attack.mitre.org/.

中国信息通信研究院：《车联网网络安全白皮书》，2017年9月。

B.8
网络安全管理体系与安全防护

摘　要： 本报告分析了国内外智能网联汽车网络安全与数据安全的管理体系建设与认证情况，对比了国内外相关安全体系管理要求，以期为国内的体系建设与认证工作提供参考借鉴。同时，通过开展国内外网络安全风险分析、国内外数据安全风险分析、国内外网络安全与数据安全合规分析、国内外数据安全技术体系分析等，探讨了智能网联汽车网络安全与数据安全防护策略。

关键词： 管理体系　风险分析　合规分析　技术体系　网络安全

一　网络安全管理体系

国外的网络安全管理体系主要为 UN R155 车辆网络安全管理体系，2020 年 6 月，联合国世界车辆法规协调论坛（以下简称“UN/WP.29”）发布了 R155 法规。该法规是全球第一个汽车网络安全强制法规，意味着车辆的网络安全已经从符合标准时代进入遵从法规时代。该法规适用于 1958 年协议下成员国（UNECE 1958 年协议的缔约方已增加到 54 个，其中包括所有欧盟国家和其他 OECD 国家），虽然中国不属于 1958 年协议国，但生产的汽车要销往这些国家也就必须通过相关认证。R155 在网络安全方面基本覆盖了乘用车和商用车的适用范围，适用于 M 类车型、N 类车型、至少装备了一个 ECU 的 O 类车型、具备 L3 级及以上自动驾驶功能的 L6 和 L7 类车型。

车辆制造商应满足 R155 法规中关于网络安全管理体系的以下要求。

（1）车辆制造商的网络安全管理体系应覆盖车辆的开发阶段、生产阶段、生产后阶段等完整生命周期。

（2）车辆制造商应能确保网络安全管理体系的有效实施，包括具备识别车辆所有可能的网络安全风险的流程；对识别的网络安全风险进行评估、分类及处理的流程；对网络安全风险进行管理的流程及标准；开发、生产阶段保障车辆具备网络安全能力的流程；监控、检测和响应网络安全攻击、威胁和漏洞的流程；及时更新相应流程等。

（3）车辆制造商能及时应对车辆的网络安全威胁、漏洞，并确保在合理的时间内缓解相应的网络安全威胁和漏洞问题。

（4）车辆制造商应持续监测车辆的网络安全攻击、威胁和漏洞，包括对车辆数据和车辆记录的网络安全攻击、威胁和漏洞进行分析与检测，在此过程中应考虑到联合国中关于个人信息保护的法规，保护车主或驾驶员的个人隐私，特别是要征得其同意。

（5）对于待批准的车辆类型，车辆制造商应识别和管理与供应商相关的风险。

（6）车辆制造商应至少每年一次（根据需要增加频次）将监控活动报告给批准机构或技术服务部门。车辆制造商还应向批准机构或技术服务部门报告并证明其对车辆类型采取的安全缓解措施有效，并报告采取的其他行动。

依据 UN R155 的要求，车辆制造商应搭建公司级网络安全管理体系，经认证机构审核后可获取 CSMS 体系证书。CSMS 体系证书最长有效期为三年。车辆网络安全管理体系涵盖生命周期管理、体系管理、风险管理、监控与防护、事件管理、漏洞管理、供应商管理、体系支持八大领域。其中车辆生命周期管理可细分为概念设计阶段、开发与测试阶段、生产阶段、运维阶段、终止支持/报废阶段。体系管理可细分为公司方针、组织架构、制度体系、意识文化、内审优化五个管理领域。

2022 年 7 月 6 日起，新车型的制造商应拥有与批准的车辆类型相关的网络安全管理系统有效合格证；在产车型在 2024 年 7 月 6 日后必须证明，在相关车辆类型的开发阶段已经充分考虑了网络安全，并且拥有相关的网络安全管理系统的有效合格证。

（一）国内网络安全管理体系建设及认证情况

国内的网络安全管理体系建设需满足等级保护制度、《智能网联汽车生产企业及产品准入管理指南（试行）》、《汽车整车信息安全技术要求及试验方法（征求意见稿）》的要求。

《网络安全法》明确了国家应实行网络安全等级保护制度。等级保护制度已成为国家网络安全与数据安全领域重要的保障制度。等级保护中的安全管理体系主要包含安全管理制度、安全管理组织、安全管理人员、安全建设管理、安全运维管理5个方面，国内汽车企业基于安全技术、安全管理和安全运维建设，建立了安全防护体系，并依法开展了网络定级备案、安全建设整改、等级测评和自查等工作。汽车企业应满足法律法规中对于网络安全等级保护的要求，做到整体防御、分区隔离，积极保护、内外兼防，自身防御、主动免疫，纵深防御、技管并重，满足安全合规要求。

已发布的《智能网联汽车生产企业及产品准入管理指南（试行）》和强制标准《汽车整车信息安全技术要求及试验方法（征求意见稿）》表明网络安全管理体系建设已成为对汽车企业的基本要求。基于UNECE WP. 29 R155车辆网络安全（CSMS）法规的内容，强制标准《汽车整车信息安全技术要求及试验方法（征求意见稿）》制定了符合中国国情的网络安全要求。国内汽车均根据相关要求开展网络安全管理体系建设，包含以下内容：第一，企业应针对网络安全管理，落实包含决策、管理、执行、监督的网络安全的组织架构，明确网络安全主体责任；第二，企业应制定包含方针策略、规范程序、指南手册及记录表单等内容的网络安全流程制度，明确职能职责，保障产品网络安全；第三，企业应明确产品概念阶段、开发阶段、生产阶段、运维阶段、报废阶段等全生命周期的合规基准要点，对产品的网络安全进行严格把控；第四，企业应实施包含供应商准入评价、CIA接口协议签订、过程管理等内容的供应链网络安全管控，实现全供应链网络安全管控；第五，企业应加强网络安全人才能力建设，通过专项培训、意识同步提升网络安全能力。通过网络安全管理体系的建设，既能满足合规性要求，又能强化企业内控机制，提升企业及行业的网络安全防护能力。

（二）国外数据安全管理体系建设及认证情况

国外数据安全管理体系及认证主要是遵循 ISO27701 隐私信息管理体系。ISO27701 隐私信息管理体系是在 ISO27001 标准的基础上，针对保护个人信息增加了扩展要求的附加标准。ISO27701 提供了一个数据隐私管理体系框架，以确保组织能够在其个人信息处理活动中保持合规性。通过执行该框架的全部要素，建立一个与其风险和上下文有关的数据隐私管理体系，以保护个人信息的完整性、保密性和可用性，确保个人信息得到合法、公正和透明的处理，并满足相关法规和标准的要求。

ISO27701 隐私保护管理体系制度由一组管理文件组成，包含管理制度、手册等加强企业隐私保护管理的指导性、纲领性文件，支持隐私保护方针和目标的管理规定和控制程序文件，各类流程、指南类管理办法，各类管理表单和记录等。通过管理文件明确了企业隐私保护合规的愿景、目标组织架构及治理模式，实施隐私保护合规管理体系各领域涉及的管理要求，符合隐私保护合规要求的操作步骤及管控标准，支持隐私保护活动的记录等，企业能体系化的进行隐私保护管控。

（三）国内数据安全管理体系建设及认证情况

数据安全管理体系可分为管理总纲、管理制度、操作流程和规范性文件、表单文件四层架构。管理总纲是组织数据安全治理的战略导向，应明确组织数据安全治理的目标重点，如“以分类分级为基准，以权限控制为措施，管理与技术并重”的数据安全治理方针。管理制度是组织数据安全治理体系建设的导向，应建立数据安全管理制度，以及组织人员与岗位职责、应急响应、监测预警、合规评估、检查评价、教育培训等制度。操作流程和规范性文件是组织安全规范的导向，作为制度要求下指导数据安全策略落地的指南，应制定数据分类分级操作指南、技术防护操作规范、数据安全审计规范等指导性文件。表单文件是组织安全执行的导向，作为数据安全落地运营过程中产生的执行文件，应建立数据资产管理台账清单、数据使用申请审批表、安全审计记录表、账号权限配置记录表等。

二　网络安全与数据安全防护

（一）国内外网络安全风险分析

网络安全威胁分析与风险评估采用 TARA 方法。TARA 是指 UNECE WP. 29 R155 车辆网络安全法规、《智能网联汽车生产企业及产品准入管理指南（试行）》、即将发布的强制标准《汽车整车信息安全技术要求及试验方法（征求意见稿）》中要求的关键网络安全活动。威胁分析与风险评估的目的是识别网络安全的资产风险，对网络安全资产风险进行评级，提出网络安全需求，指导汽车开发网络安全功能，提升汽车的网络安全防护能力。

目前主流的 TARA 分析方法有 EVITA、HEAVENSE 等方法。风险评估从识别资产、安全目标和损害场景开始，在威胁分析中确定资产潜在的攻击路径和攻击可行性，随后确定安全目标攻击后所造成的影响，由攻击的可行性与影响评估判定安全风险评级，并进一步确定是否需要通过采取措施来消减风险，由消减的措施得出安全需求。

开展 TARA 包含六部分内容：一是通过收集的车辆功能等信息，进行相关项判断，确认风险评估的范围，识别网络安全资产及目标，明确网络安全资产清单；二是根据攻击者模型及攻击路径对网络安全资产进行威胁分析，明确资产的威胁等级；三是确定并评估损害场景，明确影响等级；四是基于威胁等级和影响等级明确安全风险等级，并根据风险处置明确风险处置结果；五是根据处置结果，提出网络安全要求；六是对处置的风险进行再评估，确保已处理相关风险。

（二）国内外网络安全合规分析

法律法规是指引网络安全建设的重要依据，企业应收录并拆解各类与网络安全相关的规范、标准，为网络安全管理提供参考及评估标准，形成合规库，并根据合规库中的合规项制定各类安全策略规则。但是传统的法律法规库多为文档形式，难以融入日常的安全运营工作，企业可通过技术手段建立法律法规库系统，系统具备规范标准的录入、修订、废止、检索功能，通过系统可快速检索组织应执行的合规项，以及根据各合规项执行的安全策略和实施的安全措施，并将相关要求及对应措施融入日常安全运营。

1. 国外网络安全技术体系

国外汽车网络安全技术体系主要由三部分组成：基础设施层、网络层、应用层。

（1）基础设施层

基础设施层是构建汽车网络安全技术体系的基础，主要包括网络设备、服务器等物理设备，以及网络协议、通信标准等软件资源。基础设施层的安全性对整个系统的稳定性和可靠性影响很大，因此需要进行严密的监管和管理。

（2）网络层

网络层是构建汽车网络安全技术体系的关键一环，主要包括 CAN 总线、LIN 总线、以太网等多种通信协议。在这一层中，需要采用许多技术手段来保障通信信道的安全，如数据加密、身份认证、防护措施等。

（3）应用层

应用层是最直接面向用户的层次，也是最容易遭受攻击的层次。在这一层中，需要通过各种安全策略和技术手段，确保应用程序的安全性，防止恶意攻击造成严重的后果。

目前，国外汽车网络安全技术体系建设已经取得了较大的进展，主要表现在以下四个方面。一是对车辆系统进行彻底审查和测试，确保其满足网络安全标准和规范要求；二是采用多种技术手段提高应用程序的安全性，如强制访问控制、代码签名、入侵检测等；三是加强身份认证和数据加密技术的运用，保障通信信道的安全性；四是建立数据安全管理体系，对车辆系统中的重要数据进行保护和备份，避免数据泄露和丢失。尽管国外汽车网络安全技术体系建设已经取得了很大进展，但其仍然存在一些问题，首先不同厂商及不同地区的法规、标准和规范不一致，给整个行业带来了很大困扰；其次部分车辆生产商过度关注功能而忽视网络安全问题，导致车辆系统易被攻击和侵入；最后缺乏有效的协作机制，使得不同厂商之间的信息共享和合作比较困难。

2. 国内网络安全技术体系

国内汽车网络安全技术体系主要由三部分组成：边界防护层、数据传输层和内部管控层。

（1）边界防护层

边界防护层是整个汽车网络安全的第一道防线，主要是通过采用安全网关、防火墙等技术，保障车载系统不遭受外部攻击。同时，边界防护层还需要做好制定对外口令策略的工作，具备外部安全审计等重要功能。

（2）数据传输层

数据传输层主要解决数据安全传输问题。在智能网联汽车数据传输过程中存在很多风险，如钓鱼攻击、数据泄露等。为了保障数据传输安全，中国汽车网络安全技术体系采用了基于加密技术的点对点传输方式，并且要求在传输数据前必须进行身份验证。

（3）内部管控层

内部管控层主要是指车辆内部系统的安全管控。这一层需要通过采用安全软件、操作系统安全等手段，保证车辆内部系统免受内部攻击和病毒感染。此外，在车联网中，还需建立统一的认证授权机制，提高信息访问的安全性。

近年来，国内汽车网络安全技术不断发展，取得了多项重大突破。例如，我国的智能汽车市场规模不断增大，成为支撑新一代信息技术创新与应用的重要领域。同时，我国逐步完善汽车网络安全技术标准、法规和政策，推动行业加快技术升级和转型发展。

然而，国内汽车网络安全技术体系建设仍然存在一些问题。首先，不同厂商的汽车电子系统存在差异，这给网络安全防护带来了很大的难度。其次，碎片化的行业发展也使得各方需要共同协作才能够完成安全保障工作。最后，如何平衡数据传输速度和安全性也成为当下急需解决的问题。

总而言之，汽车网络安全技术体系是一个十分复杂的完整体系，涉及多个方面、多个层面的技术手段和策略。目前，国内外对汽车网络安全技术的研究和应用还需要进一步加强。为此，我们需要积极推动全球汽车网络安全标准的制定，采取开放合作的方式来推动技术进步，为全球汽车行业的发展做出贡献。

参考文献

Cyber Security and Cyber Security Management System, "Proposals for Interpretation Documents for UN Regulation No. 155," 2020.

Sae International, J3061, "Cybersecurity Guidebook for Cyber - Physical Vehicle Systems," 2016.

中关村网络安全与信息化产业联盟数据安全治理专业委员会等主编《数据安全治理白皮书 5.0》，2023 年 5 月。

检 测 篇

B.9 智能网联汽车网络安全检测与评估

摘　要： 本报告介绍了智能网联汽车网络安全检测与评估概念，探讨了联合国、欧美及我国的网络安全相关政策与标准规范，梳理了智能网联汽车安全风险评估的常用方法，如 EVITA、HEAVENS 以及 ISO 21434 中的 TARA 等方法。其中，EVITA 方法设立了四个安全目标，分别是操作性、功能安全、隐私、资产；HEAVENS 流程包括了威胁分析、风险评估和网络安全需求三部分；ISO 21434 中的 TARA 方法主要包括资产识别、威胁场景识别、影响评级、攻击路径分析、攻击可行性等级、风险确定、风险处置决策等 7 个步骤。同时分析了智能网联汽车功能安全与网络安全之间的关系。

关键词： 网络安全　安全检测　风险评估　功能安全

一　背景与概念

随着现代车辆智能化、网联化水平的提高，相关网络安全问题也日益增多。通信劫持、欺骗攻击、漏洞利用等针对智能网联汽车的攻击手段层出不穷，由此引发的道路交通安全问题也与日俱增，涉及信息、网络和人身安全的风险和挑战愈发严峻。

近年来，智能网联汽车产业发展迅速，网联技术和全新的电子电气架构已经在全球的新车中被广泛搭载，而 L3 级及以上的自动驾驶技术也将在 2025 年前后迎来量产。这些车辆的自动驾驶系统通信异常检测能力、车辆各域控制器之间的安全能力、车辆对外通信系统的加密通信与身份识别能力等都需要符合更高的安全要求。智能网联汽车却频遭黑客攻击，网络安全问题不容乐观。腾讯科恩安全研究实验室分别于 2017 年和 2019 年展示了对特斯拉和宝马自动驾驶汽车的攻击性安全研究成果，并利用 0-day 漏洞通过 Wi-Fi 和浏览器控制了特斯拉和宝马自动驾驶汽车功能。2022 年，奇安信星舆实验室发现本田汽车钥匙存在设计缺陷，可以使用简单的回放攻击来打开车门，而此类问题早在 2016 年就在比亚迪汽车钥匙设计中被发现。代码审计机构 NCC 披露了特斯拉汽车无钥匙进入系统存在的漏洞，通过中继无钥匙进入蓝牙链路层可解锁和启动汽车。美国网络安全和基础设施安全局（CISA）发布了一份公告称全球定位系统（GPS）跟踪器存在多个安全漏洞，攻击者可利用相关安全漏洞来实时追踪任何车辆、访问其历史路线，甚至切断行驶中的车辆引擎。统计数据表明，2022 年上半年针对整个智能网联汽车平台的网络恶意行为超过 100 万次。

针对智能网联汽车面临的安全威胁，需要增强对网络安全风险的管理，科学分析安全风险，综合平衡风险和代价的过程就是风险评估的过程。具体而言，系统地分析智能网联汽车所存在的脆弱性及其面临的网络安全威胁，从而评估安全事件发生可能造成的危害程度，提出有针对性的应对措施，缓解安全风险，将风险值控制在可接受的水平。

风险评估涉及一个重要概念，即“剩余风险”原则。ISO/IEC 27001 将残余风险定义为“风险处理后剩余的风险”。换句话说，在识别风险并确定将使用哪些网络安全控制措施来降低风险之后，由于不可能消除所有风险，因此在某种程度上仍会存在一些剩余风险。考虑到已知适用的网络安全控制措施，需要周期性地进行风险评估。

在进行安全风险评估期间，需要通过安全检测进行有针对性地渗透测试、漏洞挖掘及脆弱性分析，通过端口扫描、嗅探攻击、模糊测试等手段尽可能地发现测试对象中的漏洞。要选取最佳的测试方法，就需要综合考虑成本和效果的因素，在这个过程中可能会受到多种因素的制约，包括与目标系统有关的技术细节和各种资源、测试人员的知识结构、业务目标以及法规问题。以渗透测试为例，这是一种尝试从攻击者角度出发的测试方法，根据在测试前获取的测试对象信息可以将渗透测试分为黑盒测试、白盒测试和灰盒测试。黑盒测试是测试人员在对目标系统完全不知情的情况下对系统进行渗透测试，这种方式更加贴近网络攻击的具体情况，虽然测试效率较高，但是可能会漏掉很多测试路径。白盒测试在测试前已获得足够的目标系统信息，如网络拓扑结构、协议、网络地址段等。采取该方法能够形成比较详细的测试结果，但会花费大量的时间和精力。灰盒测试是黑盒测试和白盒测试相结合的测试手段。

二　风险评估方法

对于智能网联汽车全生命周期内的网络安全而言，威胁分析和风险评估（TARA）是非常重要的环节。通过对智能网联汽车进行威胁建模和风险评估，试图以低成本将潜在威胁的风险值降低至可接受的水平。汽车网络安全适用及潜在适用的风险评估方法一般可以分为两大类：一类是基于公式的方法，通过表格、文本或公式等形式对系统进行威胁分析和风险评估，根据关注点的不同可以进一步分为基于资产的方法、基于漏洞的方法和基于攻击者的方法三种方法。另一类是基于模型的方法，使用各种不同的模型，通过数据流图、图形和树模型对系统的威胁和风险进行建模和分析，同样根据关注点的不同可以进一步分为基于图的方法和基于树的方法两种方法。

基于资产的方法是一种自顶向下的方法，首先识别出最终被攻击的目标资产，其次利用安全专家的相关经验和思想，列举出可能对该目标资产构成威胁的攻击路径和攻击方式。

基于漏洞的方法是一种自下而上的方法，从系统中识别出的漏洞和弱点开始，分析该漏洞可能导致的其他的漏洞或弱点。

基于攻击者的方法通过分析潜在攻击者的知识水平、攻击路径、攻击动机和攻击资源数量，对系统进行风险评估。通过这种方式，可以基于攻击的根本原因对威胁进行建模和分析。

基于图的方法通过节点和有向边连接，可以表达各节点模块直接的数学定量关系，为系统的定量威胁分析提供便利。

基于树的方法可以表示节点之间的亲和度并描述节点之间的层次关系。这类方法中最典型的是攻击树模型，可以表达系统所面临的攻击，并清楚地显示攻击路径。

基于公式的方法更加成熟，对没有太多安全体验的用户来说更加方便，而基于模型的方法可以更完整地展示整个评估系统，为评估过程提供更直观的视角，但需要用户在对系统进行风险分析之前深入研究模型。因此，基于公式的方法得到了更广泛的传播和使用。

其中，基于资产的方法关注系统中各种形式的资产。由于汽车本质上是一个网络物理系统，汽车领域网络安全的最终目标是保护汽车系统免受攻击，从而正常运行，因此，基于资产的威胁分析和风险评估方法在汽车领域是主流的方法。下文将概述几种常用的基于资产的风险评估方法，包括EVITA 方法、HEAVENS 方法以及 ISO 21434 提出中的方法。

（一）EVITA

E-Safety Vehicle Intrusion Protected Applications（EVITA）是欧盟于2008年发起的旨在为安全的车载网络设计、验证和原型化合适的架构，从而补充其他专注于保护车辆之间以及车辆与基础设施实体之间通信的项目。所有与安全相关的组件和敏感信息都应受到保护，避免遭受篡改和恶意操作。针对安全网络架构的目标，EVITA 介绍了相应的威胁分析、风险评估以及安全需求工程流程。EVITA 主要参考 ISO/IEC 15408 和 ISO 26262，设立了以下安全目标。

（1）操作性（Operational）：保持所有车辆和智能运输系统（ITS）功能的预期操作性能。

（2）功能安全（Safety）：确保车内人员和其他道路使用者的功能安全。

（3）隐私（Privacy）：保护汽车司机的隐私和汽车制造商及其供应商的知识产权。

（4）资产（Financial）：防止欺诈性商业交易和车辆盗窃。

EVITA 首先识别出每个用例的潜在威胁，这些威胁会损害专用资产和影响利益相关者的安全目标。其次，基于这些资产攻击，评估攻击造成的风险级别。风险是可能的严重性和所需攻击可能性的函数。就 EVITA 而言，严重性是对安全、隐私侵犯、财务损失和与安全无直接关系的操作功能的影响的函数。攻击潜力是衡量成功发起攻击所需付出的最小努力的量度。最后，根据特定攻击的严重性和攻击概率（即攻击可能性的倒数）确定风险级别，以进一步将分析重点放在风险最高的威胁上，并为最高风险威胁确定安全目标。

1. 用例与资产识别

具体来讲用例描述就是确定在未来可能对安全性产生影响的一系列特定的车辆功能，资产识别是对与安全相关的汽车资产进行识别并对其进行赋值。EVITA 给出了车载网络示例，考虑了以下一般用例类别，以涵盖大部分与车载网络安全相关的目标。

（1）汽车之间的通信（如本地危险警告）。

（2）汽车与基础设施之间的通信（如车辆紧急呼叫系统 eCall）。

（3）集成移动设备（如用户网格边缘设备或智能手机）。

（4）应用程序（如功能激活）。

（5）工作和诊断过程（如软件更新或远程诊断）。

针对这些用例，可能成为攻击目标的车载 IT 系统的主要资产是车载电子元件，如 ECU、传感器、执行器和这些组件之间的通信链路（例如 CAN 总线）以及 ECU 内的通信链路。

2. 威胁分析

最高级别的安全目标如下。

（1）为确保车内人员和其他道路使用者的安全。

（2）保持所有车辆和 ITS 功能的预期运行性能。

（3）保护车辆驾驶员的隐私以及车辆制造商及其供应商的知识产权。

（4）防止欺诈性商业交易和盗窃车辆。

安全需求分析的起点是 EVITA 用例和网络架构，然后使用攻击树的方法识别并记录潜在的威胁，并可用于从考虑到的各类攻击者的预期动机回溯到可能导致攻击者目标实现的针对特定系统资产的攻击的可能组合，从而对初始攻击树进行重组，以更好地支持风险分析并识别常见的攻击模式。

3. 风险评估

通过评估较高级别攻击树的相对严重性和从终端节点计算概率，将相对风险与威胁相关联。后者基于使用类似于通用标准 ISO/IEC 15408 中描述的方法估计“攻击潜力”，相对攻击概率被视为攻击潜力的倒数。根据严重性和概率的组合对相对风险进行归因：具有严重后果的高概率攻击被认为是高风险，而具有轻微结果的低概率攻击被认为是低风险。

对于攻击者而言攻击潜力涉及许多因素，如攻击者确定如何攻击系统和执行成功攻击所需的时间、攻击者所需的专业知识、所需系统的知识、对于专业设备的需求等。每个因素都有许多类，每个类都对应一个数值，例如，攻击者专业知识的类别和相应的数值是外行（0）、熟练（3）、专家（6）和多个专家（8）。基于分配给每个因素数值总和的范围，攻击可能性也被分类。攻击潜力的类别包括基本、增强基本、中等、高和超高。攻击潜力范围从基本（意味着容易被攻击）到超高（意味着极难被攻击）。表 1 显示了攻击潜力等级和攻击概率。

表 1 攻击潜力等级和攻击概率

值	识别和利用攻击场景所需的攻击潜力	攻击概率
0~9	基本	5
10~13	增强基本	4
14~19	中等	3
20~24	高	2
≥25	超高	1

相对严重性的评估基于车辆功能安全标准 ISO 26262 中使用的严重性分类，并进行了扩充以反映涉及多车以及安全以外的其他方面（如财务、隐私和操作性）可能受到攻击的程度。操作性包括对不直接影响功能安全但可能引起用户困扰的车辆系统或功能的非法干扰。总体而言，EVITA 提供了 4 种评估维度：功能安全、隐私、财产和操作性，将严重性等级分为 5 个等级，即 S0~S4。整个严重性分类将功能安全和网络安全与数据安全有效结合在一起。表 2 显示了 EVITA 威胁分类中使用的严重性分级，显示了超出功能安全（ISO 26262）中使用的严重性分类的扩展。

表 2 EVITA 严重性分级

级别	功能安全	隐私	财政	操作性
S0	没有伤害	没有非授权数据访问	没有财产损失	没有影响到操作
S1	轻微或中度伤害	仅有匿名数据（没有汽车驾驶员数据）	大约 10 美元损失	驾驶员无感知影响
S2	严重受伤（可能幸存）	驾驶员或汽车识别数据 多辆车的匿名数据	大约 100 美元损失	驾驶员感觉到性能下降 多辆车驾驶员无感知影响
S3	危及生命或致命伤害（不确定能幸存） 由多车引起的严重伤害	驾驶员或汽车的轨迹 多辆车的驾驶员或汽车识别数据	大约 1000 美元损失	严重影响车辆性能 显著影响多辆车性能
S4	由多车引起的危及生命或致命伤害	多辆车的驾驶员或汽车的轨迹	多辆车严重的财产损失	严重影响多辆车性能

4. 识别安全需求

安全要求的识别是基于一些关键的安全属性，包括保密性、隐私、不可否认性、访问控制、可用性、完整性、来源认证和新鲜度。安全需求是使用以下两种不同但互补的观点来确定的。

（1）抽象功能路径——基于用例的纯功能表示，按类别提供安全要求（保密性、真实性等）。

（2）详细的功能路径和映射——基于将用例的功能表示映射到架构，按用例提供功能和架构（可用性、时序）要求。

通过执行 EVITA 中的威胁和风险分析，确定了以下关键安全要求。

（1）硬件安全模块的完整性：需要防止篡改硬件安全模块（即破坏密码边界）或必须至少可以被检测到（如通过随机检查）。

（2）车载软件和数据的完整性和真实性：未经授权更改电子安全应用中涉及的任何车载软件和（本地存储的）数据必须是不可行的或至少必须能够被平台本身检测到，采用的方法是验证软件或数据是否真正由其声称的作者创建。

（3）车载通信的完整性和真实性：在车载网络内发送的消息和数据未经授权的修改可以被接收者检测到，同时验证消息是由其声称的作者真实和最后创建的。

（4）车内通信和数据的保密性：未经授权泄露在车内发送或存储的保密消息和数据必须是不可行的。保密消息和数据必须只有其授权的接收者才能理解。

（5）向其他（远程）实体证明平台完整性和真实性：一个实体必须能够向其他实体证明其平台硬件和软件配置的完整性和真实性。

（6）对车载数据和资源的访问控制：为了实现对电子安全应用程序所需的所有数据和资源的可用性和明确定义的访问，功能或数据的请求者必须通过身份验证和授权，以便在能够使用电子安全相关资源或访问数据之前获得许可。

（二）HEAVENS

HEAVENS 安全模型作为一个框架，侧重于对车辆电气和/或电子（E/E）系统进行威胁分析和风险评估的方法、过程和工具支持，其目标是提出一种系统的方法来推导车辆 E/E 系统的网络安全要求，适用于范围广泛的道路车辆，如乘用车和商用车，并考虑了广泛的利益相关者（如原始设备制造商、车队所有者、车主、驾驶员、乘客等）。HEAVENS 在 EVITA 基础上进行了优化，使用 Microsoft STRIDE 取代攻击树进行威胁识别，在威胁分析期间建立了安全属性和威胁之间的直接映射，在风险评估期间将安全目标（安全、财务、运营、隐私和法规）与影响级别评估进行映射。

HEAVENS 和 EVITA 明显的区别就是在威胁分析的时候，HEAVENS 是基于安全要素的，采用 STRIDE；EVITA 是基于场景的，采用攻击树。另外，HEAVENS 考虑的维度更加多样、流程更加规范。

HEAVENS 流程包括威胁分析、风险评估和网络安全需求三部分。

（1）威胁分析，功能用例的描述是威胁分析过程的输入。威胁分析产生两个输出：（a）用例上下文中每个资产的威胁和资产之间的映射，以及（b）威胁和安全属性之间的映射，以确定哪些安全属性因资产上下文中的特定威胁而受到影响。

（2）风险评估，一旦确定了相关资产的威胁，下一步就是对威胁进行排序，这是在风险评估期间所做的。威胁和资产之间的映射与威胁级别（TL）和影响级别（IL）参数一起用作输入，作为风险评估的最终结果，为与用例的每项资产相关联的每项威胁确定了安全级别。

（3）安全需求，考虑威胁和资产之间的映射以及安全级别来制定资产的安全要求。网络安全需求是资产、威胁、安全级别和安全属性的函数，处于 ISO 26262 功能安全要求的层次，属于概念阶段。之后，在产品开发阶段，软件网络安全需求和硬件网络安全需求（应该）基于高层网络安全需求导出。

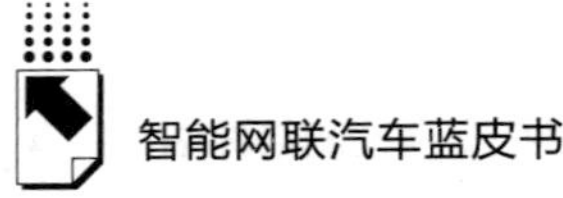

1. 威胁分析

在 HEAVENS 安全模型中，威胁分析是指识别与资产相关的威胁，并将威胁与安全属性进行映射。微软提出了一种用于威胁分析的结构化和定性方法——STRIDE。尽管 STRIDE 最初是用于发现和枚举软件系统中存在的威胁，但现在已经扩展到了车辆 E/E 系统。

STRIDE 通过将威胁与安全属性（真实性、完整性、不可否认性、保密性、可用性、新鲜度和授权）相关联，提供了扩展原始 CIA 模型的机会。STRIDE 威胁的每个类别已经映射到一组安全属性。该映射是静态的，用于在风险评估期间确定特定威胁与资产对应的安全级别之后快速制定网络安全要求。

2. 风险评估

风险评估是指对威胁进行排序。在基于 STRIDE 方法识别特定用例的威胁—资产对后，对威胁进行排序，即得出每个威胁—资产对的安全级别。安全级别（SL）是衡量安全相关资产满足特定安全级别所需的安全机制强度的指标。通过对包括威胁和攻击者在内的已定义环境使用安全级别来达到平衡风险的目的。风险评估包括三个步骤：①威胁级别（TL）的确定，对应于风险“可能性”部分的估计；②影响级别（IL）的确定，对应于风险的“影响”部分的估计；③安全级别（SL）的确定，对应于最终风险评级。

在确定威胁级别环节，主要通过经验、评估对象的指示、机会窗口、设备四个参数确定特定威胁被利用的可能性，并进行威胁等级分值评估，每个参数从难到易分为 4 个等级，分值从低到高依次为 0、1、2、3。对于每个威胁—资产对，将每个参数的值相加并定义范围以确定与每个已识别范围相对应的威胁级别，包括无、低、中、高和严重。参数值总和越高，表示攻击难度越大、威胁等级越低。

在确定影响级别环节，主要通过安全、财产、操作性、隐私和立法四部分进行评估，不同的参数会被赋予不同的权重。其中，“安全”和“财产”参数具有相同的权重，其影响可能会给利益相关者带来最严重的后果。“操作性”以及“隐私和立法”参数对安全和经济损失的总体影响相对较小。

在确定安全级别环节，主要根据威胁级别和影响级别的结果，通过风险矩阵确定威胁—资产对的安全等级，包括无影响、低、中、高、严重五个级别。

3. 安全需求

HEAVENS 安全模型的最后一部分涉及根据资产、威胁、安全属性和安全级别导出安全要求。需要注意的是，一项资产可能存在多种威胁，因此，分析过程包括单一资产的所有威胁的多个安全级别。确定资产安全级别的一种方法是考虑与资产相关的所有威胁的所有安全级别中的最高安全级别；另一种方法是考虑最高威胁级别和影响级别从而定义资产的安全级别。

（三）ISO 21434中的风险评估方法

国际标准化组织（ISO）与美国汽车工程师学会（SAE）联合发布了《ISO/SAE 21434 道路车辆网络安全工程》，就产品开发和整个供应链设计的安全性方面达成了共识，旨在确定结构化流程，确保汽车全生命周期网络安全。在之前的汽车领域，功能安全一直是被关注的重点，ISO 21434 的发布意味着网络安全上升到了与功能安全同等重要或更甚的地位。

ISO 21434 基于风险导向的网络安全管理方法明确区分了产品、项目和组织级别的措施。这种面向风险的方法有助于平衡日益严重的网络安全威胁与产品在全生命周期中日益增加的复杂性。ISO 21434 结合 ISO 26262 与 SAE J3061 提供了威胁分析和风险评估方法（Threat Analysis and Risk Assessment, TARA），用以评估产品从概念、产品开发、生产、运营、维护到退役等全生命周期内各个环节的网络安全风险。

ISO 21434 中的 TARA 被定义为用于分析的模块化方法，每个模块可以按任何顺序进行，主要包括 7 个步骤：①资产识别；②威胁场景识别；③影响评级；④攻击路径分析；⑤攻击可行性等级；⑥风险确定；⑦风险处置决策。

TARA 方法通过识别整车/系统的网络安全资产，分析其潜在安全威胁，综合考虑威胁攻击可行性、危害影响等因素，识别出整车/系统可能存在的风险，并确定其风险等级，为网络安全正向开发、安全漏洞修复提供依据。可在车辆全生命周期的各个阶段进行，如在概念阶段识别整车的网络安全风险，作为整车网络安全概念的输入，或者在后开发阶段对漏洞进行分析，确定漏洞的风险等级，指导后续的漏洞处置。

1. 资产识别

资产识别的目的是识别出评估对象中具有网络安全属性的资产，进而分析潜在的损害场景。资产一般可以分为实体资产和数据资产（包括 ECU 固件、通信数据、用户隐私数据、安全算法等）。确定资产的方法可以根据对象定义、说明等，借助数据流图（Data Flow Diagram，DFD），从进程、数据流、数据存储、交互等角度确定，也可以采取基于预定义分类进行枚举、执行影响评级、基于威胁场景等方式而得到。确定安全属性的方法通常使用 STRIDE 模型，将威胁和网络安全属性相互映射，常用的安全属性包括完整性、保密性和可用性。在确定具有安全属性的资产之后，可以分析出潜在的损害场景，可以包括相关项的功能与不良后果之间的关系，以及对道路使用者的伤害描述等。

2. 威胁场景识别

根据上一步识别的资产、属性以及损害场景，需要进一步分析可能的威胁场景，也就是造成资产损害的原因。对于威胁场景的描述可以包含更多信息或与威胁场景相关联，如损坏场景、资产、攻击者、方法、工具和攻击面之间的技术相互依赖性，如目标资产、资产的安全属性损失、资产受损的原因等。威胁场景识别的方法可以使用小组讨论和/或系统方法。例如，引出合理的误用/滥用导致的恶意用例，或基于 EVITA、STRIDE 等框架的威胁建模。此外，一个损害场景可以对应多个威胁场景，一个威胁场景可以导致多个损害场景。

3. 影响评级

影响评级的对象是损害场景，从安全、财务、运营和隐私（S、F、O、P）四个方面重点评估损害场景对利益相关者可能造成的不良后果，评估只考虑该损害场景发生时的危害程度，针对损害场景的每个方面给出以下四种影响评级：严重的、重大的、缓和的、微不足道的。如果一个损害情景在一个方面产生了一个影响评级，并且可以论证其他方面的影响都被认为不太重要，则可以省略对其他影响类别的进一步分析。例如，如果损害场景的安全影响等级被评为“严重”，则不需要进一步分析该损害场景的财务影响。

4. 攻击路径分析

应对威胁场景进行分析以识别攻击路径。对于攻击路径分析的方法分为两种：一种是自上而下的方法，通过分析可以实现威胁场景的不同方式来推断攻击路径，如攻击树、攻击图；另一种是自下而上的方法，即基于识别的网络安全漏洞构建攻击路径。如果分析出某些攻击路径没有导致威胁场景，则可以停止对该部分攻击路径的分析。换句话说，攻击路径应与攻击路径可实现的威胁场景相关联。如果当前不足以获得精确、完整的攻击路径，则可以在后续的产品开发过程中，基于更多可用的信息来进行更新。在实际操作的过程中，可以考虑假设攻击路径。

5. 攻击可行性等级

对于分析出的每一个攻击路径，攻击可行性等级从低到高依次分为四个级别：非常低、低、中和高。ISO 21434 建议了三种可行性攻击评级方法，第一种是基于攻击潜力的方法，要考虑的核心因素包括经历时长、专业知识、对象或组件的知识、机会窗口以及设备。第二种是基于 CVSS 的方法，攻击可行性等级可以根据基本指标组的可利用性指标确定，包括攻击向量、攻击复杂性、所需的特权以及用户交互。第三种是基于攻击向量的方法，攻击可行性等级可以根据对攻击路径的主要攻击向量的评估来确定。在实际实施过程中，选用哪种方法主要取决于当前项目中可用的信息量，如果掌握了比较详细的信息，可以采用 CVSS 或攻击潜力的评级方法，反之则选用攻击向量的方法进行粗略的评级。

6. 风险确定

对于每个威胁场景，风险值应由相关损害场景的影响和相关攻击路径的攻击可行性来确定。如果威胁情景对应于一种以上的损害场景，或相关的损害场景在多个影响类别中具有影响，则可以为这些影响的每一种等级分别确定风险值。如果威胁场景对应于多个攻击路径，则相关的攻击可行性评级可以适当聚合，例如，威胁场景被分配了相应攻击路径的攻击可行性等级的最大值。威胁场景的风险值应该介于（包括）1~5，其中“1”表示最小风险。一般可以利用组织定义的风险矩阵来确定风险值，将影响评级和攻击可行性的组合映射到风险值，也可以由组织定义的风险公式来确定。采用这两种方式得到的风险值是相同的。

7. 风险处置决策

通过将攻击路径的可行性与相关损坏场景的预期严重性结合来确定安全事件的风险。对于每个威胁场景，考虑到其风险值，应确定一个或多个风险处理选项：规避风险，即通过消除风险源来避免风险，或者决定终止或继续引起风险的活动。缓解风险，可以通过采取整改措施或者安全加护缓解已有风险。转移风险，可以通过签订合同或者购买保险转移风险。接受或保留风险，如果采用这种做法则需要将相应的理由记录为网络安全声明。

三　功能安全与网络安全的联系

功能安全是不会对生命、财产或环境造成危害的系统状态。网络安全是不允许利用漏洞导致损失的系统状态，如财务、运营、隐私或安全损失。功能安全关键系统是指如果系统未按预期或期望运行，则可能对生命、财产或环境造成危害的系统。网络安全关键系统是指如果系统因可能存在的漏洞而受到损害，可能会导致财务、运营、隐私或安全损失的系统。所有功能安全关键系统都是网络安全关键系统，直接或间接对功能安全关键系统的网络攻击可能导致潜在的安全损失。但并非所有网络安全关键系统都是功能安全关键系统，因为对网络安全关键系统的网络攻击可能导致安全损失以外的损失，即隐私、运营或财务。功能安全和网络安全的关系如图 1 所示。

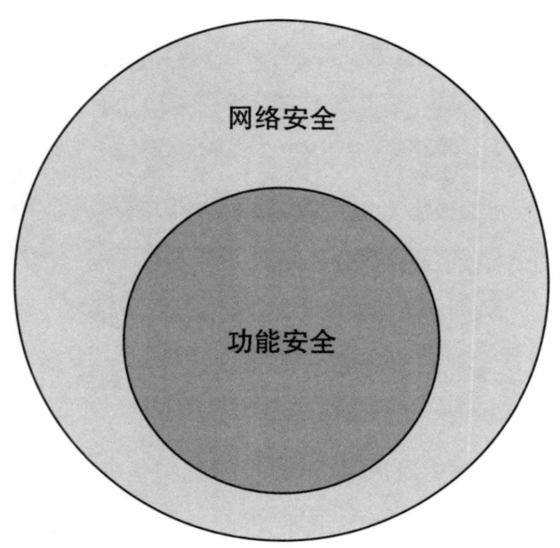

图 1　网络安全和功能安全的关系

这两个领域的相关性还在于系统功能安全工程的元素与系统网络安全工程的元素之间存在重叠，但两个工程学科之间的元素并不相同，如图 2 所示。非功能安全关键的网络安全关键系统的一个示例是从驾驶员侧获取个人信息的娱乐系统。如果该系统遭到破坏，则可能会导致驾驶员遭受财务或隐私损失，但很可能不会对驾驶员造成人身伤害。因此，该系统是网络安全关键的，但不是功能安全关键的。转向辅助系统既是网络安全关键型，也是功能安全关键型系统的一个示例。转向辅助系统对功能安全而言至关重要，因为如果其出现故障，可能会对车辆乘员造成潜在伤害。转向辅助系统也是网络安全的关键，因为如果系统被攻击者破坏并注入恶意的故意转向操作，这也可能对车辆乘员造成潜在伤害，在网络安全中，这将被视为潜在的安全损失。

（一）两者联系

1. 功能安全和网络安全的目标相似

这两项工程的目标是将网络安全和功能安全融入设计，而不是在现有设

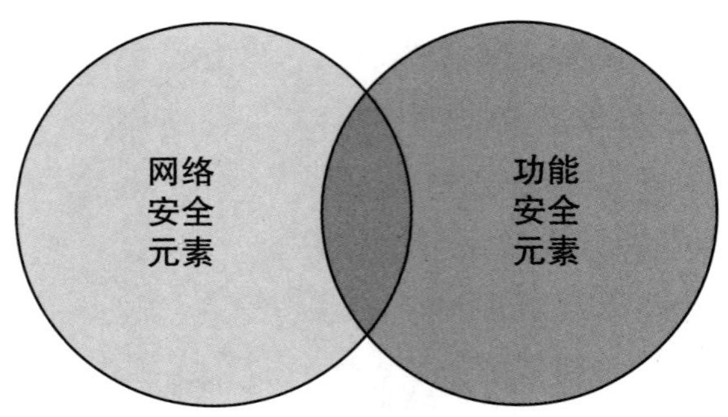

图 2　网络安全与功能安全元素之间的关系

计上进行补充。因此，系统工程在这两方面都很重要，一个可能出现的情况是，在网络安全中存在一种倾向，即仅将问题简单地视为某种活动的最佳实践（如身份验证和密码学），而忽略系统工程本身的问题。

2. 功能安全和网络安全工程的过程元素相似

在系统功能安全工程的概念阶段，需要进行危害分析和风险评估，而在系统网络安全工程中同样在概念阶段需要进行威胁分析和风险评估。在需求阶段，系统功能安全工程从危害分析和风险评估确定的安全目标中导出和提炼安全需求。同样，系统网络安全工程从威胁分析和风险评估确定的网络安全目标中导出和提炼安全需求。在设计阶段，系统功能安全工程对最高风险进行详细的分析，帮助识别控制措施或安全机制，以消除潜在危险，或减轻潜在危险发生时产生的后果。同样，系统网络安全工程对已识别的高风险威胁进行详细的漏洞分析，帮助确定网络安全控制措施，以降低攻击成功的可能性。

（二）两者区别

系统功能安全和系统网络安全既有相似之处，也有各具独特之处。

功能安全与网络安全有各自的目标。虽然系统功能安全侧重于分析系统的潜在危险，以便可以识别安全机制并将其集成到设计中，从而消除潜在危险并降低与这些潜在危险相关的风险。而系统网络安全是考虑攻击者造成的潜在威胁，攻击者的目标是造成伤害、造成破坏、获得经济或其他利益。

功能安全对已识别危害的响应不同于网络安全对已识别威胁的响应。对于网络安全，由于潜在威胁涉及故意的、恶意的和有计划的行为，因此往往比潜在的危害更难消除。全面消除潜在威胁需要分析人员像攻击者一样思考，但很难预测攻击者可能采取的行动。然而，预测攻击者的行动可以帮助分析人员了解哪些网络安全控制措施适用于防止攻击者可能采取的行动。在系统功能安全方面，分析人员可以更容易地识别潜在危险、确定潜在原因并采取适当的措施来避免不良后果，或者消除潜在危险，原因是潜在危险可以根据经验、对系统、组件和相互作用的了解等来确定，并且潜在原因对于特定系统而言可能是唯一的，但不是未知的。

功能安全与网络安全对安全性的判定方式不同。对于功能安全，统计数据可用于声明可接受的风险。但是，对于网络安全，由于网络安全分析中可能包含大量未知信息，可能需要以某种方式使用统计技术，而这些技术可能与功能安全中基于经验的技术完全不同。

危害分析和威胁分析的评估因素不同。在威胁和与威胁相关的风险方面会考虑其他因素，而在危害和与危害相关的风险方面则不需要考虑这些因素。在网络安全过程评估中，评估潜在威胁的风险时要考虑的额外因素包括攻击者所需的知识（专有或公开可用）、攻击者的经验水平、攻击者所需的系统访问权限、攻击者对特殊设备的需求等。而在功能安全过程评估潜在危害带来的风险时，则无须考虑这些因素。

危害分析和威胁分析的评估过程不同。对于详细的危害分析和脆弱性分析，应用的技术可能相似，但方法和目标各不相同。例如，详细的危险分析技术可以利用故障树分析（FTA）。同样，在系统网络安全中，详细的威胁分析技术可能会利用攻击树分析（ATA）。尽管这些方法彼此相似，但又各自有不同之处。在故障树分析中，分析人员识别顶级危险事件的潜在原因，并寻找可能导致顶级危险的单点和多点随机硬件故障。攻击树分析则不关心单点和多点随机硬件故障，而是确定攻击者可能通过系统导致顶级威胁的潜在路径。对于分析目标，在 FTA 中，目标是识别可能导致最大危险的单点和多点随机硬件故障，因此可以添加安全机制来检测和消除潜在风险，而在ATA中，目标是识别可能被利用导致顶级威胁的潜在漏洞，以便开展网络安全控制，消除漏洞或使其更难被利用。

功能安全和网络安全考虑的安全范围不同。在功能安全中，重点关注安全关键系统，而在网络安全中，会考虑安全关键系统和非安全关键系统。这是因为网络安全威胁可能与功能安全无关（如财务、隐私、操作），攻击者有可能从非安全关键系统（如车载娱乐系统）访问安全关键系统。此外，任何被确定为系统安全工程分析的一部分的安全状态都需要考虑其网络安全，以评估该安全状态是否可以被攻击者利用。即使利用安全状态似乎可以接受并且不会导致安全威胁，也应该进行评估以确定其是否会导致拒绝其他功能的服务。安全状态可能有一些与之相关的潜在风险会被攻击者利用，并可能引发需要从网络安全角度进行分析的安全威胁。因此，传统的危险控制并不等同于网络安全控制，并且如前所述，可以通过导致拒绝服务或产生潜在的安全相关威胁来影响系统的正常运行。

功能安全和网络安全的验证角度不同。在实施和验证阶段，系统功能安全中使用的静态代码分析用于帮助识别直接影响主要功能的错误。在网络安全中，静态代码分析用于识别代码中潜在的网络安全漏洞。从安全角度来看，有效或正确的代码可能仍然存在网络安全漏洞。

功能安全和网络安全的验证方法不同。网络安全的一些验证方法与功能安全中使用的验证/验证方法不同，而且难度更大。例如，在功能安全中执行故障注入测试以验证是否检测到已识别的故障以及是否产生适当的响应，但是，在网络安全中没有可以注入的特定故障来查看系统漏洞是否已关闭。网络安全依赖于攻击（漏洞）测试或渗透测试与故障注入测试。在渗透测试中，伪攻击者试图识别和利用系统中的漏洞。这显然不像故障注入测试那么简单。渗透测试的目标也不是确认是否针对潜在漏洞做出了正确的响应。此外，传统的网络安全控制有效性结构化测试不足以应对开箱即用的黑帽攻击类型。网络安全可以使用传统的结构化测试和渗透测试来解决攻击者方法的不可预测性。

功能安全和网络安全的攻击延续性不同。随着攻击者动机和能力的变化，网络安全风险也会变化，这使得保障网络安全特别困难，需要防御在创建系统时还没有出现的技术。

在某些情况下，功能安全和网络安全也可能相互冲突。系统工程原则上考虑系统要求的整体集成，包括集成网络安全和功能安全。为了维持功能安全与网络安全之间的一致性和完整性，应确定并建立功能安全与网络安全之间的各种通信点及通信路径，并在功能安全和网络安全之间的产品生命周期中增添适当的检查点。

参考文献

王忠儒：《自动化的系统网络安全脆弱性主动检测技术研究》，北京邮电大学博士学位论文，2020。

汽标委智能网联汽车分标委、汽车信息安全标准工作组：《汽车信息安全风险评估标准化需求研究报告》，2021。

Feng Luo，Yi FanJiang，Zhao Jing，Zhang Yi，Renand Shuohou，“Threat Analysis and Risk Assessment for Connected Vehicles：A Survey，” 2021.

Kyounggon Kim，Jun Seok Kim，Seonghoon Jeong，Jo-Hee Park，Huy Kang Kim，“CybersecurIty for Autonomous Vehicles，” *Review of Attacks and Defense*，2021（103）.

ISO，“Road Vehicles-Cybersecurity Engineering，” ISO/SAE 21434-2021.

Committee，“SAE J3061 Cybersecurity Guidebook for Cyber-Physical Automotive Systems，” SAE Standard，2017.

Henniger A.，Ruddle S.，Herve W.，Benjemin M. Wolf，“Securing Vehicular On-board It Systems-the Evita Project，” Proceedings of the VDI/VW Automotive Security Conference，2009.

B.10

智能网联汽车网络安全测试体系与平台

摘　要： 本报告首先对智能网联汽车网络安全测试体系进行了介绍，分别讨论了硬件安全测试技术、固件安全测试技术、系统安全测试技术、总线安全测试技术、无线电安全测试技术、网络安全测试技术、Web 安全测试技术、移动安全测试技术、传感器安全测试技术，其次介绍了当前主流的智能网联汽车网络安全测试平台，智能网联汽车网络安全测试平台主要采用 B/S 架构，包含测试协作平台、测试代理、测试子系统、测试机柜等。基于各关键系统共性关键检测技术，在智能网联汽车产品的单元测试、集成测试、渗透测试阶段检测平台集成各类网络安全检测工具具有重要意义。

关键词： 测试体系　测试平台　安全检测　检测工具

一　硬件安全测试技术

汽车中大量的 ECU、传感器等汽车电子设备基于硬件板卡运行相应的固件及操作系统从而实现特定的功能。典型的汽车电子单元硬件系统包含计算单元、存储单元、总线单元、外设接口。基于汽车电子的硬件架构，智能网联汽车网络安全框架硬件安全包含印刷电路板安全、处理器芯片安全、存储芯片安全、硬件调试接口安全、板载传输总线安全五个方面。

印刷电路板（Printed Circuit Board，PCB）是电子设备的承载基础，会泄露集成电路芯片型号、接口电路、总线协议等信息。处理器芯片在运行程序执行特定任务时会泄露电磁信息、时间信息、功耗信息等侧信道信息。基于不同侧信道信息可以发起时序攻击、功耗攻击、电磁攻击。故障注入技术是测量电路可靠性的重要技术，同样给处理器芯片带来严重的安全风险。电压故障注入、电磁故障注入、激光故障注入等攻击可改变处理器运行逻辑。

数据存储芯片面临数据残留的安全风险。片外 Flash 存储芯片方面，攻击者可通过满足特定通信协议的编程器读取存储器中的固件等数据。对于 SoC 内部的存储器，JTAG、SWD、USB 等硬件调试接口也为攻击者获取内部存储数据提供了潜在的可行性。SPI 总线与 IC 总线是电子设计领域使用的常见总线协议，用于不同芯片之间的数据传输，面临数据监听、数据篡改等网络安全威胁。

二　固件安全测试技术

智能网联汽车固件架构决定了控制单元的功能复杂程度。基于使用场景与功能复杂程度，智能网联汽车网络安全框架将汽车电子设备固件分为三大类：全操作系统固件、部分操作系统固件、无操作系统固件。全操作系统固件包含一个成熟的操作系统，应用于具有高性能与多功能需求的场景。部分操作系统固件所采用的操作系统通常为满足特殊需求的实时操作系统，如 VxWorks，或者供应商定制的操作系统，具备操作系统的部分特性，可以完成基本的资源管理、任务管理等通用功能。无操作系统固件本质上是编译好的二进制指令，没有进程管理、中断响应等操作系统功能。该类固件具备较好的性能与稳定性，但是大大增加了开发难度与开发周期。

智能网联汽车电子控制单元固件形态各异，均面临一定的安全风险。开发人员可能因疏忽将密钥等敏感信息编码在固件中而造成密钥泄露，威胁系统安全。除了口令、密钥等敏感数据，重要的 URL 地址、用户名、邮件地址等隐私信息也可能明文编码在固件中。除此之外，恶意攻击者可通过逆向工程技术分析固件的逻辑功能，获取目标系统的运行逻辑以发掘潜在的逻辑漏洞。恶意攻击者也可以访问固件中的文件系统搜寻有价值的关键数据，甚至可以通过动态分析方式分析目标固件在真实物理运行环境下是否具有网络安全漏洞。

三　系统安全测试技术

当智能网联汽车固件为全操作系统固件，其固件分析便成为一项非常复杂的任务。静态分析采用网络安全框架中的固件安全分析策略，仅仅可以满足一部分安全分析需求。基于真实硬件环境的实时动态分析可以更详细地了解目标系统安全态势，已经脱离单纯的固件安全进入系统安全范畴。

Linux 等成熟操作系统功能复杂，体系庞大，也面临着更为复杂的网络安全形势。安全的操作系统需要控制外部实体对系统内资源的访问。操作系统安全，既要求操作系统在设计时通过权限访问控制、信息加密性保护、完整性校验等机制保护系统内数据安全，又要通过一系列配置，保证操作系统避免因设计与实现缺陷或是应用环境因素而引入安全隐患。

四　总线安全测试技术

车内总线连接不同的 ECU 控制单元，协调汽车各个功能模块之间的数据传输。智能网联汽车网络安全框架中的总线安全包括 CAN 总线安全、FlexRay 总线安全、LIN 总线安全、MOST 总线安全、车载以太网总线安全五个方面。一方面，部分车内总线为了满足车内通信对于低延时的特殊需求，在设计时缺乏基本的安全防护机制，如传输数据加密、通信认证、数据完整性校验等。另一方面，部分车内总线应用层协议具备较强的车辆访问与控制功能，如 UDS 协议、SOME/IP 协议等，一旦总线因缺乏安全机制而被攻击者控制，后果不堪设想。

车内总线面临的潜在安全风险包括数据传输风险、拒绝服务威胁、协议实现威胁。如果车内总线在数据传输过程中未对传输节点进行有效的身份认证，恶意攻击者可以伪造传输节点接入车内总线网络。一旦攻击者介入总线网络，在总线协议未对传输数据进行有效加密的情况下，攻击者就可以获取监听总线上传输的全部数据，获取传输内容。更进一步，如果总线传输未采取完整性校验机制，攻击者可以伪造总线传输数据对正常的总线通信造成干扰，甚至拒绝服务。对于总线承载的应用层协议，攻击者亦可利用其车辆访问与控制功能对车内网络实施攻击。

五　无线电安全测试技术

无线电通信技术广泛应用于智能网联汽车领域，分布于传感器、车载通信单元、无钥匙进入系统、信息娱乐系统等多个应用场景之中。基于传感器的特点，智能网联汽车网络安全框架将 GPS、GNSS、TPMS 等传感器涉及的无线通信技术归入传感器层级进行讨论。依据不同的传输距离，智能网联汽车中使用的无线通信技术分为短距离无线通信技术、中距离无线通信技术、长距离无线通信技术。其中，长距离无线通信技术允许汽车将数据传输数公里距离，如 LTE-V2X 技术与 5G-NR 技术；中距离无线通信技术传输距离仅有数百米，如无线局域网技术（Wireless Local Area Network，WLAN）、DSRC 技术；短距离无线通信技术覆盖的传输范围仅仅在数米之内，如 BLE、NFC 等技术。

短距离无线通信技术包含适用于汽车领域的低功耗 Bluetooth 技术、ZigBee 技术、UWB 技术、NFC 技术。攻击者可以在通信双方均无意识的情况下作为中间人介入两台 Bluetooth 通信设备之间的通信，发起中间人攻击。ZigBee 技术用于胎压监测领域，传输层可能遭遇潜在的泛洪攻击。网络层负责数据报文的路由与处理，可能遭遇“虫洞”攻击和选择性转发攻击。链路层干扰通过中断发送节点和接收节点之间的消息交换来造成拒绝服务。攻击者也可以通过无线电工具监听、篡改、阻塞 ZigBee 无线信道中传输的数据。UWB 技术用于测算车辆位置，可达厘米级精度。UWB 高频信号穿透力强，覆盖范围广，便于攻击者在视野范围之外悄无声息地发动攻击。传输速度快则会在短时间内泄露大量传输数据，为密文破解提供足够的数据样本。

NFC 技术应用于汽车钥匙领域，将空 NFC 标签靠近 NFC 设备会诱导设备对标签产生响应，占用 NFC 设备资源，造成拒绝服务。恶意攻击者亦可中继 NFC 标签与设备之间通信数据，绕过身份认证机制，开启车门。

中距离无线通信技术包括 DSRC、Wi-Fi 等技术。DSRC 应用于车载通信单元帮助汽车建立了覆盖范围广大的局部通信网络。基于 DSRC 信道的开放性，任意攻击者可获取相关传输信息。此外，用于密码学运算的随机数在传输中也需要进行有效的安全防护。攻击者也可以通过恶意手段干扰正常的 DSRC 通信，造成设备拒绝服务。中继攻击则可以延长通信距离，造成远距离恶意扣除费用等潜在安全隐患。Wi-Fi 技术在智能网联汽车信息娱乐系统中发挥着重要作用，实现车辆与乘员之间的信息共享。同时，Wi-Fi 技术也为智能网联汽车带来了一定网络安全隐患，WEP 等不当的加密协议可被轻易破解，泄露传输数据内容。弱口令则为攻击者入侵无线局域网络提供了可能性，一旦攻击者攻陷汽车无线局域网络，则可以进一步搜集信息以寻找高价值资产，为后续攻击奠定基础。

长距离无线通信技术是以 5G、C-V2X 等为代表的蜂窝网络通信技术，用于车联网通信中的“车—车”通信与“车—云”通信。5G-NR 标准提供了更高的数据速率、更低的通信延迟，可以实现异构设备之间的良好通信。为了支持 5G 通信快速稳定、低延迟、边缘计算的特点，5G 网络对外暴露更多的设备接口与服务接口，引入了更多的网络安全隐患。除了 5G 网络架构中大量设备引入的传统网络威胁之外，信道威胁也为 5G 通信带来潜在的网络安全风险。攻击者通过操纵被攻陷设备的无线信号或网络流量，达到拒绝服务、协议降级等恶意目的，影响信道资源分配与传输，营造对攻击者有利的网络环境，如恶意利用无线电频段、无线电干扰等。

六　网络安全测试技术

不同于无线电安全，本框架中的网络安全更侧重于基于 TCP/IP 协议栈的上层网络通信安全，而前者则侧重于以无线传输介质为基础的物理层与链路层安全。网络系统的安全威胁主要涉及主机系统安全与网络通信安全，主机系统安全在前文已有讨论，可能遭到攻击者的非法入侵。网络通信安全方向的威胁则主要表现为网络通信中的敏感数据有可能遭到泄露或修改，从而导致重大损失。攻击者可能窃听网络中传输的敏感信息而获取传输内容。更进一步，攻击者可以将获得的部分或全部合法数据重放给接收者，以达到欺骗接收者的目的。攻击者甚至可以介入合法用户之间的数据通信过程，实施中间人攻击。一旦成功劫持通信过程，攻击者可窃听、篡改合法用户之间的通信信息，同时针对通信双方伪装为合法通信实体。

七　Web 安全测试技术

车联网应用生态中，智能网联汽车与云端服务平台进行网络通信，同样面临 Web 网络安全威胁。攻击者如果攻陷云端服务平台，不仅可以获取用户资料等隐私数据，也可以利用云端服务平台通过远程无线网络入侵目标车辆。

Web 站点为客户端—服务器架构，其网络安全威胁分为客户端威胁与服务器威胁。客户端威胁主要包括浏览器威胁、跨站脚本威胁、跨站点请求伪造威胁、点击劫持威胁、超文本标记语言（HyperText Markup Language，HTML）威胁。服务器威胁主要包括注入攻击、文件上传威胁、认证与会话管理威胁、访问控制威胁、Web 框架威胁、拒绝服务威胁、PHP 漏洞、不当的服务器配置。

Web 网络安全研究发展已十余年，有着成熟的研究成果。网络上有海量的 Web 网络安全资料，既有攻击技术也有防御技术，OWSAP 组织也会定期发布 Web 领域的主要网络安全威胁。

八　移动安全测试技术

智能网联汽车常常通过手机应用 App 与车辆交互，如远程开启空调、远程车辆诊断等应用场景。除了车辆本身的网络安全威胁之外，应用 App 也可能作为攻击跳板给智能网联汽车带来重大的网络安全隐患。

本框架将 App 中需要保护的资产归类为客户端文件、本地存储数据、应用进程、运行时数据、交互界面与接口、网络通信。不同格式的客户端文件面临泄露系统逻辑、敏感信息、被恶意篡改等网络安全威胁。运行时数据包括聊天记录、文本项目件、收藏夹、访问记录等，部分 App 可能将银行卡、身份证、联系人以及账号密码等敏感信息存放在本地存储空间。如果无有效的防护机制，App 数据极有可能遭到泄露。App 启动后会向系统申请资源，创建进程 PID，进而运行主逻辑，其进程会一直存在，攻击者可能恶意关闭、劫持进程，也可能注入恶意数据到应用程序的进程中，妨碍程序的正常运行。

App 运行时会将程序代码和业务数据加载到程序内存，基于内存地址可以访问 App 运行时在系统内的存储区域，读取 App 运行时的业务逻辑和业务数据，获取重要信息。在未采取安全措施的情况下，App 运行时在内存中的逻辑代码和业务数据多为明文存储，容易产生信息泄露等安全威胁。当操作系统基于内存共享方式进行进程间通信时，App 运行时产生的敏感数据在内存中可能会被其他 App 进程读取，发生数据泄露事件。

App 通常提供交互界面用于人机交互，获取用户输入信息、浏览记录等。如果缺乏有效的安全防护机制，攻击者可能通过截取屏幕与录屏的方式窃取用户信息，也可能伪造虚假界面，诱导用户输入用户名及口令等敏感信息，引发信息泄露。App 在运行时还会开放网络端口、程序接口等交互服务接口，对外提供数据读写、API 调用、进程间通信等服务。交互接口是数据和程序出入 App 的重要通道，一旦遭到攻击，后果极为严重。基于应用需求，App 需要与云端服务器等网络资源服务器建立通信链路用于数据通信，如建立 HTTP 会话以传输数据、建立 TCP 连接以同步状态、建立 UDP 连接以开展延时敏感服务等。攻击者可能介入通信过程，劫持、篡改通信流量，仿冒通信实体，对 App 及车辆造成安全威胁。

九　传感器安全测试技术

为了感知车辆行驶环境，智能网联汽车搭载了 GPS、光学摄像头、激光雷达、超声波雷达、毫米波雷达、TPMS 等丰富多样的传感器。传感器将采集到的数据输入智能网联汽车计算系统，并进行处理和计算，从而实现车辆的自主控制。智能网联汽车高度依赖传感器数据实现自动驾驶的特性使车辆面临更广泛的攻击面与潜在的网络安全风险（见表 1）。

表 1　传感器安全测试技术

传感器	信号	范围	场景
GPS	微波	全球	定位
GNSS	微波	全球	定位
TPMS	微波	短距离	胎压监测
LiDaR	激光	中距离	碰撞避免、行人探测
Radar	毫米波	长距离	碰撞避免、自动巡航
超声波雷达	超声波	短距离	停车辅助
摄像头	可见光	短距离	交通信号探测、车道探测、障碍探测
防盗系统	射频	短距离	无钥匙进入系统、防盗系统

GPS 信号来自卫星，经过长距离的传输抵达地面接收设备时，信号衰减至微弱状态。由于 GPS 信号接收设备倾向于接收强度更强的信号，模拟的 GPS 信号可对正常的信号接收造成干扰，达到定位欺骗的目的。相比于光学摄像头的被动感知，激光雷达是主动环境感知设备，用来识别车道、交通标志等。雷达通过高速旋转的激光收发器来探测并识别障碍物，可能遭受来自攻击者的恶意攻击。通过控制发送假信号的延迟时间和频率，该攻击可以实现在固定位置注入虚拟障碍物以欺骗智能网联汽车。攻击者可以预先接收激光脉冲，立即将激光脉冲转发给激光雷达随后旋转过来的另一个收发器，制造更近距离的虚假障碍物。

同激光雷达相似，毫米波雷达发射特定频率的电磁波并接受障碍物的反射波来测量距离。毫米波雷达发射的微波波长长于激光雷达发射的激光，在风暴、大雾、尘埃等恶劣天气下具有更好的鲁棒性。在针对特斯拉搭载的毫米波雷达的攻击中，攻击者通过向毫米波雷达发送相同的波形信号以降低信噪比来干扰其工作。更进一步，攻击者可以通过精心调制类似毫米波雷达的信号来成功欺骗车辆，对于仅仅依靠毫米波雷达来实现障碍物识别和碰撞规避的自动驾驶汽车而言威胁巨大。

超声波传感器发送和接收超声波，利用反射超声波脉冲的传播时间来计算障碍物的距离，如图 1 所示。欺骗攻击与干扰攻击是车载超声波传感器面临的主要网络安全威胁。欺骗攻击试图利用精心制作的超声波来制造伪造障碍物，在超声波传感器检测范围内没有真实障碍物时欺骗智能网联汽车让其误以为存在真实的障碍物。干扰攻击的目的是通过不断发射超声波来降低超声波传感器的信噪比，诱导车辆无法探测障碍物。在智能网联汽车中，摄像头应用于交通标志识别、车道检测、障碍物检测等多种场景。用 LED 光或者激光直接照射摄像头可以致盲摄像头，使其无法发挥作用，进而引发严重事故。

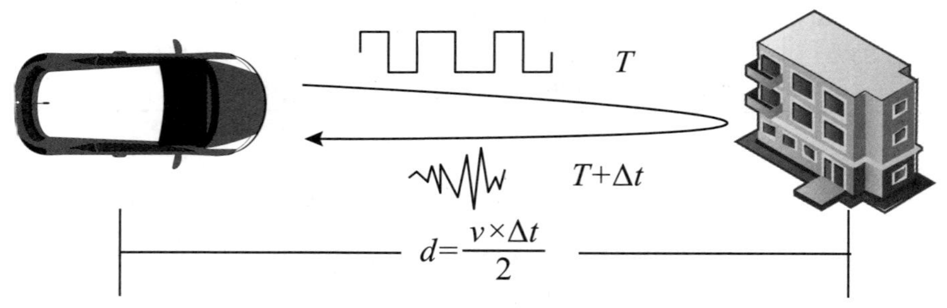

图 1　传感器测距原理

注：利用信号往返时间来计算距离。v 是信号在空中的速度（如声音：340m/s；电磁波和光：3×10^8m/s）。

电子车辆防盗器作为一种常见的防盗装置，实现了电子防盗，在没有电子钥匙等可信认证实体的情况下禁止车辆发动机启动。为了追求便利性，汽车防盗系统多采用无线通信机制，具备一定的网络安全隐患。表 2 展示了不同汽车防盗机制的特性与网络安全威胁。其中，Hitag2 和 Megamos 都因密码设计的缺陷而面临相应的网络安全威胁，包括缺乏伪随机数生成器（PRGs）和比私钥更小的密钥空间。被动无钥匙（Passive Keyless Entry Systems，PKES）进入系统保证了车内物品的安全，也面临着信号中继的安全威胁。攻击者通过中继钥匙与汽车之间的通信信号可以成功开启车门。硬件加密的车载防盗系统面临侧信道攻击与故障注入攻击的威胁。

表 2　汽车防盗系统网络安全威胁

防盗系统	安全机制	安全威胁	攻击类型
数字签名系统	挑战应答	短密钥	欺骗攻击
PKES	RFID 标签	虚假钥匙	中继攻击
Hitag2	48bit LFSR 及非线性过滤器	密钥空间，缺乏伪随机数发生器	密钥恢复
Megamous	96bit 安全密钥及 PIN 码	密钥空间，缺乏伪随机数发生器	密钥恢复
硬件加密	AES	密钥存储	故障注入

基于威胁的智能网联汽车网络安全测试将网络安全测试流程规范化为明确范围、信息收集、威胁分析、方案制定、网络安全测试、风险评估六个步骤。由于智能网联汽车是包含数十个 ECU、传感器的复杂网络，甚至与其他车辆、移动设备、车联网平台存在数据交互，在没有明确测试范围的情况下，网络安全测试人员无法把握测试边界，可能对正常的车辆功能与平台服务造成影响。明确测试范围解决了测试过程中测试边界不清晰、测试人员难以把握测试边界的问题。

在信息收集阶段，网络安全测试人员在授权测试权限内尽可能搜集与被测目标相关的信息，如网络地址、芯片型号、通信协议与接口等。官方网站、宣传页面、新闻报道等提供了大量有价值的公开信息。在授权情况下，测试人员亦可通过拆解测试目标获取硬件接口、芯片型号等关键信息。信息收集在网络安全测试过程中不断迭代，随着测试的不断深入，可收集利用的信息也趋向丰富。

网络安全测试的目的是站在攻击者的角度对目标进行全面攻击性测试以发现潜在的网络安全漏洞。如何确定测试内容成为需要面临的首要挑战。威胁分析则为制定网络安全测试计划提供了参考。基于威胁的智能网联汽车网络安全测试流程以威胁分析为前提，测试人员利用攻击树等方法对被测目标进行威胁建模，识别其面临的网络安全威胁。网络安全测试方案则严格覆盖被测目标网络安全威胁，逐条测试安全威胁是否可演化为网络安全漏洞，导致严重的网络安全风险。

风险评估基于攻击成功发起的概率与造成的危害网络安全漏洞的严重性进行评级。网络安全威胁转化为漏洞的概率取决于攻击成功的复杂程度。攻击对人员的技术水平、攻击设备复杂度、攻击时间与经济成本等的要求越高，攻击越复杂，攻击成功的概率越小。攻击导致的危害则反映为不同程度的车辆功能失效、人身伤害、财产损失、隐私泄露等。

依照智能网联汽车网络安全测试共性关键技术的层次划分原则，智能网联汽车层次化网络安全测试框架包含如图 2 所示的 10 个测试子框架：硬件安全测试框架、固件安全测试框架、系统安全测试框架、总线安全测试框架、无线电安全测试框架、网络安全测试框架、云端安全测试框架、应用安全测试框架、隐私安全测试框架、传感器安全测试框架。测试框架包含该层次的网络安全测试内容，不同测试子框架相互补充，可覆盖汽车及零部件网络安全测试。

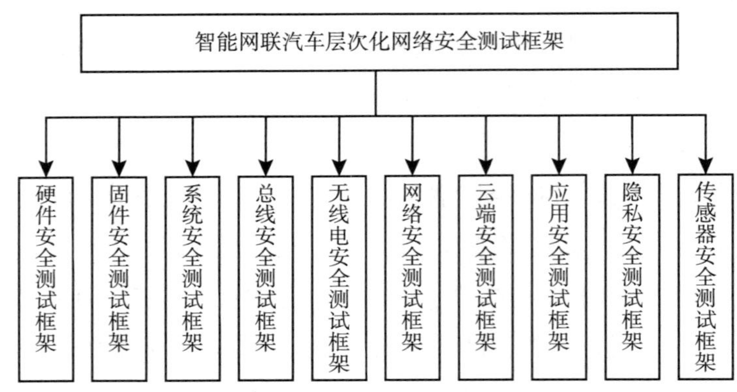

图 2　智能网联汽车层次化网络安全测试框架

资料来源：《国家车联网产业标准体系建设指南（智能网联汽车）（2023 版）》。

B.11 智能网联汽车安全防护能力测试验证技术

摘 要： 本报告围绕智能网联汽车安全防护能力测试验证技术进行了分析，包括车载系统安全防护能力测试验证技术、车外蜂窝网络安全防护能力测试验证技术、车内网络通信安全防护能力测试验证技术、数据安全防护能力测试验证技术、软件升级安全防护能力测试验证技术、车联网云平台安全防护能力测试验证技术等，分析了相关技术方案及技术路线，并针对存在的安全防护能力测试问题提出了系列解决方案。

关键词： 安全防护 能力测试验证 技术路线

智能网联汽车硬件安全主要是针对车载端设备硬件设计生产过程中的安全技术要求，能够防范物理层面对车载设备的多种网络安全攻击。常见的车载端设备主要包括 T-BOX、车载网关、IVI、BMS 及其他控制器。车载端设备的硬件安全技术要求通常表现为针对各类硬件接口（包括调试接口）以及针对硬件安全环境的要求。以下为《GB/T 40856-2021 车载信息交互系统信息安全技术要求及试验方法》中针对硬件安全试验方法的举例。

硬件安全试验按照下列流程进行：

检查是否存在暴露在 PCB 板上的 JTAG 接口、USB 接口、UART 接口、SPI 接口等调试接口，如存在则使用测试工具尝试获取调试权限；

拆解被测样件设备外壳，取出 PCB 板，检查 PCB 板硬件是否存在后门或隐蔽接口；

通过采用开盒观察方法，检查关键芯片管脚暴露情况，或审查相应文档，是否有减少暴露管脚的考量；

查看 PCB 布线及设计，检查芯片之间通信线路是否做隐蔽处理，检查敏感数据的通信线路数量或审查相应文档，检查通信线路是否有做隐蔽处理与减少通信线路数量的考量；

通过采用开盒观察方法，检查车载信息交互系统的电路板及电路板上的芯片是否存在用以标注端口和管脚功能的可读丝印。

一　车载系统安全防护能力测试验证技术

（一）车载操作系统介绍

系统安全要求操作系统具备符合车载终端应用场景的身份鉴别、权限管理、访问控制、安全审计等安全防护措施，防范针对操作系统的溢出攻击、暴力破解等威胁，实现了操作系统资源及文件的安全可用。从全球来看，目前汽车底层操作系统主要使用以下几种，包括 Blackberry 公司的 QNX 系统、开源基金会的 Linux 系统、Google 公司的 Android 系统。

座舱域这类对功能安全和网络安全要求较低的控制器，大多是基于 Android/Linux 开发；而有较高安全性和实时性要求的自动驾驶控制器，目前一般基于 Linux/QNX 开发。以下是常见的几种适用于智能网联汽车的车载操作系统简介。

1. QNX 系统

QNX 系统是一款微内核、嵌入式、非开源、安全实时的操作系统，内核小巧，运行速度极快，具有独特的微内核架构，安全和稳定性很高，是全球首款通过 ISO26262 ASIL-D 安全认证的实时操作系统，常用于安全稳定性要求较高的数字仪表中。QNX 系统在通用、奥迪、宝马、保时捷等厂商得到应用。

建立在微内核和完全地址空间保护基础上的 QNX 实时操作系统具有以下优点。

（1）实时性，QNX 的任务间的上下文切换和中断反应速度都在微秒级，是目前实时性最强的操作系统，能满足最苛刻的实时性要求。

（2）嵌入性，QNX 的最小系统对 ROM 空间的要求只有 36KB。基于文件系统的嵌入方式使得嵌入过程简明直观。

（3）可靠性，QNX 是唯一遵照 POSIX 标准设计、全面符合 POSIX 标准、提供完全地址空间保护、同时支持进程和线程两种任务实现方式的操作系统。这保证了基于 QNX 的应用系统稳定、可靠、强壮，并能在线对软件模块随时热插拔。

2. Linux 系统

Linux 是一款开源、功能更强大的操作系统。Linux 具有内核紧凑、高效等特点，可以充分发挥硬件的性能。Linux 与 QNX 相比最大的优势在于开源，具有很强的定制开发灵活度。通常说的“基于 Linux 开发新的操作系统”是指基于 Linux Kernel（内核）进一步集成中间件、桌面环境和部分应用软件。Linux 功能较 QNX 更强大，组件也更为复杂，因此 Linux 常用于支持更多应用和接口的信息娱乐系统。

AGL（Automotive Grade Linux）是一个协作性开源项目，将汽车制造商、供应商和技术公司召集在一起，以加速开发和采用针对汽车互联的完全开放的软件堆栈。AGL 以 Linux 为核心，正在搭建一个开放平台。该平台可以用作事实上的行业标准，以实现新功能和新技术的快速开发。AGL 早期主要为丰田、本田、日产等日系厂商，随着大众、现代汽车、上汽集团等其他厂商的加入，AGL 规模逐渐壮大，成员总数超过 150 个。

3. Android 系统

Android 系统是由 Google 公司和开放手机联盟基于 Linux 开发的操作系统，被称为基于 Linux 开发的最成功的产品之一。Android 应用生态较为丰富，主要应用于移动设备。

Android 手机上的 App 不需要经过大幅的修改就可以应用在车机上，有利于国内互联网厂商切入汽车领域，快速构建车载软件生态。尤其是互联网企业、造车新势力纷纷基于 Android 进行定制化改造，推出了自己的汽车操作系统，如阿里 AliOS、百度小度车载 OS、比亚迪 DiLink、蔚来 NIO OS、小鹏 Xmart OS 等。

从网络安全角度出发，QNX、Linux 和 Android 的区别主要体现在以下几个方面。

（1）安全性差异，Linux 和 Android 都是开放源代码的操作系统，安全性依赖于社区对漏洞的及时修复和更新。而 QNX 通常由厂商提供定制化开发支持，安全性得到较好保障。但是，由于 QNX 的使用场景通常是嵌入式控制系统等领域，攻击者面临的攻击面较小，因此安全性问题相对较少。

（2）应用程序安全性，Linux 和 Android 平台上的应用程序数量庞大，其中不乏恶意应用程序。同时，基于开放源代码的特性，攻击者可以轻易获取系统源代码，因此 Linux 和 Android 平台上的应用程序存在一定的安全风险。而 QNX 上的应用程序通常数量较少，且需要经过严格的开发和测试，安全性较高。

（3）漏洞修复差异，Linux 和 Android 的社区更新和漏洞修复较为及时，但是由于系统庞大，新漏洞的发现和修复需要一定的时间。而 QNX 的定制化开发和支持模式使得漏洞修复更加快速。

（4）可定制性差异，由于 Linux 和 Android 是开放源代码的操作系统，用户可以自由修改系统的代码和配置，从而增加系统的可定制性。而 QNX 则通常需要由厂商提供定制化开发和支持，用户的可定制性相对较低。

（二）系统端口测试技术

系统端口是指在网络通信中，为了特定的服务或应用程序而开放的一组网络端口。常见的端口包括 HTTP 服务的 80 端口、SSH 服务的 22 端口、SMTP 服务的 25 端口等。端口检测是指通过向目标主机的端口发送数据包，探测目标主机开放了哪些端口并能够接收连接请求，以便发现目标主机上可能存在的漏洞或攻击面。

常见的端口扫描技术如下。

（1）TCP 端口扫描，通过向目标主机的 TCP 端口发送 SYN 数据包，探测目标主机开放了哪些 TCP 端口并能够接收连接请求。

（2）UDP 端口扫描，通过向目标主机的 UDP 端口发送数据包，探测目标主机开放了哪些 UDP 端口并能够接收数据包。

（3）SCTP 端口扫描，通过向目标主机的 SCTP 端口发送数据包，探测目标主机开放了哪些 SCTP 端口并能够接收连接请求。

端口扫描的原理是利用网络协议规定的端口号和数据包格式，通过发送特定的数据包来探测目标主机的开放端口，以此判断目标主机上存在的服务和应用程序。

1. 系统安全启动测试技术

嵌入式系统的安全启动是指在嵌入式设备启动时，通过一系列安全验证和控制措施，确保设备在启动过程中不被攻击或篡改。嵌入式系统的安全启动通常包括以下几个方面。

（1）验证启动程序的完整性，在启动过程中，检查启动程序的完整性，确保启动程序没有被修改或替换。

（2）验证操作系统内核的完整性，在启动操作系统内核之前，检查内核的完整性，确保内核没有被修改或替换。

（3）验证文件系统的完整性，在挂载文件系统之前，检查文件系统的完整性，确保文件系统没有被修改或替换。

（4）验证应用程序的完整性，在运行应用程序之前，检查应用程序的完整性，确保应用程序没有被修改或替换。

嵌入式系统的安全启动通常依赖于硬件和固件的支持，包括可信启动模块（TPM）、安全引导模块（SBM）等。这些模块通常包括硬件密钥、数字签名等功能，可以在启动过程中进行验证和控制，从而确保系统的安全性。总体来说，嵌入式系统的安全启动是嵌入式系统安全的重要组成部分，可以有效地提高嵌入式系统的安全性和稳定性。

2. 系统漏洞扫描测试技术

系统漏洞是指存在于计算机操作系统或其他软件系统的安全漏洞。这些漏洞可以被攻击者用来获取系统权限、执行恶意代码、窃取敏感信息等。系统漏洞的原理通常是由于软件设计、开发或者部署方面的错误，攻击者可以通过某些方式绕过系统的安全措施，执行恶意代码或者进行非法操作。常见的系统漏洞类型如下。

（1）缓冲区溢出漏洞，当程序向缓冲区中写入超过缓冲区容量的数据时，可能会覆盖到其他内存区域，从而导致程序崩溃或者执行恶意代码。

（2）输入验证漏洞，当程序未对输入数据进行有效的验证时，攻击者可以构造恶意数据包，从而导致程序崩溃或者执行恶意代码。

（3）权限提升漏洞，当程序中存在未经检查的用户输入或者不安全的代码实现时，攻击者可以通过一定的手段提升自己的权限，从而获取系统权限。

（4）逻辑漏洞，当程序中存在逻辑错误时，攻击者可以利用这些错误绕过系统的安全措施，执行非法操作。

系统漏洞的危害非常大，攻击者可以利用这些漏洞入侵系统、窃取敏感信息、控制系统等。因此，软件开发者和系统管理员需要密切关注漏洞的发布情况，及时修复漏洞，并加强系统安全，减少漏洞的出现。同时，用户也应该保持警惕，不打开可疑的邮件、文件等，避免自己的计算机系统被攻击者利用。

在进行系统漏洞扫描时，需要选择合适的扫描工具，如 Nmap、OpenVAS、Metasploit 等，同时需要注意扫描的合法性，确保不会对目标系统造成不必要的损害。另外，扫描结果仅供参考，需要结合实际情况进行分析和处理。

3. 系统访问控制测试技术

系统访问控制是指管理和控制用户、程序、服务等实体对计算机系统资源（如文件、目录、设备、接口等）的访问权限。系统访问控制的基本原理是确保只有经过授权的实体才能访问特定的系统资源。这种授权通常是通过身份验证、授权和审计来实现的。

系统访问控制的基本概念如下。

（1）主体（Subject），系统中发起访问请求的实体，如用户、进程、服务等。

（2）对象（Object），系统中被访问的资源，如文件、目录、设备、接口等。

（3）访问控制列表（Access Control List，ACL），控制对对象的访问权限的列表。

（4）身份验证（Authentication），确认主体身份的过程，如用户名和密码验证、指纹识别等。

（5）授权（Authorization），确定主体对对象的访问权限的过程。

（6）审计（Auditing），记录访问请求、授权和拒绝的过程，并生成安全日志。

系统访问控制可以通过访问控制模型来实现，常见的访问控制模型如下。

（1）强制访问控制（Mandatory Access Control，MAC），基于安全级别或标签对主体和对象进行分类，只有安全级别相等或标签匹配的主体才能访问对象。MAC 通常用于军事、政府和企业级系统。

（2）自主访问控制（Discretionary Access Control，DAC），由对象的所有者或管理员自主决定对谁开放资源访问权限。DAC 通常用于个人电脑和小型网络。

（3）角色访问控制（Role-based Access Control，RBAC），基于角色对主体进行授权，主体的角色决定了其对象的访问权限。RBAC 通常用于大型组织和企业级系统。

二　车外蜂窝网络安全防护能力测试验证技术

蜂窝网络是指移动通信系统中的无线电通信网络，在智能网联汽车中蜂窝网络主要应用于车端到云端、手机等其他终端到云端这两种场景。蜂窝网络中使用的安全机制主要是移动通信中的认证和加密技术，其基本概念和原理如下。

（1）认证，蜂窝网络中的认证主要是指身份认证，目的是确认通信双方的身份。当移动终端尝试连接基站时，需要进行身份认证，以确认该移动终端是合法用户。蜂窝网络使用的认证机制通常是基于 SIM 卡的，每个移动终端都有唯一的 SIM 卡，用于存储用户的身份信息。

（2）加密，蜂窝网络中的加密主要是指通信加密，目的是保护通信内容不被窃听或篡改。在蜂窝网络中，通信内容通常是通过无线电波进行传输的，因此容易遭到窃听和干扰。为了保护通信内容的安全性，蜂窝网络采用了多种加密技术，如 A5/1、A5/2、A5/3 等算法，用于加密通信内容。

（3）安全协议，蜂窝网络中的安全协议主要是指通信协议中的安全机制，用于确保通信过程的安全性。蜂窝网络使用的安全协议包括 GSM、UMTS、LTE 等协议，其中包含认证、加密、消息完整性保护等多种安全机制。

（4）网络攻击，蜂窝网络中的网络攻击主要包括拒绝服务攻击、中间人攻击、流量分析等攻击。这些攻击可能会对通信网络和用户造成严重的影响。为了保护网络和用户的安全，蜂窝网络需要采取一系列防御措施，如防火墙、入侵检测、安全认证等技术。

（一）云端—车端通信安全测试技术

智能网联汽车通过蜂窝网络与云端平台的通信是智能网联汽车的关键功能之一。这种通信方式使车辆能够与云端平台进行双向数据传输，实现车辆远程控制、车辆信息传输和云端服务的交互等功能。智能网联汽车通过内置的蜂窝通信模块（如 4G、LTE、5G）与移动网络相连，蜂窝网络提供了广覆盖的无线连接，使车辆可以随时随地与云端平台进行通信，为车辆的功能扩展、软件更新和云端服务的实现提供了基础。

通过蜂窝网络，汽车可以将各种数据传输到云端平台，包括车辆的实时位置信息、传感器数据（如车速、油耗、环境参数等）、车辆健康状况、媒体内容等。同时，云端平台也可以将指令、更新、服务和个性化内容等数据传输回汽车。这使得车主或车辆制造商能够远程控制和管理车辆。例如，车主可以通过手机应用程序远程锁定/解锁车辆、启动/熄火引擎、调整温度和音响设置等。制造商也可以通过云端平台进行远程诊断、软件更新和配置管理等。

云端到车端的数据安全主要涉及以下几个方面。

（1）加密通信，云端与车端之间的通信需要使用安全的加密协议，如TLS/SSL等，确保通信过程中传输的数据被加密，防止被中间人窃取或篡改。

（2）认证授权，云端需要对用户进行身份认证，确保只有授权的用户才能进行车辆远程控制操作，同时还需要对用户的控制权限进行授权管理，避免非法操作造成安全风险。

（3）数据完整性，云端在向车端下发控制指令时，需要对指令进行数字签名或哈希校验，确保指令在传输过程中没有被篡改或者伪造，保证指令的完整性。

TLS（Transport Layer Security）是一种网络通信协议，用于确保在客户端和服务器之间进行的数据传输的安全性和完整性。TLS 协议建立在 SSL（Secure Sockets Layer）协议的基础上，并逐渐取代了 SSL 协议成为主流的加密通信协议。TLS 协议的通信流程大致如下。

（1）客户端发送一个连接请求给服务器，包括支持的 TLS 版本、密码套件和其他参数。

（2）服务器回应客户端的请求，并选择一个适合的 TLS 版本和密码套件。服务器还会发送自己的数字证书，用于身份验证。

（3）客户端验证服务器的数字证书，包括检查证书的有效性、签名和颁发机构等。

（4）客户端生成一个临时的对称密钥，使用服务器的公钥进行加密，并发送给服务器。

（5）服务器使用自己的私钥解密客户端发送的临时对称密钥。

（6）客户端和服务器都生成会话密钥，该密钥用于后续的数据加密和解密。

（7）通信双方使用会话密钥进行数据加密和解密，并使用 MAC 验证数据的完整性。

TLS 协议支持多种密码套件，包括对称加密算法（如 AES）、非对称加密算法（如 RSA）和哈希算法（如 SHA-256）。不同的密码套件可以提供不同的安全级别和性能特征，根据实际需求进行选择。总体而言，TLS 协议通过加密、身份验证和完整性保护等机制，确保网络通信的安全性和隐私性，广泛应用于智能网联汽车的安全通信。

智能网联汽车的车端到云端加密通信功能的数据安全测试通常会考虑以下测试内容和步骤。

1. 加密算法和协议的安全性测试

（1）选择测试工具和框架，如 OpenSSL 或 Nmap，根据加密算法和协议的不同，选择合适的测试工具。

（2）针对所使用的加密算法和协议，执行安全性评估，包括强度测试和已知攻击的验证。比如，使用 OpenSSL 的命令行工具对 TLS 握手协议进行测试，包括验证 SSL 证书是否有效、加密强度是否足够等。

（3）进行代码审查，确保实现的安全协议没有已知的漏洞或安全风险。例如，使用静态分析工具分析代码质量和安全漏洞。

（4）使用网络抓包工具（如 Wireshark）监控通信流量，验证加密算法和协议的正确应用，确保数据传输的保密性和完整性。

2. 身份认证和访问控制测试

（1）设计测试用例，涵盖各种身份验证方式（用户名密码、令牌、证书等）和访问控制场景。例如，测试不同类型用户的登录流程、权限管理等。

（2）针对每种身份验证方式，测试正确的认证过程，并确保仅授权的实体能够成功访问系统。例如，测试正确的用户名密码输入是否能够让用户成功登录。

（3）进行越权测试，尝试使用未授权的身份或权限进行操作，验证系统是否能够正确拒绝非法访问。例如，测试使用非管理员用户是否能够越权访问系统。

3. 数据传输和加密测试

（1）使用网络抓包工具监测数据传输过程，验证数据是否按预期加密和解密。例如，测试发送一个消息时是否使用了 TLS 协议。

（2）设计测试用例，涵盖不同类型和大小的数据，确保加密算法的强度和性能。例如，测试在数据传输过程中是否加密和解密了数据。

（3）进行异常数据注入和篡改测试，验证系统对异常数据的处理和数据完整性的保护。例如，测试发送带有特殊字符或异常格式的数据，验证系统是否会正确处理并拒绝非法数据。

4. 安全协议和通信通道测试

（1）使用安全协议测试工具，如 TLS/SSL 测试库，对协议的实现进行评估。例如，测试使用 TLS 协议时是否设置了正确的参数，如算法、密钥长度等。

（2）设计测试用例，验证协议的正确实施和配置，包括会话建立、维护和销毁等过程。例如，测试握手过程是否正确执行，会话是否能够成功建立和终止。

（3）进行中间人攻击测试，尝试窃取或篡改通信内容，评估通信通道的保护措施和防御能力。例如，使用代理工具拦截通信流量，尝试篡改数据并验证系统的防御能力。

5. 安全日志和审计测试

（1）设计测试用例，验证安全日志记录的完整性和正确性，包括日志内容、时间戳、事件类型等。例如，测试系统是否正确记录安全事件，并确保日志不被篡改。

（2）确保系统能够生成安全事件报告和警报，以及适当的审计跟踪机制。例如，测试系统是否能够根据安全事件生成报告，并能够触发相应的警报。

（二）手机端—云端通信安全测试技术

智能网络汽车蜂窝网络通信功能中，手机到云端链路安全是指在汽车相关控制指令从手机发送到云端的过程中，确保数据传输的机密性、完整性和可用性，防止数据被窃取、篡改或拒绝服务等攻击。为了实现链路安全，通常采取以下措施。

（1）使用安全传输协议，采用 TLS、HTTPS 等安全传输协议，确保数据传输过程的机密性和完整性。

（2）数据加密，使用对称密钥或非对称密钥加密算法对数据进行加密，确保数据传输过程中的机密性。

（3）数字签名，使用数字签名技术对数据进行签名，确保数据传输过程中的完整性和真实性。

（4）访问控制，采用访问控制技术，限制非授权人员的访问，并确保数据的机密性。

（5）监控和审计，建立监控和审计机制，及时发现异常访问行为并进行处理。

针对智能网络汽车远程控车功能中手机到云端链路安全，通常的测试内容和步骤如下。

1. 安全传输协议测试：验证是否采用了 TLS、HTTPS 等安全传输协议来保证数据传输过程中的机密性和完整性

（1）使用 Wireshark 等网络抓包工具进行抓包，分析是否采用了 TLS、HTTPS 等安全传输协议，并验证协议的版本和加密算法等参数是否符合安全要求。

（2）对传输过程中的证书进行验证，确保证书的有效性和安全性，防止中间人攻击等安全风险。

2. 数据加密测试：验证是否采用对称密钥或非对称密钥加密算法对数据进行加密，并验证加密算法的安全性和强度

（1）对传输过程中的加密算法和数字签名算法进行测试，验证其安全性和强度。

（2）对密钥管理进行测试，验证密钥生成、分发和管理的安全性和有效性。

3. 数字签名测试：验证是否使用数字签名技术对数据进行签名，并验证签名算法的安全性和强度

（1）测试使用错误或篡改的数据进行签名，验证系统是否能够检测到签名错误并拒绝验证。

（2）测试使用错误的密钥或参数进行签名和验证，验证系统是否能够正确处理错误情况。

（3）分析所使用的签名算法的安全性和强度，包括密钥长度、哈希算法的安全性等。

4. 访问控制测试：验证是否采用访问控制技术限制非授权人员的访问，并验证访问控制的安全性和有效性

（1）对授权机制进行测试，验证是否对访问者进行身份认证并授权访问。

（2）对权限控制进行测试，验证是否对访问者的操作进行了限制。

5. 监控和审计测试：验证是否建立监控和审计机制，并验证监控和审计机制的有效性和可行性

（1）对监控机制进行测试，验证是否对重要数据进行了监控，并测试监控的效果和准确性。

（2）对审计机制进行测试，验证是否能够及时发现异常操作行为，并测试审计的效果和准确性。

三　车内网络通信安全防护能力测试验证技术

（一）CAN 总线安全测试技术

CAN（Controller Area Network）总线是一种广泛应用于汽车、工业控制等领域的通信协议，用于在不同设备之间传输数据。CAN 总线的安全性至关重要，因为攻击者可以利用 CAN 总线上的漏洞，进行恶意攻击和控制。

CAN 总线的安全测试内容主要有 CAN 总线模糊测试、CAN 总线重放测试、CAN 总线拒绝服务测试以及 UDS 安全测试等。

1. CAN 总线模糊测试

CAN 总线模糊测试是一种用于测试 CAN 总线通信系统的安全性和鲁棒性的技术。它通过发送具有意外或异常值的数据帧来模拟潜在的攻击或故障条件，以验证系统的响应和容错能力，并发现可能存在的漏洞和错误。

下文是进行 CAN 总线模糊测试的一般内容和步骤。

（1）确定测试目标，明确需要测试的 CAN 总线通信系统的组件或功能，如 ECU（电子控制单元）或通信协议，测试范围针对特定的 ECU 或整个 CAN 总线网络等。

（2）收集 CAN 总线信息，[①] 获取有关 CAN 总线的规范、通信协议和数据帧格式的相关文档和信息。包括 CAN 标准、CAN 数据链路层协议（如 CAN 2.0A、CAN 2.0B）以及特定于系统的消息 ID 和数据帧格式。

（3）设计模糊测试策略，使用编程语言（如 Python）或现有的模糊测试工具，构建一个能够生成具有异常或意外值的 CAN 数据帧的工具。这些异常值可能包括错误的数据长度、不良的校验和、无效的消息 ID 或数据格式等。根据收集到的 CAN 总线信息和测试目标，制定一套模糊测试策略。这可能包括发送不同类型的数据帧（标准帧、扩展帧）、使用不同的消息 ID、测试边界条件和异常情况等。

（4）执行模糊测试，将构建的模糊测试工具连接到目标 CAN 总线通信系统，并开始执行模糊测试策略。工具将根据策略生成和发送数据帧，以触

---

① 注：CAN 总线模糊测试分为黑盒测试和白盒测试两种方法，在进行黑盒测试时，总线的通信速率及通信协议等信息均为未知，需要自行对总线通信速率进行探测，同时设定模糊测试规则时，也无须知道总线的消息定义规则。黑盒测试需要的前置条件少，对未知错误的发现范围也较广，然而其测试效率相对较低，往往需要通过长时间大量的测试才能发现问题。

进行白盒测试时，需要告知总线通信速率及通信协议等信息，一般需要提供总线的通信矩阵定义（DBC 文件），并根据其通信矩阵的定义，确定模糊测试规则。白盒测试的测试效率较高，能够更有针对性地进行测试，其发现问题的可能性较黑盒测试更大，不过对测试的前提条件要求也较高。

发系统的不同响应。在模糊测试期间，需要监控目标系统的响应和行为。这可能包括记录错误日志、观察系统崩溃、观察系统如何处理异常数据帧等。

（5）分析结果，对模糊测试期间收集的数据和观察到的系统行为进行分析。识别系统中的潜在漏洞、错误处理问题或其他安全性和鲁棒性问题。[①]

2. CAN 总线重放测试

CAN 总线重放测试是一种用于验证 CAN 总线通信系统的功能和一致性的测试方法。它通过记录和再现真实的 CAN 数据流来模拟实际的通信场景。

下文是进行 CAN 总线重放测试的一般内容和步骤。

（1）确定测试目标和范围，明确要测试的 CAN 总线系统的组件、功能和通信协议。确定测试的目标范围，例如特定的 ECU 或整个 CAN 总线网络。

（2）收集 CAN 总线信息，获取相关的 CAN 总线规范、通信协议文档和数据帧格式说明。了解 CAN 总线的基本原理、消息 ID 的含义以及数据帧的结构和编码方式。

（3）配置测试环境，准备测试环境，包括 CAN 总线接口设备（如 CAN 转 USB 适配器）、测试目标的连接方式（直接连接或通过车辆仿真器）以及相应的驱动程序和软件。

（4）捕获 CAN 数据流，使用 CAN 总线接口设备和捕获工具（如 CAN 分析仪或记录器），在实际运行中捕获要测试的 CAN 数据流。确保捕获到的数据包括所需的消息 ID 和数据帧。

（5）重放 CAN 总线报文，选择一个适合的 CAN 数据重放工具或编程语言（如 Python），用于重新发送捕获的 CAN 数据流。一些常用的重放工具包括 CANoe、CANalyzer 等。将重放工具连接到目标 CAN 总线系统，并根据需要配置测试目标的参数。这可能涉及设置通信速率、选择正确的 CAN 总线

---

① 重要提示：在进行模糊测试时，请务必小心操作，确保不会对实际的车辆或设备造成损害。同时，始终在受控环境下进行测试，以免造成不必要的安全问题。

接口、选择要重放的数据文件等。启动重放工具，将之前捕获的 CAN 数据流重新发送到目标 CAN 总线系统。确保数据的顺序和时间间隔与实际情况一致。

（6）监控系统响应，在重放测试期间，监视目标系统的响应和行为。观察是否正常接收和处理重放的 CAN 数据帧。

3. CAN 总线拒绝服务测试

CAN 总线拒绝服务攻击是指攻击者发送大量无效高优先级的 CAN 数据帧到目标车辆 CAN 总线上，导致目标车辆的 CAN 总线过载或崩溃，从而使车辆的控制系统无法正常工作。CAN 总线拒绝服务攻击通常需要攻击者具有物理接触车辆 CAN 总线的能力。

下文是进行 CAN 总线拒绝服务测试的一般内容和步骤。

（1）确定测试目标和范围，明确要测试的 CAN 总线系统的组件、功能和通信协议。确定测试的目标范围，例如特定的 ECU 或整个 CAN 总线网络。

（2）收集 CAN 总线信息，获取相关的 CAN 总线规范、通信协议文档和数据帧格式说明。了解 CAN 总线的基本原理、消息 ID 的含义以及数据帧的结构和编码方式。

（3）设计拒绝服务攻击策略，根据收集到的 CAN 总线信息和测试目标，制定拒绝服务攻击的策略。考虑各种可能的攻击方法，如发送大量的无效数据帧、发送具有错误数据长度的数据帧、发送大量的错误校验等。测试时一般考虑发送大量的高优先级报文，例如 ID 设置为 0×10，同时在实际测试时，一般需要使总线的负载率达到 80%以上，从而产生拒绝服务攻击的测试效果。

（4）发送拒绝服务报文，准备测试环境，包括 CAN 总线接口设备（如 CAN 转 USB 适配器）、测试目标的连接方式（直接连接或通过车辆仿真器）以及相应的驱动程序和软件。根据设计好的攻击策略，使用合适的工具或编程语言（如 Python）构造并发送攻击性的 CAN 数据帧。这些数据帧可能包含错误的数据长度、无效的消息 ID、不良的校验和或其他异常值。

（5）监控系统响应，在拒绝服务攻击测试期间，监视目标系统的响应和行为。观察是否发生系统崩溃、错误日志的记录情况以及系统如何处理攻击性的 CAN 数据帧。

4. UDS 安全测试

UDS（Unified Diagnostic Service）是一种用于车辆电子系统诊断的标准协议，可以通过 CAN 总线与诊断工具进行通信。UDS 诊断安全是指防止未经授权的人员通过 UDS 协议对车辆电子控制单元（ECU）进行非法访问、读取、修改、刷写等操作，保护车辆的安全性和隐私性。

UDS 诊断安全的原理是通过对 UDS 协议通信的加密、认证、授权、完整性保护等多种机制实现，具体包括以下几个方面。

（1）通信加密，使用加密算法对 UDS 通信数据进行加密保护，防止数据被非法窃取和篡改。

（2）会话授权，在进行 UDS 诊断前，需要进行身份认证和会话建立，只有通过认证的用户才能进入诊断模式进行相关操作。

（3）数据完整性保护，对于 UDS 通信数据的传输过程中，使用校验和等方式对数据进行完整性校验，确保数据未被篡改。

（4）访问权限控制，通过定义不同级别的访问权限和安全保护级别，控制不同用户或角色对车辆 ECU 的访问范围和操作权限。

（5）安全性测试，在开发和实施 UDS 诊断安全机制时，需要进行各种安全性测试，包括黑盒测试、白盒测试、漏洞挖掘等，以评估诊断系统的安全性能。

UDS 测试时一般考虑对如下服务进行测试：①诊断会话控制；②ECU 重置；③读取故障码；④清除故障码；⑤读取数据流；⑥读取故障码冻结帧；⑦读取故障码扩展数据帧；⑧编写单个值；⑨编写多个值；⑩请求下载。

其网络安全与数据安全测试的目的是验证诊断测试工具是否准确地提供了这些服务，并检测是否存在安全漏洞。UDS 测试的思路和步骤如下。

（1）分析 UDS 服务的协议规范和实现细节，理解每种服务的基本原理和功能。

（2）选择适当的测试工具，如 CAN 总线分析仪、UDS 测试仪等，连接到车辆的诊断接口上。

（3）针对每个服务，构造合法的请求数据包，发送到车辆上，并分析返回的响应数据包。检查响应数据包是否正确和符合规范，是否包含敏感信息，是否有潜在的安全漏洞。

（4）针对每个服务，构造非法的请求数据包，例如越权访问、格式错误、溢出等，发送到车辆上，观察响应数据包是否符合预期，是否能够导致拒绝服务、崩溃等安全问题。

（5）针对每个服务，构造各种边界条件和异常情况，例如请求数据过大、响应数据错误、网络中断等，观察测试工具和车辆的反应，检查是否存在潜在的安全隐患。

（6）针对特定的服务，如读取故障码和读取数据流等，可以根据车辆型号和参数设置，构造相应的测试用例和数据集，进行全面的测试和验证。

（7）总结测试结果，分析发现的安全漏洞和问题，给出相应的修复建议和安全措施。同时，将测试结果进行文档化，便于后续复查和审计。

以下是部分 UDS 服务的测试步骤举例。

（1）诊断读写操作测试。

将 PCAN 硬件 DB9 接口连接到 OBD 诊断总线引脚。

根据 OBD 连接说明，配置波特率，通常为 500kbps。

使用 UDS 检测工具，根据诊断地址说明，配置 UDS 诊断收发地址或扫描诊断地址。

扫描 DUT 支持的诊断服务。

通过 0×22 服务读取 DUT VIN 码，配置 0×22 服务扫描会话、DID 范围（F190），点击测试。

通过 0×2E 服务尝试篡改 DUT VIN 码，配置 0×2E 服务扫描会话、DID 范围（F190）、伪造 VIN 值，点击测试。

（2）诊断 Reset 操作测试。

将 PCAN 硬件 DB9 接口连接到 OBD 诊断总线引脚。

根据 OBD 连接说明，配置波特率，通常为 500kbps。

使用 UDS 检测工具，根据诊断地址说明，配置 UDS 诊断收发地址或扫描诊断地址。

扫描 DUT 支持的诊断服务。

通过 0×11 服务尝试重启 DUT，配置 0×11 服务扫描会话、子功能，点击测试。

（3）诊断身份鉴别测试。

将 PCAN 硬件 DB9 接口连接到 OBD 诊断总线引脚。

根据 OBD 连接说明，配置波特率，通常为 500kbps。

使用 UDS 检测工具，根据诊断地址说明，配置 UDS 诊断收发地址或扫描诊断地址。

扫描 DUT 支持的诊断服务。

根据诊断身份认证策略，选择超出当前身份权限的 DID，使用对应服务进行请求。

（二）车载以太网安全测试技术

车载以太网网络安全与数据安全是指在车载以太网系统中保护数据和通信的安全性，防止潜在的安全威胁和攻击。由于车载以太网系统涉及车辆的关键功能和数据传输，确保其安全至关重要。车载以太网安全常见的测试内容主要有 ARP 欺骗测试、车载以太网隔离测试、拒绝服务测试、SOME/IP 测试和 DoIP 安全测试。

1. ARP 欺骗测试

ARP 欺骗（Address Resolution Protocol Spoofing）是一种网络攻击技术，攻击者通过伪造 ARP 协议的信息，欺骗网络中的计算机，使其发送信息到错误的目标地址，或者将信息截获并篡改。

其基本原理是 ARP 协议的工作方式。在一个局域网中，ARP 协议是用于将 IP 地址转换成 MAC 地址的协议。当一个计算机需要发送数据包到另外一个计算机时，需要知道目标计算机的 MAC 地址。它会在自己的 ARP 缓存表中查找目标计算机的 IP 地址，并将其转换成相应的 MAC 地址，然后发送数据包到目标计算机。

ARP 欺骗攻击者可以发送虚假的 ARP 响应，使得网络中的其他计算机误认为攻击者的计算机 MAC 地址就是目标计算机的 MAC 地址。这样，攻击者就可以截获或篡改通信数据，从而实现攻击目的。

ARP 欺骗的危害非常严重，它可以被用来进行以下攻击。

（1）中间人攻击，攻击者可以截获并篡改通信数据，使得双方都认为自己正在与对方通信，从而获取敏感信息。

（2）拒绝服务攻击，攻击者可以通过欺骗其他计算机，使得其无法正常通信，造成网络服务瘫痪。

（3）会话劫持，攻击者可以在双方之间插入自己的计算机，从而劫持通信会话，获取敏感信息或者进行其他恶意活动。

（4）网络钓鱼，攻击者可以伪造其他计算机的身份，欺骗用户提供敏感信息，从而进行网络钓鱼攻击。

ARP 欺骗测试通常采用如下步骤。

（1）确定测试目标，确定需要测试的目标零部件设备和网络，包括其 IP 地址和 MAC 地址。

（2）确定攻击工具，选择一种适合自己的 ARP 欺骗工具，如 Cain & Abel、Ettercap 等。

（3）运行攻击工具，启动选择的 ARP 欺骗工具，设置欺骗目标的 IP 地址和 MAC 地址，以及攻击者的 IP 地址和 MAC 地址。

（4）开始攻击，开始发送虚假的 ARP 响应，使得网络中的其他零部件误认为攻击者的计算机 MAC 地址就是目标零部件的 MAC 地址。

（5）监控攻击效果，观察测试目标零部件的网络流量是否被拦截或者篡改，可以使用网络分析工具（如 Wireshark）来捕获和分析网络数据包，以验证攻击效果。

2. 车载以太网隔离测试

VLAN（Virtual LAN）是一种在物理网络上创造出逻辑上独立的虚拟局

域网的技术。VLAN 隔离是指将不同的设备或用户分配到不同的 VLAN 中，从而实现网络上的隔离和安全控制。

VLAN 隔离的基本原理是通过交换机上的 VLAN 配置，将物理网络划分为多个逻辑上独立的虚拟网络。可将每个 VLAN 为一个独立的网络，只有在同一 VLAN 中的设备才能相互通信，而不同 VLAN 中的设备则无法直接通信。车载以太网隔离测试通常采用如下步骤。

（1）ping 测试，通过在不同 VLAN 上的设备上运行 ping 命令，测试不同 VLAN 之间的连通性。如果 ping 测试失败，说明 VLAN 之间的隔离是有效的。

（2）Traceroute 测试，通过在不同 VLAN 上的设备上运行 Traceroute 命令，测试不同 VLAN 之间的路由是否正确。如果 Traceroute 测试失败，说明 VLAN 之间的路由配置有误。

（3）端口访问测试，通过配置网关上的 ACL（Access Control List）规则，测试不同 VLAN 之间的端口访问控制是否生效。如果 ACL 规则配置正确，不同 VLAN 之间的端口访问应该被限制。

（4）数据包抓包测试，通过使用网络抓包工具，如 Wireshark，抓取不同 VLAN 之间的数据包，验证 VLAN 隔离是否生效。如果抓到了不应该跨越 VLAN 传输的数据包，说明 VLAN 隔离没有生效。

3. 拒绝服务测试

以太网拒绝服务（Denial of Service，DoS）攻击是一种针对以太网网络的攻击手段，旨在使网络服务不可用或降低网络性能，从而影响网络正常运行。DoS 攻击通常利用网络的缺陷或漏洞，发送大量的恶意数据包或伪造的数据包，使网络设备或服务器无法处理正常的网络流量。DoS 攻击的基本原理是向目标设备发送大量的数据包，使其消耗过多的网络资源，从而导致网络服务不可用或性能下降。DoS 攻击可以利用多种攻击手段，包括以下几种。

（1）随机数据包攻击（Random Packet Attack），攻击者向目标设备发送大量的随机数据包，使其无法处理正常的网络流量。

（2）流量洪泛攻击（Flooding Attack），攻击者向目标设备发送大量的伪造数据包或者数据包副本，使其无法处理正常的网络流量。

（3）ARP 欺骗攻击（ARP Spoofing Attack），攻击者伪造 ARP 请求或者响应，使目标设备无法正确识别网络中的其他设备，从而导致网络服务不可用。

（4）IP 欺骗攻击（IP Spoofing Attack），攻击者伪造 IP 地址，使目标设备无法正确识别网络中的其他设备，从而导致网络服务不可用。

拒绝服务测试的通常步骤为：①接入目标的车载以太网网络中；②编写攻击脚本或者使用拒绝服务攻击工具，如 hping3，对目标进行拒绝服务攻击；③观察目标的业务是否异常崩溃。

4. SOME/IP 测试

SOME/IP（Scalable Service-Oriented Middle Ware over IP）是一种基于 IP 网络的通信协议，用于在汽车电子系统中实现服务的发布和订阅。SOME/IP 协议旨在提供一种标准化的、高效的、可靠的服务通信协议，以满足汽车电子系统中不同服务之间的通信需求。

从网络安全的角度来看，SOME/IP 安全测试主要考虑以下几个方面。

（1）SOME/IP 漏洞利用，可以尝试使用一些已知的攻击方式，如缓冲区溢出等，测试 SOME/IP 协议的安全性。这可以通过构造恶意数据包来实现。

（2）SOME/IP 协议解析，可以尝试对 SOME/IP 协议进行解析，检查协议是否存在任何漏洞或弱点。这可以通过使用协议分析工具、网络嗅探工具等来实现。

（3）SOME/IP 信息泄露，可以通过使用抓包工具如 wireshark、tcpdump 进行抓包，对抓取的报文进行分析，检测是否出现了敏感信息泄露。

（4）SOME/IP 指令重放，可以对分析出的控车指令进行重放，观察能否重放成功，控制车辆。

（5）SOME/IP 模糊测试，可以使用模糊测试技术，对 SOME/IP 协议进行测试，以发现可能的漏洞和弱点。模糊测试可以通过随机生成测试用例，测试协议的鲁棒性和稳定性。

5. DoIP 安全测试

DoIP（Diagnostics over Internet Protocol）是一种用于车辆诊断的协议。它基于标准的 Internet 协议，支持通过 Internet 或局域网进行车辆诊断和维护。DoIP 协议主要用于汽车制造商、车辆服务商和维修机构等领域。

DoIP 协议的主要功能如下。

（1）提供车辆诊断和维护服务，通过 DoIP 协议，用户可以对车辆进行诊断和维护，包括故障检测、参数设置、数据记录和程序升级等。

（2）支持多种传输方式，DoIP 协议支持多种传输方式，包括以太网、Wi-Fi 和蓝牙等，可根据不同的使用场景进行选择。

（3）支持远程访问，DoIP 协议支持远程访问，使得用户可以在不同的位置进行车辆诊断和维护。

（4）支持安全访问，DoIP 协议提供了安全访问机制，保证车辆诊断和维护的安全性和保密性。

（5）DoIP 协议的作用，主要在于提高车辆诊断和维护的效率和精度，降低维修成本和停车时间，提高车辆的可靠性和安全性。

DoIP 的测试主要是诊断安全测试，其测试思路可以参考 UDS 测试，以下列举部分 DoIP 服务的测试方法和步骤。

（1）诊断读写操作测试。

将 OBD 转 RJ45 接口分别连接到测试 PC、OBD"。

根据 OBD 连接说明，配置测试 PC 的 IP 地址。

编写 0×10 服务测试脚本，进行 SA、TA、DUT-IP 等基础通信配置。

运行测试脚本，尝试进入默认会话，测试连通性。

通过 0×22 服务读取 DUT VIN 码，修改 0×22 服务的会话、DID 范围（F190），运行测试脚本。

（2）诊断 Reset 操作测试。

将 OBD 转 RJ45 接口分别连接到测试 PC、OBD"。

根据 OBD 连接说明，配置测试 PC 的 IP 地址。

编写 0×10 服务测试脚本，进行 SA、TA、DUT-IP 等基础通信配置。

运行测试脚本，尝试进入默认会话，测试连通性。

通过 0×11 服务尝试重启 DUT，配置 0×11 服务的会话、子功能，运行测试脚本。

（3）诊断身份鉴别测试。

将 OBD 转 RJ45 接口分别连接到测试 PC、OBD"。

根据 OBD 连接说明，配置测试 PC 的 IP 地址。

编写 0×10 服务测试脚本，进行 SA、TA、DUT-IP 等基础通信配置。

根据诊断身份认证策略，选择超出当前身份权限的 DID，使用对应服务的测试脚本进行请求。

四　数据安全防护能力测试验证技术

智能网联汽车数据安全测试是一项重要的测试内容，旨在评估和验证智能网联汽车系统的数据安全性。数据安全测试需要考虑车联网业务中数据安全的全生命周期，包括数据采集、数据传输、数据存储和数据销毁等环节。在进行这些测试时，应采用综合的方法，结合自动化测试工具、安全审计和手动渗透测试等技术。

数据销毁安全是指在处理或处置敏感信息或存储介质时，采取一定的措施确保数据不会被未经授权的人员访问或恢复。数据销毁安全的主要目的是防止数据泄露、数据被恶意利用或者恢复，从而保护数据隐私和机密性。在数据销毁安全中，数据销毁技术是关键的一环。

数据销毁技术包括物理销毁和逻辑销毁两种方法。物理销毁指的是彻底摧毁存储介质，如物理破坏、烧毁、磁化等；逻辑销毁指的是使用特定的软件或工具将数据覆盖、清除或擦除。逻辑销毁有时也被称为数据清除或数据擦除。

常见的数据销毁技术如下。

（1）软件覆盖，使用特定的软件或工具将存储介质上的数据覆盖掉，以达到销毁数据的目的。覆盖次数越多，越难恢复数据。

（2）磁盘擦除，使用专业的磁盘擦除工具，将存储介质上的数据进行多次擦除，确保数据无法恢复。

（3）物理销毁，彻底摧毁存储介质，如物理破坏、烧毁、磁化等。

（4）加密，使用加密技术对敏感数据进行加密存储，在销毁时只需销毁密钥即可。

（一）数据采集安全检测技术

根据相关法律法规，对车端的个人信息、敏感个人信息及重要信息等数据的采集应遵循默认不收集原则，除非驾驶人自主设定，每次驾驶时默认设定为不收集状态，需要检查的主要数据如下。

（1）个人信息是指以电子或者其他方式记录的与已识别或者可识别的车主、驾驶人、乘车人、车外人员等有关的各种信息，不包括匿名化处理后的信息。

（2）敏感个人信息是指一旦被泄露或者非法使用，可能导致车主、驾驶人、乘车人、车外人员等受到歧视或者人身、财产安全受到严重危害的个人信息，包括车辆行踪轨迹、音频、视频、图像和生物识别特征等信息。

（3）重要数据是指一旦遭到篡改、破坏、泄露或者非法获取、非法利用，可能危害国家安全、公共利益或者个人、组织合法权益的数据，包括：①军事管理区、国防科工单位以及县级以上党政机关等重要敏感区域的地理信息、人员流量、车辆流量等数据；②车辆流量、物流等反映经济运行情况的数据；③汽车充电网的运行数据；④包含人脸信息、车牌信息等的车外视频、图像数据；⑤涉及个人信息主体超过 10 万人的个人信息；⑥国家网信部门和国务院发展改革、工业和信息化、公安、交通运输等有关部门确定的其他可能危害国家安全、公共利益或者个人、组织合法权益的数据。

针对数据采集安全的检测，一般采用安全审计与功能核查的方式。一般的检查方式为在车机初始化时，查看车机是否会询问用户采集授权，按照厂商说明的采集数据清单比对，观察是否出现未询问授权的情况。

（二）数据存储安全检测技术

数据存储安全测试一般会考虑进行数据访问权限和重要数据加密存储的测试。数据访问权限是指 Linux 系统使用文件系统来组织和管理数据，通过对文件和目录的权限进行控制，可以防止未授权用户或程序访问或修改敏感数据。文件系统权限包括读、写、执行等权限，可以通过 chmod、chown 等命令进行控制。数据加密存储是在 Linux 系统中，可以使用加密文件系统（如 eCryptfs、LUKS）来保护数据的机密性，这样即使磁盘被窃取或数据被盗取，也无法读取加密的数据。

针对具有操作系统的零部件，如 Android、Linux、QNX 等，可以进入操作系统的 shell 内进行测试，步骤如下：①确认文件权限。通过 ls-l 命令查看文件的权限，确定文件是否有合适的权限设置。对于敏感文件，可以设置为只有 root 用户才有读写权限。②确认文件系统的安全设置。可以查看文件系统的安全设置，例如使用 SELinux 或 AppArmor 进行安全策略管理。③检查加密。检查是否对存储在本地的数据进行加密保护，例如使用 dm-crypt 或 LUKS 进行加密。④检查防火墙设置。检查是否设置了防火墙以保护存储在本地的数据。⑤审计日志。定期审计系统日志，以及时发现异常访问或操作。

针对没有 shell 的操作系统，如 RTOS、MCU 应用等，需要通过诊断 22 服务来读取数据或通过 JTAG 调试器来访问内存数据，只有厂商提供访问方式才可以验证。

（三）数据传输安全检测技术

数据传输安全主要的测试点是针对加密协议和数据传输信息泄露的测试。数据的加密传输可以通过使用加密协议，如 SSL/TLS 协议、SSH 协议等来实现。这些协议可以对传输过程中的数据进行加密，确保数据在传输过程中不被窃取、篡改或者伪造。数据的完整性保证可以通过使用哈希算法来实现。哈希算法可以对数据进行哈希计算，生成一个固定长度的哈希值。该哈希值可以用于验证数据的完整性。在数据传输过程中，可以将数据及其对应的哈希值一起传输，在接收方进行验证，确保数据的完整性。数据传输安全测试的主要步骤如下：①使用网络抓包工具，如 tcpdump、Wireshark，对数据传输过程进行抓包，并分析包中的数据内容，以检查数据是否被加密。如果数据没有被加密，则可以考虑使用加密协议来保护数据的安全性。②使用哈希算法对传输数据进行哈希计算，并将计算得到的哈希值与发送方发送的哈希值进行比对，以验证数据的完整性。可以使用 Linux 自带的哈希工具，如 md5sum、sha1sum 等来进行哈希计算。③对于需要加密传输的数据，可以使用常见的加密协议，如 SSL/TLS 协议、SSH 协议等，并对加密方式和密钥进行测试和验证，以确保加密传输的安全性。④对于需要进行加密处理的数据，可以使用常见的加密算法，如 AES、DES 等，并对加密算法和密钥进行测试和验证，以确保加密处理的安全性。

（四）数据销毁安全检测技术

数据销毁安全是指在处理或处置敏感信息或存储介质时，采取一定的措施确保数据不会被未经授权的人员访问或恢复。数据销毁安全的主要目的是防止数据被泄露、数据被恶意利用或者恢复，从而确保数据隐私和机密性。在数据销毁安全中，数据销毁技术是关键的一环。

数据销毁包括物理销毁和逻辑销毁两种方法。物理销毁指的是彻底摧毁存储介质，如物理破坏、烧毁、磁化等；逻辑销毁指的是使用特定的软件或工具将数据覆盖、清除或擦除。逻辑销毁有时也被称为数据清除或数据擦除。

常见的数据销毁技术包括：①软件覆盖。使用特定的软件或工具将存储介质上的数据覆盖掉，以达到销毁数据的目的。覆盖次数越多，越难恢复数据。②磁盘擦除。使用专业的磁盘擦除工具，将存储介质上的数据进行多次擦除，确保数据无法恢复。③物理销毁。彻底摧毁存储介质，如物理破坏、烧毁、磁化等。④加密。使用加密技术对敏感数据进行加密存储，在销毁时只需销毁密钥即可。针对车机系统的数据销毁测试步骤一般为：①在车机登录账户，进入系统 shell 中，找到账户存储数据查看，此时该数据存在。②注销账户，再次进入系统 shell 中，找到账户存储数据查看，此时该数据应不存在已删除。

五　软件升级安全防护能力测试验证技术

智能网联汽车软件升级包括在线升级（OTA）和本地升级，两者最大的区别是升级包的传输方式不同，而关于软件升级包自身的身份认证以及升级安装过程等方面的测试基本一致。软件升级安全测试一般包括升级包安全测试、升级包传输安全测试、升级过程安全测试和升级程序安全测试等。

（一）升级包安全测试技术

软件升级包包含了被升级 ECU 的固件系统镜像和配置文件，如果升级包本身被泄露后，通过逆向解析提取，即可获取目标 ECU 的系统固件，因此升级包本身的安全需要得到保护，升级包本身需要关注机密性、完整性保护，防止被攻击者提取、篡改。需要注意的是，由于各厂商软件升级方案不同，其升级包的结构、导入方式、压缩方式及签名方式等均不相同，对于升级包的安全检测，很难有通用性的自动化测试工具，往往需要依赖测试人员的测试经验，升级包安全测试一般可以采用以下步骤。

1. 升级包真实性测试

解析升级包，并对其中的签名或证书进行伪造或篡改，构造一个真实性被破坏的升级包[①]。

通过刷写接入端下载到车载端节点，执行软件升级，检查并记录升级结果。

2. 升级包完整性测试

解析升级包，对其中的部分数据进行篡改，构造一个完整性被破坏的升

① 此处一般需要采用与厂商正常升级包相同的签名方法，而使用非法密钥进行重新签名，以构造真实性被篡改的升级包，故测试时需要厂商的相关输入信息。

级包（篡改时一般情况下会选取某一个字符串进行篡改或插入，以免破坏其正常的程序逻辑）。

通过刷写接入端下载到车载端节点，执行软件升级，检查并记录升级结果。

3. 升级包漏洞扫描和安全评估

根据不同升级包的文件格式解析升级包中的信息，如解压、binwalk 提取等。

进行手动安全评估，分析潜在的安全漏洞，如对 img 镜像文件可以通过 mount 挂载来访问文件系统。

可以使用自动化工具对升级包中的 APK 文件进行漏洞扫描，检测软件升级包中的已知漏洞。

（二）升级包传输安全测试技术

升级包传输安全指的是在车辆软件更新过程中，确保传输的数据安全性和完整性，防止数据被篡改、窃取或恶意攻击等。为了保证升级包传输数据安全，需要采用加密传输技术，将数据加密后再传输，防止数据被窃取或篡改。同时也会对 OTA 服务器进行认证，确保连接的 OTA 服务器是可信的，以防止恶意攻击者伪装成 OTA 服务器。

针对升级包传输安全测试主要可以考虑以下几个方面。

针对 OTA 传输通道，使用抓包工具对传输过程中的通信数据进行抓取和分析，检查通信数据是否使用了加密和数字签名等安全措施，是否能够被窃取或篡改等。

针对 OTA 服务器认证，模拟恶意攻击者试图伪装成 OTA 服务器的情况，测试车辆端是否能够正确识别和连接可信的 OTA 服务器，是否能够防止恶意攻击者的攻击。

具体的测试方法与步骤，可以参考车外蜂窝网络安全防护能力测试验证技术。

（三）升级过程安全测试技术

升级过程安全测试主要是用来测试软件升级过程中的错误处理和回滚机

制，确保在更新失败或出现问题时能够有效地回滚或恢复。测试时一般会考虑以下的测试场景。

（1）使用旧版本的软件升级包尝试执行升级任务，验证升级程序是否存在可以被恶意降级回退的风险。

（2）模拟网络中断或不稳定的情况，尝试在升级过程中触发升级错误的情况，验证软件更新的鲁棒性和恢复能力。

（3）在升级过程中，对车辆端或是服务端发起拒绝服务攻击，检测升级系统的脆弱性以及对恶意流量攻击的识别能力。

（4）检查更新过程中的安全日志记录，检查系统对升级过程及安全事件的记录准确性和完整性。

（四）升级程序安全测试技术

升级程序安全测试主要是针对车端软件升级应用程序进行安全扫描，分析软件成分，发现已知的安全漏洞和恶意代码。测试时需要提供或者获取升级系统 Master 节点的软件固件，并使用专业的自动化测试工具分析其组件及漏洞。

目前市面上已经有许多成熟的固件安全检测工具，支持对 Linux、Android、RTOS 操作系统的固件检测，可以覆盖固件信息检测、敏感信息泄露检测、固件成分识别及漏洞检测、恶意代码检测、配置安全检测等检测类别。可以通过反编译的方式检测其中的恶意代码，提供恶意代码的检测结果信息、所在位置信息等。也可进行固件成分识别，检测其提供固件成分的名称、版本、文件位置。根据 CVE 等权威漏洞库，检测固件存在的漏洞情况，并提供高、中、低各风险等级的漏洞数量的统计数据，以便综合评定固件程序的安全风险。

六　车联网云平台安全防护能力测试验证技术

在智能网联汽车网络安全与数据安全中，云端安全攻击面较大，攻击者易随时访问攻击，因此针对车联网云平台安全具有较多的测试与漏洞挖掘点。随着 Web 2.0、社交网络、微博等一系列新型互联网产品的诞生，基于 Web 环境的互联网应用越来越广泛，企业信息化的过程中各种应用都架设在 Web 平台上，Web 业务的迅速发展也引起黑客们的关注，接踵而至的就是 Web 安全威胁问题凸显，黑客利用网站操作系统的漏洞和 Web 服务程序的漏洞获得 Web 服务器的控制权限，轻则篡改网页内容，重则窃取重要内部数据，更为严重的则是在网页中植入恶意代码，使得网站访问者利益受到侵害。云平台安全的防护能力测试一般采用模拟攻击的方式，下文列举一些比较常见的模拟攻击技术。

（一）SQL 注入测试

SQL 注入是一种将 SQL 代码插入或添加到应用（用户）的输入参数中，之后再将这些参数传递给后台的 SQL 服务器加以解析并执行的攻击。攻击者能够修改 SQL 语句，该进程将与执行命令的组件（如数据库服务器、应用服务器或 Web 服务器）拥有相同的权限。如果 Web 应用开发人员无法确保在将从 Web 表单、Cookie、输入参数等收到的值传递给 SQL 查询（该查询在数据库服务器上执行）之前已经对其进行过验证，通常就会出现 SQL 注入漏洞。

SQL 注入（SQL Injection）是一种常见的安全漏洞，是指攻击者利用输入参数，构造恶意的 SQL 语句，从而绕过应用程序的身份验证和授权机制，直接访问或者修改数据库中的数据。

SQL 注入通常是由于应用程序没有对用户输入数据进行充分的验证和过滤，导致攻击者能够在输入数据中插入恶意的 SQL 代码。具体来说，SQL 注入攻击通常分为以下两种类型。

1. 基于用户输入的 SQL 注入

这种注入类型的攻击者通常利用应用程序对用户输入数据的处理不当，将恶意代码直接注入 SQL 语句。例如，攻击者可以在登录页面中输入如下的恶意代码。

'or'1' ='1

这条代码的意思是在登录 SQL 语句的查询条件中添加一个恒真条件，使得应用程序无法对用户身份进行验证，从而登录成功。攻击者还可以在查询语句中添加其他恶意代码，如删除、修改、查询敏感信息等操作。

2. 基于内部注入的 SQL 注入

这种注入类型的攻击者通常是利用应用程序内部的漏洞，通过构造特殊的输入数据，使得应用程序执行恶意的 SQL 语句。例如，攻击者可以在应用程序的 URL 参数中添加如下代码：

id = 1;DROP TABLE users

这条代码的意思是在执行查询 id 为 1 的数据之后，将用户表（users）删除。攻击者还可以利用其他的内部漏洞，如未经验证的用户输入、错误的数据类型转换等方式进行攻击。

进行 SQL 注入漏洞检测需要结合应用程序的具体情况和业务逻辑进行分析，通常可以按照以下思路进行。

（1）扫描工具，使用专业的扫描工具，如 SQLMap、Netsparker、Acunetix 等，对目标网站进行扫描，探测是否存在 SQL 注入漏洞。

（2）输入数据的测试，手动输入不同类型的数据，如正常数据、异常数据、SQL 语句等，观察系统的响应结果，判断是否存在注入漏洞。例如，对于一个登录页面，可以尝试输入‘or 1=1——，观察是否能够成功登录。

（3）参数变异，对输入参数进行变异，如修改参数的类型、长度、大小写等，观察系统的响应结果，判断是否存在注入漏洞。例如，对于一个搜索页面，可以尝试输入 1’ and 1=2 union select 1，2，3——，观察是否能够成功执行注入代码。

（4）盲注测试，对于一些系统不会直接显示查询结果的情况，可以使用盲注测试的方法，通过观察系统的响应时间、错误信息等指标，推测 SQL 注入的漏洞存在与否。例如，可以尝试使用‘or sleep（10）——，观察系统响应是否会有延迟。

（5）手动构造注入语句，在观察系统的响应结果的基础上，手动构造注入语句，例如修改 SQL 查询语句的条件、添加 SQL 关键字、联合查询等，观察系统的响应结果，判断是否存在注入漏洞。例如，对于一个查询用户信息的页面，可以尝试使用 ‘union select 1，2，3 from users——，观察是否能够成功执行注入代码。

（二）XSS 注入测试

跨站脚本攻击（Cross-Site Scripting，XSS）是一种常见的安全漏洞。它利用 Web 应用程序中存在的漏洞，将恶意的脚本代码注入网页中，在用户访问网页时，恶意代码被执行，从而窃取用户的敏感信息或者实施其他恶意行为。

XSS 攻击通常分为以下三种类型。

1. 反射型 XSS

反射型 XSS 是指攻击者将恶意的脚本代码注入 URL 中，然后诱使用户点击该 URL 进行访问，从而使恶意脚本代码被执行。通常，这种攻击方式需要用户的主动参与，如通过发送钓鱼邮件、社交网络信息等方式引诱用户点击链接。

2. 存储型 XSS

存储型 XSS 是指攻击者将恶意的脚本代码提交到 Web 应用程序的服务器端，然后等待其他用户访问该页面时，恶意脚本代码被执行。这种攻击方式通常需要攻击者具有上传文件的权限，如在论坛、留言板等 Web 应用程序中发布恶意信息。

3. DOM-based XSS

DOM-based XSS 是指攻击者利用 Web 应用程序中存在的漏洞，通过修改页面的 DOM 结构，将恶意的脚本代码注入网页中，从而使得恶意脚本代码被执行。这种攻击方式与反射型 XSS 和存储型 XSS 不同，其恶意脚本代码并不经过 Web 应用程序的服务器端，而是在客户端被执行。

XSS 攻击的危害性很大，可以窃取用户的敏感信息、操作用户的账户、篡改网页内容等，XSS 注入测试通常可按照以下思路进行。

（1）输入点测试，通过在 Web 应用程序中输入一些特殊字符，例如‘〈script〉 alert（1）〈/script〉’，测试是否存在反射型 XSS 漏洞。

（2）参数测试，通过修改 Web 应用程序中的参数，如 URL 参数或表单参数，测试是否存在存储型 XSS 漏洞。

（3）DOM 测试，通过修改 Web 应用程序中的 DOM 结构，如修改 HTML 元素的属性或添加新的 HTML 元素，测试是否存在 DOM-based XSS 漏洞。

（4）绕过过滤，通过尝试绕过 Web 应用程序中的输入过滤机制，如使用 URL 编码、十六进制编码或者 HTML 实体编码，测试是否存在 XSS 漏洞。

（5）漏洞库，利用已有的漏洞库，如 XSS Cheat Sheet，测试 Web 应用程序是否存在已知的 XSS 漏洞。

（6）检测工具，使用一些自动化的 XSS 漏洞检测工具，如 OWASP ZAP、Burp Suite 等，快速地发现 Web 应用程序中存在的 XSS 漏洞。

（三）文件上传测试

文件上传漏洞是指 Web 应用程序在文件上传功能的实现过程中，未对上传文件的类型、大小、内容等进行有效的检查和过滤，从而导致攻击者可以上传恶意文件，并在 Web 服务器上执行恶意代码，从而实现远程代码执行等攻击。

文件上传漏洞的原理是，攻击者通过上传恶意文件，例如 Web shell、木马等，使其被 Web 服务器所接受并存储，然后通过访问上传的文件来执行恶意代码，从而达到远程控制、窃取敏感信息等攻击目的。攻击者通常会利用一些技巧，例如修改文件后缀、伪造 MIME 类型、上传超大文件等来绕过服务器的文件类型、大小、内容等检查，从而成功地进行攻击。文件上传测试通常可按照以下思路进行。

1. 检查文件类型

尝试上传不同类型的文件，例如图片、音频、视频、文档等，观察 Web 应用程序是否对上传的文件类型进行了限制，是否可以上传非期望类型的文件。

2. 检查文件大小

尝试上传不同大小的文件，观察 Web 应用程序是否对上传的文件大小进行了限制，是否可以上传超过限制大小的文件。

3. 检查文件内容

尝试上传带有恶意代码的文件，例如包含 PHP 代码的文件、包含 JavaScript 代码的文件等，观察 Web 应用程序是否对上传的文件内容进行了检查和过滤，是否可以上传恶意文件。

4. 绕过限制

尝试绕过 Web 应用程序的文件上传限制，例如修改文件后缀、伪造 MIME 类型、使用压缩包等，观察是否可以成功上传恶意文件。

5. 检查上传路径

查看上传文件的存储路径，是否存储在 Web 应用程序的根目录下或其他可访问的目录中，是否可以通过上传文件来实现任意文件读取和写入等攻击。

6. 检查上传后的响应

上传文件后，查看上传文件的响应是否包含任何有用的信息，例如文件的访问 URL、文件存储路径等，是否可以利用这些信息来进行攻击。

（四）文件包含测试

文件包含漏洞（File Inclusion Vulnerability）是一种常见的安全漏洞，允许攻击者在应用程序中执行恶意代码。文件包含漏洞通常出现在 Web 应用程序中，其原因是 Web 应用程序通常需要动态地加载文件。

文件包含漏洞的基本原理是，应用程序使用用户提供的输入（如 URL 参数或表单数据）来构建文件路径，然后从该路径中加载文件。攻击者可以利用这个漏洞，通过提交恶意的文件路径来加载恶意文件，如包含攻击代码的远程文件或本地文件系统上的敏感文件。

常见的文件包含漏洞包括本地文件包含漏洞（LFI）和远程文件包含漏

洞（RFI）。本地文件包含漏洞是指攻击者可以利用应用程序加载本地文件系统上的文件，如 etc/passwd。远程文件包含漏洞是指攻击者可以通过 URL 参数加载远程文件，例如通过提交包含攻击代码的远程 PHP 文件。文件包含测试通常可按照以下思路进行。

1. 寻找动态文件包含语句

文件包含漏洞通常涉及动态构造文件路径的情况，因此应该检查应用程序代码中使用的动态文件包含语句。例如，在 PHP 中，使用 include（）、require（）、include_ once（）、require_ once（）等函数加载文件时，如果传递给函数的参数是可控的，则可能存在漏洞。挖掘人员应该分析应用程序的代码，查找这些函数的使用情况，特别是那些带有可控参数的函数调用。

2. 测试文件包含参数的边界条件

攻击者通常会尝试使用各种技术来构造恶意的文件路径。因此，挖掘人员应该测试应用程序对文件包含参数的各种边界条件的处理情况，例如参数长度、文件路径包含特殊字符、编码等。攻击者可以利用这些边界条件来尝试绕过应用程序的安全措施，加载恶意文件。

3. 探测应用程序对本地和远程文件包含的支持情况

文件包含漏洞不仅可以利用本地文件系统上的文件，还可以利用远程服务器上的文件。因此，挖掘人员应该探测应用程序对本地和远程文件包含的支持情况。例如，在 PHP 中，可以通过检查 php. ini 配置文件中的 allow_ url_ include 参数来确定是否支持远程文件包含。如果应用程序支持远程文件包含，攻击者可以通过提交包含攻击代码的远程文件来执行攻击。

4. 分析应用程序的错误处理机制

文件包含漏洞可能导致应用程序崩溃或出现错误。挖掘人员可以通过分析应用程序的错误处理机制，确定是否存在对这些错误的敏感信息泄露或其他安全漏洞。例如，在 PHP 中，当文件包含失败时，会返回一个错误信息。攻击者可以利用这些错误信息来获取有关应用程序的敏感信息，如文件路径、数据库连接信息等。

参考文献

向民奇等：《智能网联汽车 CAN 总线信息安全测试方法》，《时代汽车》2021 年第 20 期。

贾先锋等：《网联汽车车载网络通讯的安全分析》，《汽车实用技术》2021 年第 9 期。

郭晓欢等：《智能网联汽车信息安全关键技术探讨》，《时代汽车》2021 年第 16 期。

邹博松等：《智能网联汽车信息安全测试及分析》，《智能网联汽车》2020 年第 6 期。

周媛媛：《车联网信息安全测试技术分析及应用》，《北京汽车》2020 年第 2 期。

刘浩等：《车载终端信息安全测试技术研究》，《安全与电磁兼容》2021 年第 3 期。

杨钱钱：《基于渗透测试与模糊测试的车内网络漏洞挖掘技术研究与实现》，华中科技大学硕士学位论文，2021。

丁文龙等：《车载 CAN 总线及网关渗透测试》，《工业技术创新》2018 年第 6 期。

B.12
车联网网络安全与数据安全合规性测试技术

摘　要： 本报告对车联网网络安全与数据安全合规性测试技术展开讨论，首先介绍车载信息交互系统安全技术要求及试验方法，从车载信息交互系统硬件、通信协议与接口、操作系统、应用软件、数据安全等方面对车载信息交互系统信息安全合规性测试技术进行分析。其次综合考虑车载终端安全、平台间通信安全、车载终端与平台通信安全等，分析对电动汽车远程服务与管理系统的讨论。最后，通过对硬件安全、通信安全、固件安全、数据安全等的介绍，对汽车网关安全合规性测试技术进行分析。

关键词： 合规性测试技术　技术要求　试验方法　信息安全

一　车载信息交互系统

GB/T 40856-2021 车载信息交互系统信息安全技术要求及试验方法，适用于指导整车厂、零部件供应商、软件供应商等企业，开展车载信息交互系统网络安全技术的设计开发、验证与生产等工作。该标准规定了车载信息交互系统硬件、通信协议与接口、操作系统、应用软件、数据的网络安全技术要求与试验方法。

（一）硬件安全

硬件安全试验主要针对整车主机盒中整块主板进行硬件安全相关试验，

一般车机主板会涉及 JTAG 接口、USB 接口、UAART 接口、SPI 接口等调试接口，以及芯片接口，测试人员需要检测是否存在上述调试接口、芯片管脚印丝或是隐蔽后门，如存在后门需要检查是否有访问控制以限制外人访问，其主要目的是避免恶意人员从硬件层面提取固件并逆向篡改程序。

（二）通信协议与接口安全

通信协议安全分为对外通信协议安全、内部通信协议安全和通信接口安全。

对外通信协议安全试验主要针对车载系统与云平台或外部终端通信中，使用抓包方式对整个协议流程进行安全试验：建立通信连接时需要进行身份验证，通信传输中需要对数据进行加密安全传输，通信响应需要对内容进行校验和身份鉴权，在整个通信协议过程中防止黑客模拟请求或中间人攻击。同时对协议自身安全和密钥传输及更新做出限制，保证通信协议的安全性。

对于车外通信协议，主要分成短距离通信、车载蓝牙和车载 WLAN 三个安全测试模块。短距离通信口令应用安全需要人工对口令安全和风险提示进行验证，防止暴力破解等安全风险。蓝牙通信安全主要针对蓝牙配对和传输数据场景下的安全，主要有蓝牙配对安全、蓝牙数据传输安全、蓝牙重放安全、蓝牙后门等测试场景，使用蓝牙适配器及工具进行测试验证。车载 WLAN 通信安全则使用验证其加密认证方式是否安全。

内部通信协议安全试验主要针对车载 CAN 总线协议中传输数据的完整性和可用性，主要测试方法通过对总线报文进行验证检查。

通信接口安全主要针对车载以太网访问权限安全及业务之间的接口路由隔离验证，测试人员主要检查设计文档与实际功能是否合理一致。

（三）操作系统安全

操作系统安全要求主要分为操作系统配置要求、调用控制要求和操作系统要求。

操作系统配置要求主要是针对系统服务器端口、账号及对应访问权限的安全方面进行严格的规定和限制，从而避免黑客非法访问操作系统。

调用控制要求主要是针对应用调用系统相关权限获取、开启和关闭做出要求，如拨打电话、第三方通话、发送短信、发送彩信、发送邮件、移动网络连接、WLAN 网络连接、定位功能、通话录音功能、人机交互功能、用户数据操作功能等。通过人工验证的方式对权限相关调用及提示进行测试验证。

操作系统要求从安全启动、安全更新、系统隔离和安全管理四方面出发进行测试验证。系统安全启动的测试方法主要为检查启动信任根是否可被修改、篡改系统签名后是否可以启动、修改启动代码后是否可以启动，从而保障系统启动时的保密性和完整性。系统安全更新主要对系统更新机制进行限制，如需要有镜像防回退校验功能、安装失败时应急处理功能、更新包的完整性和来源校验功能。测试人员需要使用不同类型的更新包对系统进行更新测试验证。操作系统隔离测试需要测试人员参照设计文档，检查实际操作系统中数据和接口是否进行了合理的隔离。操作系统安全管理要求对系统重要操作的日志记录、储存、访问、上传功能进行核查，对系统漏洞进行检测和对调试接口进行权限管控。对于日志核查和接口权限管理，测试人员可以通过核查文档的方式进行验证，对于系统漏洞检测，测试人员可以使用扫描工具对操作系统进行漏洞扫描并验证。

（四）应用软件安全

应用软件安全主要是针对汽车应用软件静态和动态使用中的安全技术要求，主要分为应用软件基础安全、应用软件代码安全、应用软件访问控制、应用软件运行安全、应用软件通信安全和应用软件日志安全六个方面。

应用软件基础安全，主要对应用基础功能安全进行试验，如三方软件安全、软件漏洞安全、软件数据安全、软件口令安全、软件密钥安全、随机数据使用安全等。

应用软件代码安全，主要从代码角度进行试验，测试人员对软件应用进行解包操作，解包后使用 AS 和插件对代码进行扫描分析，检查代码是否存在代码安全问题、代码漏洞、内存相关问题、签名机制。人工检查应用软件是否使用了混淆或者加壳的安全保护机制。测试人员运行软件检测是否有调试日志输出。

应用软件访问控制，测试人员结合设计文档对应用接口权限进行核验，并且针对输入接口进行模糊输入，检查是否有内容校验和身份校验。

应用软件运行安全，测试人员主要对软件启动、运行和中止流程中的运行安全进行试验。启动时可以尝试修改软件代码进行启动查看是否可以正常运行，运行中针对键盘和接口通讯数据进行安全测试，应用中止后使用工具查看内存是否存在敏感数据。

应用软件通信安全，测试人员针对应用软件通信接口使用抓包工具进行测试，检查通信接口敏感安全、是否有双向认证机制、证书是否合规。

应用软件日志安全，测试人员连接调试工具对应用软件日志进行试验，检查日志记录是否安全存储，是否存在访问控制。

（五）数据安全

数据安全主要是对于数据的采集、存储、传输、销毁功能安全进行试验。测试人员一般通过查询设计文档找到采集规则并验证是否采集，采集开启后找到存储路径检查是否安全存储。对于数据的传输，主要是使用抓包工具检测数据在接口中的完整性、保密性和可用性。当数据销毁后，数据不可恢复。

二　电动汽车远程服务与管理系统

GB/T 40855-2021 电动汽车远程服务与管理系统信息安全技术要求及试验方法，规定了电动汽车远程服务与管理系统网络安全要求及试验方法，适用于纯电动汽车、插电式混合动力电动汽车和燃料电池电动汽车的车载终端、车辆企业平台和公共平台之间的数据通信。

（一）车载终端安全

1. 车载终端硬件安全试验

车载终端硬件不应存在后门或隐蔽接口；调试接口应禁用或设置安全访

问控制。

车载终端硬件指的是安装在汽车内部的电子设备，用于支持车辆相关的功能和服务。它是车载信息系统的组成部分，负责控制和管理车辆的各种功能，如导航系统、多媒体娱乐系统、通信系统、车辆诊断系统等。

当进行设备拆解并观察 PCB 板时，主要目的是检查是否存在可能被滥用或非法使用的隐蔽接口。这些隐蔽接口可能允许对芯片进行未经授权的访问或更改芯片的功能，可能导致安全风险或滥用设备。放大 PCB 板至少 5 倍是为了更仔细地观察 PCB 板上的细节，如电路连接、芯片引脚等，以便发现可能存在的隐蔽接口。

为了检测调试接口的存在并尝试获取调试权限，可以使用专门的测试工具，如 JTAG 调试器、USB 分析器、UART 调试器、SPI 编程器等。这些工具可以帮助用户与这些接口进行通信，并尝试获取访问权限，以评估系统的安全性并检查是否存在潜在的风险。

2. 车载终端固件安全试验

车载终端应具备安全启动的功能，可通过可信根实体对安全启动所使用的可信根进行保护。

车载终端固件安全试验是为了评估车载终端的固件安全性，并发现潜在的漏洞或安全风险。

车载终端固件安全试验涵盖了针对车载终端固件的多个安全试验，包括对可信根存储区域的访问、签名数据的破坏和校验、篡改和替换的防护测试等。这些试验旨在评估车载终端在面对安全攻击和恶意操作时的防御能力和安全性。

3. 车载终端软件系统安全试验

车载终端软件系统应具备判定和授予应用程序对系统资源的访问和操作权限的能力。这意味着软件系统应具备一套权限管理机制，能够判断应用程序对系统资源（如文件、网络、设备等）的访问和操作请求，并根据权限策略进行授权或拒绝。

在进行权限控制时，软件系统应进行可信验证。可信验证是指确保系统所依赖的实体（如应用程序、用户、设备）的身份和可信度的验证过程。通过可信验证，软件系统可以确认应用程序的身份和权限，并根据可信度评估来决定是否授予其对系统资源的访问和操作权限。

可信验证通常涉及使用各种安全技术和机制，如数字证书、加密算法、身份认证、访问控制列表等。这些技术和机制可以确保应用程序的身份是可信的，并限制应用程序对系统资源的访问和操作，以保护系统的安全性和完整性。

总的来说，车载终端软件系统应该具备权限控制和可信验证的能力，以确保应用程序对系统资源的合法访问，并防止未经授权的访问和操作。这样可以增强车载终端系统的安全性和防护能力。

车载终端软件系统安全试验旨在评估车载终端软件系统的安全性和防护能力。通过模拟未授权访问、数据写入和系统镜像破坏等场景，可以发现潜在的安全漏洞和缺陷，并采取相应的措施加以修复和改进，提高车载终端软件系统的安全性和可靠性。

4. 车载终端数据存储安全试验

车载终端数据存储应按照相关标准要求采用适当的密码算法，保障数据的保密性和完整性。同时，应实施严格的访问控制和权限管理，确保安全重要参数仅能被授权的应用程序读取和修改，以提高车载终端的安全性和可靠性。

试验方法如下。

使用软件分析工具读取存储远程服务与管理数据区域内容，可以检测数据是否以密文形式存储。如果数据经过加密处理，读取时应当得到密文而不是明文。

使用非授权的应用程序读取存储远程服务与管理数据区域内容，可以测试数据是否可以被修改。如果非授权的应用程序能够修改数据，可能表示存在安全漏洞。此外，还应检测在修改数据后，车载终端是否仍然能够正常调用该数据，以确保数据的完整性和可用性。

使用非授权的应用程序读取系统数据区域的安全重要参数，可以测试这些参数是否可以被读取或使用。如果非授权的应用程序能够读取或使用安全重要参数，这可能导致潜在的安全问题，如未经授权的访问和操纵关键参数。

通过车载终端数据存储安全试验，可以评估车载终端的数据存储和访问机制的安全性，发现可能存在的漏洞和风险，并采取相应的安全措施加以修复和防范。

5. 车载终端网络端口传输安全试验

在车载终端网络端口传输安全要求中，对数据包的源地址、目的地址、源端口、目的端口和协议进行检查，决定是否允许数据包进出车载终端。这可以通过防火墙或入侵检测系统等网络安全设备来实现。

根据会话状态信息，为进出数据流判定允许或拒绝访问。会话状态信息可以指示该数据流是否属于一个已建立的合法会话，并根据其状态来进行访问控制。

基于应用协议和应用内容对进出网络端口的数据流实现访问控制。这意味着可以根据特定应用的协议规则和内容进行策略配置，以允许或拒绝特定类型的数据流。

关闭非业务相关的网络服务端口，减少攻击面和潜在漏洞。只保留与业务相关的网络服务端口，并对其进行访问控制，限制对这些端口的访问。

对进入车载终端的网络数据进行识别，检测带有攻击行为特征的数据包。识别率应达到不低于95%，以减少恶意攻击对车载终端的影响。

宜采用专用网络或虚拟专用网络通信，与公网进行隔离。这可以提供额外的安全层，减少对车载终端的直接攻击风险。

车载终端应具备更新和扩展安全规则的能力。这样可以随时应对新的安全威胁和漏洞，确保车载终端的网络端口传输始终保持安全。

通过车载终端网络端口传输安全试验，车载终端可以实现网络端口传输的安全控制和保护，降低网络攻击的风险，并保障车载系统的稳定和安全运行。

6. 车载终端远程升级功能安全试验

车载终端要具备远程升级功能，则应具备升级包校验机制，校验升级包的完整性以及来源的真实性。

车载终端应具备完整性的校验机制，在升级过程中，使用软件调试工具破坏升级包的任意内容，将被破坏的升级包下载到车载终端指定区域，并下发升级包升级指令，检测车载终端加载升级包时是否进行完整性校验，以确保升级包的完整性。将非授权签名的升级包下载到车载终端指定区域，并下发升级包升级指令，检测车载终端加载升级包时是否进行授权校验。

7. 车载终端日志功能安全试验

在车载终端日志功能安全要求中，车载终端应记录发生在远程服务过程中的安全相关事件，例如检测到的网络攻击行为等。这些事件日志可以提供对车载终端安全性的监控和审计。每个网络安全事件日志记录应包括日期、时间（精确到秒）、车辆唯一识别码以及事件类型等关键信息。这些信息可用于确定事件发生的时间、车辆身份和事件类型等。存储的安全事件日志应确保完整性，即在记录过程中数据不能丢失、篡改或损坏，以保证日志的准确性和可靠性。网络安全事件日志的保密性要求将其内容保护起来，确保只有授权的人员能够访问和查看日志信息。这有助于防止未经授权的访问和信息泄露。

车载终端的网络安全事件日志只允许经过授权的应用程序以授权方式进行读取。这样可以限制对日志的访问权限，确保只有合法的应用程序能够读取和利用日志信息。

车载终端应具备安全事件日志的上传机制，通过安全的通信协议将日志信息发送到企业平台或其他安全的存储设施。这有助于集中管理和监控车载终端的安全事件，并支持进一步的分析和响应。

针对车载终端的安全事件日志记录规则，需要进行一系列的核查和测试，以确保车载终端日志功能的完整性、保密性和可靠性。这些措施有助于保护车载终端的安全，并提供必要的日志信息用于安全审计和监控。

8. 车载终端系统安全试验

确保车载终端不存在由权威漏洞平台 6 个月前公布且未经处置的高危及以上的安全漏洞非常重要。在车载终端的安全维护过程中，厂商应密切关注权威漏洞平台的公告，并及时采取行动来消除漏洞或制定减缓措施。

使用漏洞扫描工具对车载终端进行漏洞检测，检测是否存在权威漏洞平台6个月前公布的高危及以上的安全漏洞。这个步骤旨在评估车载终端的安全性，并发现可能存在的安全漏洞。漏洞扫描工具会主动探测车载终端的系统和应用程序，以识别已知的漏洞。

若存在高危及以上的安全漏洞，进一步检查厂商是否提供了该漏洞的处置方案。厂商应该及时响应漏洞报告，并提供相应的补丁程序或更新版本来修复漏洞。这个步骤的目的是确认车载终端的厂商是否已经采取了必要的措施来解决发现的安全漏洞，并及时提供修复措施给用户。

（二）平台间通信安全

1. 认证机制核查

核查平台间通信接入是否具有认证机制需要对具体的系统和网络架构进行检查。常见的认证机制有双向身份认证、访问令牌认证、API 密钥认证、基于用户名和口令的身份认证、单点登录等。

（1） 双向身份认证

平台间通信可能采用双向身份认证，即通信双方在建立连接时相互验证对方的身份。这可以通过证书实现，每个平台都有自己的数字证书用于验证其身份的真实性。

（2） 访问令牌认证

通信接入可以要求平台间使用访问令牌进行认证。每个平台都需要提供有效的令牌才能建立连接和进行通信。

（3） API 密钥认证

平台间通信可能使用 API 密钥进行认证。每个平台都有唯一的密钥用于身份验证，并且在通信过程中使用该密钥进行认证。

（4） 基于用户名和口令的身份认证

平台间通信可以采用基于用户名和口令的身份认证机制。每个平台都有自己的用户名和口令，需要正确提供这些凭据才能进行认证和连接。

（5） 单点登录（Single Sign-On，SSO）

平台间通信可能使用单点登录机制，其中一个平台（通常是认证中心）

验证用户身份并颁发令牌，其他平台可以使用该令牌进行认证和访问。

在进行核查时，需要仔细检查平台间通信的配置和设置，确认是否使用了适当的认证机制，并验证认证机制的有效性和安全性。这可以包括检查网络配置、身份验证配置、证书和令牌的使用等。

2. 通信保密性传输试验

通信保密性传输试验是一种用于验证通信系统在传输过程中是否能够确保数据的保密性。通信保密性传输试验的意义与目的是评估通信系统在数据传输过程中的保密性能力，以确保敏感信息在传输过程中不被未经授权的人员获取或窃取。

通过试验，可以验证通信系统是否能够有效地确保数据的保密性，防止数据被拦截、窃取或篡改。通过监听网络传输数据并分析数据包，可以识别通信系统中存在的安全漏洞或弱点，以便进行及时修复和改进。确保数据的保密性对于维护组织或用户的隐私和敏感信息至关重要。通过试验，可以提升数据的安全性，减少数据泄露和网络安全风险。

总的来说，通信保密性传输试验的意义是为了评估和确保通信系统在数据传输过程中的保密性，减少数据泄露和网络安全风险，提升组织和用户的数据安全性。

3. 通信完整性传输试验

对车载终端上报的数据进行破坏后，检测企业平台与公共平台之间传输是否失败意味着评估通信系统在数据完整性受损的情况下的传输处理能力。通信完整性传输试验的意义与目的是评估通信系统在数据传输过程中的完整性保护能力，以确保数据在传输过程中不被篡改、损坏或丢失。

通过试验，可以验证通信系统是否能够保证数据在传输过程中的完整性，即数据在传输过程中没有被篡改、损坏或丢失。通过监听网络传输数据并分析数据包，可以识别通信系统中存在的安全漏洞、异常行为或未经授权的篡改尝试。

通过对传输是否失败进行检测，可以评估通信系统对数据完整性的保护能力。如果数据被破坏后的传输失败，表明通信系统具备一定的数据完整性保护机制，可以防止篡改或损坏的数据进入企业平台或公共平台。

4. 网络端口冗余及非授权访问试验

网络端口冗余试验旨在识别企业平台上存在的非业务所需的冗余网络端口。这些冗余端口增加了攻击面和潜在的安全漏洞，使系统更容易受到攻击。通过试验发现这些冗余端口，可以及时采取措施来关闭或限制它们的访问，从而减少潜在的攻击面和安全风险。

非授权访问试验是模拟潜在攻击者的行为，尝试利用开放的网络端口建立非授权访问连接。通过进行这种试验，可以评估当前的网络安全措施对于防止非授权访问的有效性。如果试验发现存在可建立非授权访问连接的开放端口，这意味着安全措施需要改进，以确保只有经过授权的用户和系统可以访问这些端口。

通过网络端口冗余及非授权访问试验，可以发现和解决企业平台上的安全漏洞和风险。及时关闭冗余端口和修补安全漏洞可以减少潜在攻击者的入口，提高系统的安全性。这种试验有助于识别和强化系统的弱点，加固安全措施，防止未经授权的访问和潜在的攻击事件。

网络端口冗余及非授权访问试验的意义在于发现并解决企业平台上存在的安全风险和漏洞，评估当前安全措施的有效性，并提高系统的整体安全性。这些试验是保障系统和数据安全的重要步骤，可以减少潜在攻击面，防止未经授权的访问，保护关键信息的保密性和完整性。

5. 协议版本核查

协议版本核查的意义与目的在于确保系统和网络通信所使用的协议版本符合安全标准和最佳实践，以提供更高的安全性和保护用户数据的保密性。协议版本核查在于确保系统和网络通信所使用的协议版本符合安全要求、提供强制加密、保证互操作性，并满足合规性要求。通过核查协议版本，可以提高系统的安全性，确保数据的保密性，并保证系统与其他设备或服务的兼容性和稳定性。

TLS 1.2 是当前被广泛接受和使用的安全协议版本，相较于较旧的版本

（如 TLS 1.1、TLS 1.0、SSL 3.0 和 SSL 2.0），TLS 1.2 提供更高级的加密算法和安全功能。通过核查安全通信协议版本，可以确保系统采用了较新、更安全的协议版本，从而降低遭受安全漏洞和攻击的风险。

降级攻击是指攻击者通过操纵通信过程，迫使通信双方降级到较旧、较不安全的协议版本，从而利用该版本中已知的安全漏洞进行攻击。核查协议是否允许降级可以防止降级攻击的发生，确保系统始终使用较高版本的安全协议进行通信。

一些较旧的系统或设备可能不支持 TLS 1.2 或更高版本的协议。通过核查协议版本是否允许降级，可以确保系统在与这些不支持较新协议的设备或系统进行通信时能够保持兼容性。然而，应该注意的是，降级应仅在必要情况下允许，并且需要严格控制和审慎使用，以确保通信的安全性。

6. 协议功能核查

核查安全通信协议是否禁用 TLS 会话重协商和 TLS 压缩功能的意义是确保协议在安全性方面的最佳实践和防护措施。

TLS 会话重协商是指在已建立的 TLS 连接中重新协商加密参数和密钥，通常用于支持会话的扩展或重新协商更安全的加密算法。然而，会话重协商可能存在一些安全风险，如可能导致加密参数的降级或握手过程中的攻击。因此，禁用会话重协商可以提高协议的安全性，确保在整个通信过程中使用的加密参数和密钥保持一致和安全。

TLS 压缩功能允许在传输数据之前对数据进行压缩，以减少数据传输的大小和传输时间。然而，压缩过程可能导致安全漏洞，如 CRIME 攻击，其中通过对压缩的数据进行恶意修改和监视，攻击者可以泄露敏感信息。因此，禁用 TLS 压缩功能可以防止此类攻击，确保数据在传输过程中的完整性和保密性。

通过禁用 TLS 会话重协商和 TLS 压缩功能，可以提高协议的安全性，并减少因这些功能可能带来的安全风险和攻击。这样可以确保通信过程中的加密参数和密钥的安全性，并保护数据的完整性和保密性，从而有效防止潜在的安全威胁和攻击对系统和数据的危害。

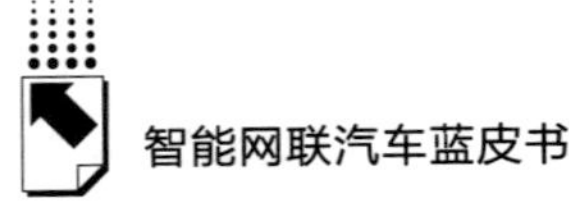

7. 安全算法核查

安全算法核查的目的与意义在于确保所选算法的安全性和适用性，提供强大的数据保护和安全通信能力，抵御各种攻击，满足合规性要求，保障系统和用户的安全。

安全算法选择的要求旨在确保安全通信协议的算法选择具有足够的强度和安全性，以防止针对密钥破解和密码分析等攻击。同时，对证书的更新和撤销机制以及密钥的更新机制的要求，有助于确保密钥和证书的安全性和有效性。这样可以增强通信的保密性和身份认证的安全性，防止信息泄露和未经授权的访问。

（三）车载终端与平台通信安全

1. 车载终端与平台通信安全核查

车载终端与平台通信安全核查包括协议版本核查、协议功能核查和安全算法核查。这些核查的目的是确保通信过程中使用的协议和算法符合安全要求，以保护数据的保密性、完整性和身份认证。

核查车载终端与平台之间通信所使用的协议版本是否符合安全要求。要求使用 TLS 1.2 或更高版本的协议，以确保通信通道的安全性和保密性。禁止使用较旧的、存在已知安全漏洞的协议版本，如 TLS 1.1、TLS 1.0、SSL 3.0 和 SSL 2.0，以防止潜在的攻击。

核查通信协议中的安全功能是否正确配置和启用。这包括禁用 TLS 会话重协商和 TLS 压缩功能，以防止会话安全性降级和信息泄露的风险。

核查所使用的安全算法是否符合安全标准和最佳实践。这涉及非对称密钥算法和对称密钥算法的选择和配置。对于基于非对称密钥的身份认证机制，应选择安全性较高的算法，如 SM2 和 RSA，并确保密钥长度不低于 2048 位或同级别。对于基于对称密钥的身份认证机制，应使用强大的对称加密算法，如 SM4 和 AES，并确保密钥长度不低于 128 位或同级别。同时，还要确保相应的证书更新和撤销机制，以及密钥更新机制，以确保密钥的安全性。

通过协议版本核查、协议功能核查和安全算法核查，可以确保车载终端与平台之间的通信安全性，保护数据的保密性和完整性，并防止未经授权的访问和攻击。这些核查是保障车载终端通信安全的重要措施。

2. 车载终端与平台通信传输协议试验

车载终端与平台通信传输协议试验的意义与目的在于确保通信的安全性、防止协议降级攻击、验证协议功能完整性，并遵守行业标准和规范，从而提高车载系统的整体安全性和可靠性。

通过进行协议试验，可以验证车载终端与平台之间的通信传输协议是否满足安全性要求。安全性是确保通信过程中的数据保密性、完整性和可用性的关键方面。通过测试协议的安全性，可以识别潜在的漏洞和弱点，从而采取相应的措施来提高通信的安全性。

进行协议试验有助于确保车载终端与平台之间的通信传输协议符合行业标准和规范。行业标准和规范通常定义了安全性要求、加密算法、协议版本等方面的规定。通过测试协议是否符合这些标准和规范，可以保证通信的合规性和互操作性。

3. 车载终端与平台通信双向身份认证试验

车载终端与平台通信双向身份认证试验的意义与目的在于确保通信的安全性、防止中间人攻击、遵守隐私和数据保护法规，并增强系统的可信度。

通过双向身份认证试验，可以确保车载终端与平台之间的通信是安全的。双向身份认证要求车载终端和平台相互验证对方的身份，确保双方都是合法的通信对象。这样可以防止恶意主体伪造身份并进行未经授权的通信，提高通信的安全性。通过双向验证，车载终端和平台能够建立起互相信任的关系，确保只有合法和受信任的终端能够与平台进行通信。这有助于防止未经授权的设备接入系统，提高系统的整体可信度和安全性。

进行双向身份认证试验有助于车载终端与平台在通信过程中遵守隐私和数据保护法规。双向身份认证确保通信双方的身份得到确认，减少了未经授权的访问和数据泄露的风险。这对于涉及敏感数据的车载系统而言尤其重要，能够确保用户隐私的保护和数据的保密性。

通过分析捕获的数据报文，检测通信双方是否采用了交换证书流量特征或安全认证心跳包流量特征等双向认证方式，可以进一步验证车载终端与平台之间的通信是否进行了双向身份认证。这有助于确保通信的安全性和可靠性，并验证双方是否具备相应的安全认证机制。

4. 车载终端与平台通信数据加密性试验

车载终端与平台之间的通信可能涉及敏感信息，例如车辆位置、用户身份等。通过进行数据加密性试验，可以验证通信数据是否得到适当的保护，防止未经授权的访问者获取敏感信息。

数据加密性试验还可以验证通信数据是否受到篡改的保护。加密可以防止恶意攻击者对数据进行篡改或中间人攻击，确保通信数据的完整性。进行数据加密性试验可以验证车载终端与平台之间的通信是否符合相关的安全标准和法规要求。这对于满足数据隐私保护、网络安全等方面的要求具有重要意义。

通过验证通信数据的加密性，可以建立用户对车载终端与平台之间通信的信任。用户可以确信其敏感数据在传输过程中得到了妥善的保护，增强了对车载终端系统的可靠性。

总之，车载终端与平台通信数据的加密性试验旨在验证通信数据的保密性和完整性，以保护敏感信息、防止数据篡改，并遵守相关的安全标准与法规。这有助于确保通信的安全性，提高用户对车载终端系统的信任度。

5. 车载终端与平台通信数据完整性试验

数据完整性是指在数据传输过程中，数据没有被篡改、损坏或丢失。通过进行通信数据完整性试验，可以验证车载终端与平台之间传输的数据在传输过程中是否完整保持原样，是否存在数据篡改或损坏的情况。

数据完整性试验是验证数据的可信性的一种手段，是保护数据安全的重要环节。通过确保数据的完整性，可以确保数据的真实性和可靠性，避免因数据篡改或损坏而引发的安全风险和信息错误。通过验证数据的完整性，可以检测和防止恶意攻击者对数据进行篡改或损坏，提高数据传输的安全性，防止敏感信息被泄露或被恶意篡改。

三 汽车网关

GB/T 40857-2021 汽车网关信息安全技术要求及试验方法，规定了汽车网关产品硬件、通信、固件、数据的安全技术要求及试验方法。适用于汽车网关产品网络安全的设计与实现，也可用于产品测试、评估和管理。该标准主要针对 CAN 网关、以太网网关或混合网关。

（一）硬件安全

网关硬件不应存在在后门或隐蔽接口，一般需要拆解被测样件设备外壳，取出 PCB 板，检查 PCB 板硬件是否存在后门或隐蔽接口。

网关的调试接口应禁用或设置安全访问控制，检查是否有存在暴露在 PCB 板上的 JTAG、USB、UART、SPI 等调试接口，如存在则使用试验工具尝试获取调试权限。

（二）通信安全

1. CAN 网关通信安全要求

访问控制检测，网关应在各路 CAN 网络间建立通信矩阵，并建立基于 CAN 数据帧标识符（CANID）的访问控制策略，检查应在列表指定的目的端口检测接收到源端口发送的数据帧；应对不符合定义的数据帧进行丢弃或者记录日志。

拒绝服务攻击检测，网关应对车辆对外通信接口的 CAN 通道（如连接 OBD-II 端口的通道和连接车载信息交互系统的通道）进行 CAN 总线 DoS 攻击检测。网关应具备基于 CAN 总线接口负载的 DoS 攻击检测功能，宜具备基于某个或多个 CANID 数据帧周期的 DoS 攻击检测功能。当网关检测到某一路或多路 CAN 通道存在 DoS 攻击时，网关未受攻击的 CAN 通道的通信功能和预先设定的性能不应受影响，网关对检测到的攻击数据帧进行丢弃或者记录日志。

数据帧健康检测，网关宜根据通信矩阵中的信号定义，对数据帧进行检查，检查内容包括 DLC 字段、信号值有效性等。

数据帧异常检测，网关宜具有数据帧异常检测功能，即检查和记录数据帧之间发送与接收关系的机制，对检测到异常的数据帧进行丢弃或者记录日志。网关检测到一定时间内数据帧的发送频率与预定义的频率差距较大，或相邻时间同一数据帧的信号值内容冲突或者不正常跳跃时，对数据帧进行丢弃或者记录日志。

UDS 会话检测，网关应检查 UDS 会话发起的 CAN 通道是否正常，对非正常通道发起的会话进行拦截或者记录日志。正常通道通常包括连接 OBD-II 端口的通道和连接车载信息交互系统的通道。

2. 以太网网关安全要求

网络分域，用 VLAN 分隔车载网络内的不同域，对不符合网络分域的数据包进行丢弃。

访问控制，网关应配置访问控制列表（ACL），访问控制列表中的主要访问控制要素应包括源 IP 地址、目的 IP 地址、协议类型（如 TCP、UDP、ICMP 等）、协议源端口、协议目的端口，也可以包括物理端口、通信方向（输入或输出）、源 MAC 地址、目的 MAC 地址等。访问控制列表应遵循默认拒绝原则，即丢弃所有不符合条件的数据包。访问控制列表应遵循最小化授权原则，即只授予必要的权限。

拒绝服务攻击，网关应对车辆对外通信的以太网通道进行以太网 DoS 攻击检测。支持 ICMP 协议、TCP 协议和 UDP 协议的网关，检测的 DoS 攻击类型，应分别至少包括 ICMP 泛洪攻击、TCP 泛洪攻击和 UDP 泛洪攻击。当网关检测到以太网 DoS 攻击时，应确保自身正常的功能和预先设定的性能不受影响，并对检测到的攻击数据包进行丢弃或者记录日志。

协议状态检测，网关宜具有对部分或全部的 TCP/IP 会话流进行状态检查的功能。检查项包括 TCP 握手状态、数据包长度、包序列和 TCP 会话关闭状态等。对检测到的攻击数据包进行丢弃或者记录日志。

3. 混合网关

对于混合网关，CAN 通信和以太网通信安全要求分别按照 CAN 网关和以太网网关要求实施测试。

（三）固件安全

网关应具备安全启动功能，可通过可信根实体对安全启动所使用的可信根进行保护，网关的可信根、Bootloader 程序及系统固件不应被篡改，或被篡改后网关无法正常。

网关具有安全日志，当网关探测到不符合通信、网关发生软件配置变更、网关软件完整性校验失败等各类事件时，应对相关信息进行记录；网关的安全日志中，应至少包括触发日志的事件发生时间（绝对时间或相对时间）、事件类型和车辆唯一标识码；网关应对安全日志进行安全存储，防止非物理破坏攻击情况下日志记录的损毁，同时防止未授权的添加、访问、修改和删除，安全日志记录存储的位置可在网关内、其他 ECU 内或云端服务器内；网关的安全日志中，不应包含任何形式的个人信息。

网关不应存在权威漏洞平台 6 个月前公布且未经处置的高危及以上的安全漏洞。一般使用商用的漏洞扫描工具且更新到最新版本对网关进行漏洞扫描。

（四）数据安全

网关中的安全重要参数应以安全的方式存储和处理，防止未经授权的访问、修改、删除和检索。网关内的安全区域或安全模块不被未经授权的破解、读取和写入。可通过使用提供适当授权程序的安全区域、安全模块或等效安全技术来实现。

技 术 篇

B.13 汽车安全运营中心 VSOC 技术演进与实践

摘 要： 本报告介绍了汽车安全运营中心 VSOC 的发展背景，分析了当下以色列、德国、美国等国家 VSOC 的发展情况，并结合国内 VSOC 发展现状，对汽车安全运营中心 VSOC 的架构体系进行分析。目前 VSOC 技术还处于快速发展阶段，安全事件自动化聚合技术、自动化漏洞验证平台、通用化的安全基础平台等还有待完善。

关键词： 汽车安全运营中心　VSOC 技术　架构体系

一　汽车安全运营中心 VSOC 发展背景介绍

汽车安全运营中心（Vehicle Security Operation Center，VSOC）重点在应对日益严峻的汽车网络安全威胁及其所造成的后果。

VSOC 概念源自 IT 行业的安全运营中心（SOC 或 I-SOC），最初是为了降低信息资产遭受网络攻击的程度及带来的灾难性后果，为高质量的网络安全活动提供支持。VSOC 在 SOC 的基础上强调汽车信息资产的独特性，在管理信息资产安全（软硬件）的基础上突出用户使用过程的安全。

汽车安全运营与 IT 系统安全运营存在以下显著的差异。

（一）生命周期不同

汽车安全运营需要对车辆从需求定义到开发、集成、测试、生产、销售、使用、过户、退役全过程提供安全保障，汽车产品平均 12~15 年的使用寿命，远远长于 IT 资产平均 5 年的使用周期。这对汽车安全运营平台的可靠性、可迁移性、可扩展性提出了更高的要求。

（二）资产数量不同

一方面，每一个车型包含的控制器数量多达上百个，并且每年都会升级换代，这使得安全运营中心需要维护一个非常庞大的软硬件 BOM 表和状态表，并且与每一辆车关联；另一方面，汽车的数量决定了安全运营的终端数量，而头部汽车企业每年可达数百万辆。对于数量如此庞大的汽车终端进行安全事件收集、分析、升级，对汽车安全运营平台的性能和管理技术提出了极大的挑战。

（三）技术生态不同

汽车的电子电气系统与 IT 系统在技术领域存在很大的差异。汽车大量采用的嵌入式系统，具有独特的硬件和软件生态。例如，汽车控制器可能会采用实时操作系统，而这在 IT 系统并不常见。再如，汽车安全与控制器芯片的安全机制紧密相关，需要正确配置使用，而在 IT 系统中已经被层层封装起来，一般感觉不到。并且，每种车型的电子电气构架都不相同，车企和车企之间差别更加明显。这样对汽车网络安全团队的知识体系要求是与传统 IT 安全运营团队完全不同的，体现在实践中 IT SOC 的运营团队很难直接平移至 VSOC。

（四）攻击向量不同

大部分的网络攻击为以钓鱼邮件、勒索病毒、拒绝服务为主，是针对数据的可用性，对服务器的攻击；而汽车网络完全不同于 IT 设施的多种攻击面（如 OBD 诊断端口、射频、蓝牙、WLAN 等），使得汽车安全运营不仅要保证云端系统的安全，更要加强对车端系统的防护。

（五）威胁情报来源不同

威胁情报是为安全运营提供大量关于已知的攻击脆弱点的缓解措施，是消除网络安全威胁的有效手段。IT 行业的安全起步较早，有较为成熟的社区，可分享相关的信息；而汽车行业的安全起步相对较晚，专门面向汽车行业漏洞的平台较少，目前有 Auto-ISAC 和国内的 CAVD。另外，由于汽车软硬件平台分散，其收录的漏洞与具体车型及控制器的关联性还有待提升。

（六）态势感知不同

IT 安全运营中心拥有极强的大数据处理能力，传输、存储和处理大量数据的成本较低；而汽车安全运营中心的态势感知数据主要来自车端的“安全探针”，一方面，车端安全探针面临着有限的计算性能、存储空间和传输带宽；另一方面，车端探针面对的是不同于 IT 设施的安全事件类型，如 CAN 总线的异常报文。

（七）事件响应不同

IT 安全运营中，通过安全补丁方式，可以快速有计划的修补安全漏洞。汽车场景中，第一，OTA 升级需要向工信部备案，故一般不会频繁进行 OTA 升级；第二，考虑到车辆的数量，为了升级包分发负载的均衡，要分批次进行更新；第三，汽车售出后，汽车资产属于车主，车主能自主决定是否升级。此外，车辆的不同状态可能会需要不同的升级策略，如在产线上的、待销售的或者已销售的。

车企建设 VSOC 是有加强安全管理的切实需求的。数据显示，在过去 5 年，全球汽车行业因网络攻击而遭受的损失超过 5000 亿美元，而近 70%的汽车安全威胁都是由远距离的网络攻击行为引发。从攻击对象来看，虽然云端应用服务安全依旧是主要的攻击对象（约占 1/3），无钥匙进入系统和车载信息娱乐系统也逐渐成为攻击对象，而对汽车 API 的攻击呈现出了快速增长的趋势，值得关注。

车企建设 VSOC 也是响应法规和标准的要求。在监管方面，WP29 R199 和正在制定的整车安全技术要求国家标准，促使汽车企业为了满足合规要求而开展 VSOC 建设。以《汽车整车信息安全技术要求（征求意见稿）》为例，车企应：①建立车辆全生命周期的汽车安全管理体系；②涵盖必要的流程，以确保充分考虑安全风险；③建立企业内部管理安全的流程；④建立识别、评估、分类、处置车辆安全风险及核实已识别风险得到适当处置的流程，并确保车辆风险评估保持最新状态；⑤建立用于车辆安全测试的流程；⑥建立针对车辆的网络攻击、网络威胁和漏洞的监测、响应及上报流程；⑦建立管理企业与合同供应商、服务提供商、车辆生产企业子组织之间安全依赖关系的流程。

二　VSOC 发展情况

（一）国内外 VSOC 主要企业

1. Argus（以色列）

Argus 提供汽车整体网络安全解决方案，保证互联车辆的设计和维护具有安全性、隐私性，涉及从安全概念、嵌入式软件到渗透测试和分析工具。Argus 车辆安全运营中心整合了技术、流程、行动手册和专家团队等要素，其特点如下。

（1）领域专业知识，在汽车专用网络安全研发方面的团队拥有数十年经验。

（2）数据融合，任何车辆相关端点的数据收集和标准化。

（3）高级威胁搜寻，机器学习算法与用例工程相结合，用于检测和响应。

（4）事件响应，所有服务级别，确保原因分析、快速遏制、回滚和恢复等。

（5）合规，VSOC 技术和工艺符合新标准和法规的要求。

2. ETAS（德国）

ETAS 是 BOSH 的全资子公司，汽车行业的整体网络安全解决方案由 ESCRYPT 品牌提供。

ESCRYPT Vehicle Security Operations Center（VSOC）根据车队的需求，整合来自车队和车辆后台系统的事件来源信息，为客户量身定制车辆安全运营中心托管式安全服务。ESCRYPT 的 V-SOC 采用开源架构并将所有传感器集成在车辆中，这些传感器提供用于网络安全监控的信息。

威胁情报功能根据专用工具和 ESCRYPT Automotive Security Analysts 所实施的新实际攻击模式，不断获取和编译知识。专用工具 ESCRYPT Automotive Security Forensic Experts 负责事件响应流程和安全分析。此外，ESCRYPT 还与知名 IT 安全服务提供商合作，提供专门的威胁情报服务。采取一站式解决方案完成入侵检测和防护。

3. Upstream（美国）

Upstream 汽车专用车辆安全运营中心（VSOC）解决了针对 OT 网络（如联网车辆及其组件或服务）的网络攻击的复杂性。

利用上游的托管 VSOC 服务以及专门构建的方法，提供以下服务。

（1）专注汽车，通过高级检测、调查和响应来消除威胁。

（2）网络安全专业知识，访问针对汽车威胁媒介问题拥有全球视野的团队。

（3）快速实现安全，采用久经考验的方法，提供 VSOC 定制方案，依托于多家 OEM 的经验取得成功。

（4）BOT 模型消除锁定效应，采用建设—运营—移交（BOT）模式确保顺利交接。

（5）合规且安全，拥有基于角色的访问控制权限的先进设施。

Upstream 的技术允许 VSOC 将单个车辆的情况置于可理解的场景中，甚至可以分辨特定事件是仅发生在某地区还是全球。平台可以与现有的 IT 系统协同，识别针对联网车辆需求的独特攻击。

4. Garrett（美国）

盖瑞特网络安全解决方案帮助汽车制造商保护所生产的车辆免受网络攻击，同时满足 UNECE R155 法规的要求。

为安全运营中心（SOC）、安全事件和事件管理（SIEM）提供分析和取证工具，以了解触发车载警报的根本原因，为 OEM 和车队运营商节省时间和成本。

（1）安全运营中心安全事件管理功能：①日志读取、解析、关联；②识别严重级别、优先级排序、事件升级；③车辆异常信号原因分析模块；④以规则为主、机器学习为辅。

（2）特点：①高级分析，对来自数百万辆车的事件进行汇总、关联、分类和优先排序，减轻人工负担。②数据储备，随着时间的推移，从外部资源和车队事件学习循环中获得更多信息，实现更高的自动化。③灵活部署，在 Garrett 云端或客户场所，解决方案可以适应各类应用环境。④先进算法，提供报告事件的历史记录，并确定事件的性质是黑客攻击还是系统缺陷。⑤定制化，仪表盘、管理和报告工具。

5. 德勤（英国）

德勤 VSOC 车辆安全运营中心解决方案将为车辆提供从端到端的安全保障，包括威胁监控、威胁情报集成分析、安全事件分析（SIEM）、漏洞管理、安全事件响应等。其核心是为了提高相关企业预防、检测和进行快速响应的能力，消除安全事件带来的威胁，以减小对车辆、组织和品牌声誉的损害程度。德勤的 VSOC 解决方案有如下特点。

（1）集中式显示，直观、全面实时地监控车辆安全威胁。

（2）统一的分析平台结合内外部威胁情报、AI 和机器学习功能，将车辆安全监控和分析的效率提升到新的水平。

（3）具有灵活性和可扩展性，为任何新的安全技术趋势和工具做好准备。

（4）基于大数据的关联分析，能够快速准确地识别车辆安全事件。

安全运营中心服务（SOC/VSOC）是德勤中国与亚马逊云科技在安全领域开展的项目合作，提供7×24安全事件监控、自动化响应安全事件管理与取证服务；安全态势可视化；威胁情报；威胁主动检测；漏洞管理托管等服务。

（二）VSOC国内情况

1. 360

360 Sky-G0安全运营方案。通过在车端、云端部署探针，完成安全数据采集工作，并完成基础安全分析工作。探针将数据上传至安全监测运营中心，进行深度、全面地分析，发现漏洞，实现自动化响应和处置。安全人员通过车端和云端安全数据，掌握总体态势，按流程有序处理安全事件，最终保障车辆在运营阶段的安全。

2. 奇安信

车联网安全态势感知平台通过数据采集、挖掘、分析等手段，在融合各种网络安全要素的基础上评估网络安全态势，并在一定条件下对网络安全态势进行预测。实现从“被动防御”到“主动防御”的进阶，为安全管理者提供风险评估和应急响应的决策支撑，为安全运营人员提供威胁发现、调查分析及响应处置的安全运营工具。

3. 云驰未来

云驰未来专注于向自动驾驶和智能网联汽车提供安全产品。基于海量数据构建威胁模型，实现从采集、分析、预警到处置的全流程风险管控，实时保障车辆行驶安全。可以配套提供汽车网络安全态势感知监控系统产品及解决方案，或定制企业级解决方案和开发服务，实现汽车网络安全可见、可管、可控、可信。集合运维服务，为响应国家、行业和企业等汽车网络安全要求，对汽车网络异常、攻击事件等监控数据进行分析，制定应急响应方案和处置策略，更新网络安全策略，提升汽车整车网络系统的防护能力。

4. 为辰信安

deCORE VSOC 以入侵检测防御系统 deCORE IDPS 提供的整车网络防火墙、网络入侵检测和防御、安全日志等安全功能为基础，提供汽车网络威胁感知、安全分析、态势呈现、应急响应和处置、安全监控等功能。deCORE VSOC 集大数据分析技术、可视化技术、威胁情报技术于一体，为用户构建新型智能汽车网络安全态势感知平台，具备“态势感知、通报预警、情报共享、联动响应”能力，实现安全态势“可见、可管、可控、可信”。

5. 木卫四科技

木卫四科技提供高效的汽车安全解决方案，为全球智能汽车、自动驾驶和高级驾驶辅助系统的领先公司提供网络安全支持。S3 VSOC 使用高效的非侵入式技术来提升对汽车网络中新型威胁的检测和防御能力。基于云原生和微服务的架构，不用在车端安装软件，可以与现有的车联网快速整合，提升集成效率。

6. 德赛西威

德赛西威深度聚焦智能座舱、智能驾驶和网联服务三大领域的高效融合，持续开发高度集成的智能硬件和领先的软件算法，为全球客户提供安全、舒适、高效的移动出行整体解决方案和服务。在汽车安全方面构建了 PKI 系统、数据加密、入侵检测 IDPS、终端安全、渗透测试等多个层级的安全方案，从云、管、端三大通道为用户提供全方位的安全保护。同时具备了风险管理、安全运维管理、安全事件管理、安全流程管理四大安全管理能力。在行业内率先获得国家公安部等级保护三级认证资格。IDS&IDPS 等产品可以助力车厂满足国家相关安全法律法规要求。

7. 百度

Apollo 汽车安全引擎，基于海量数据构建威胁模型，实现从采集到分析、预警、处置的全流程风险管控，实时保障车辆行驶安全。Apollo 安全业务运营6年来，累计发现安全事件40万余次，高危事件总量1.8万次，拦截攻击总量13万次。目前车载安全防护方案，已覆盖8个汽车品牌、62个车型，搭载量超过150万辆。以Apollo安全引擎在吉利VSOC项目中的应用为例，吉利汽车VSOC包括车载网络安全监控组件和态势感知系统/平台。该系统/平台将收集和处理车辆网络安全相关信息，如车载网络信息、车辆基础设施信息（如移动应用、云服务、OT网络），以及各种外部和内部的汽车网络安全相关信息。

8. 江苏智能网联创新中心

江苏智能网联汽车创新中心提供以汽车漏洞优先级分析为核心的VSOC解决方案。基于多渠道漏洞收集和POC验证技术，帮助汽车企业解决海量漏洞修复工作中的有效性和优先级问题。VSOC主要包括汽车安全事件管理系统、汽车资产管理系统、汽车漏洞管理系统、汽车漏洞优先级分析等。汽车安全事件管理系统具备入侵检测事件收集、负载均衡、存储、管理等功能。汽车资产管理系统能实现对各车型的软硬件BOM进行分级管理。

9. 擎天信安

擎天汽车网络安全运营平台以数据挖掘、人工智能、知识图谱和关联分析等技术手段，对主机厂资产进行精细管理及全方位实时监控，支持实时检测车端脆弱性情况、风险威胁、攻击事件、流量使用情况和资源运行状态等。支持根据检测的风险事件发生情况和各项安全历史数据进行系统自学习，通过分析风险事件发生时间、事件数量波动、地理位置、攻击源和攻击类型等各项风险影响因素，对未来潜在发生的安全风险进行预测。

10. 绿盟科技

绿盟车联网安全监测与防护系统（VSOC+SDK）是构建车联网端—边—网—云的安全主动防御体系，利用（VSOC+SDK）端云结合、端云安全联动的方式，基于大数据、人工智能、威胁建模等技术，将车/路端安全相关数据经检测采集、分析预警、应急处置的流程，形成检测、监测、响应、恢复的动态安全防护的闭环能力。

（三）VSOC 部署模式

汽车网络安全运营中心主要有以下部署方式：新建 VSOC、在现有 IT-SOC 上扩展、托管。

1. 新建 VSOC

车企按照自己的业务需求定制 VSOC，部署在车企内部，所有权归车企所有。该方式的建设成本可能较大，但优点是可以按照业务需求来定义 VSOC，对车企安全运营团队能力要求较高。

2. 在现有 I-SOC 上扩展

基于现有车企的 I-SOC，扩展建设符合汽车安全运营的相关功能。该方式的优点是可复用现有的设备和人员团队，缺点是由于 VSOC 和 I-SOC 的差异，并不一定能降低建设成本，且对于车企安全运营团队能力要求也较高。

3. 托管

车企以服务外包的形式委托给安全厂商，获得 VSOC 服务。该方式的优点是能快速实现，按照通用要求建设，成本较低，缺点是定制化程度低，且数据不可控。

从当前的实践来看，由于汽车安全运营中可能会涉及大量的重要数据，基于数据保护和自主可控的考虑，车企独立建设 VSOC 的可能性较大。

三　VSOC 架构体系

VSOC 的核心功能包括以下几方面。

（一）安全事件管理：从车端事件数据收集、分类、缓解措施的实施管理

车端安全事件是 VSOC 的关键数据来源，借助于安装在车端控制器内的探针，可以及时将安全事件上报，由 VSOC 进行收集、分类和存储，供威胁

分析和应对部分进行进一步的分析和缓解。安全事件管理功能还负责缓解措施的跟踪管理，也就是将威胁分析和应对部分提出的缓解措施推送至车端（可能是 OTA 或者离线升级方式），完成安全事件管理的闭环。

（二）漏洞情报管理：从外部渠道收集安全漏洞，并分析与车端组件和系统之间的关联性

漏洞情报管理是另一个重要的 VSOC 信息来源，基于自动爬虫技术可以从公共漏洞情报库、社交网站、匿名论坛、暗网、安全厂商威胁情报中心等各种渠道获取漏洞信息，并对收集的漏洞信息进行初步的关联性和优先级排序，以便提供给威胁分析和应对组件作为输入。

（三）汽车信息资产管理：对众多车型的软硬件组成，进行系统化管理

汽车信息资产管理是确定具体车型中包含的终端软硬件组件与安全威胁之间的关联性。车型包含的控制器数量众多，同一个控制器又会存在不同的软硬件版本，因此对整车所有与安全相关的组件进行资产管理是很有必要的。

（四）威胁分析与应对：安全事件关联性分析、优先级排序、缓解措施制定

威胁分析与应对是 VSOC 的关键功能，基于从车端和外部各渠道收集到的威胁信息，结合汽车信息资产进行关联性和威胁程度分析，实现一系列功能，包括安全事件数据分析、威胁等级排序、缓解措施制定、缓解措施验证等。

通过不断积累的车端和外部威胁数据，帮助企业提升安全预防能力、安全事件响应能力及事后调查取证能力，达到提高安全防御水平、提升安全管理能力的目的。

四 VSOC 关键技术

当前 VSOC 处于快速发展阶段，最佳实践还比较欠缺。从目前的实践来看，以下技术仍需要继续完善。

（一）安全事件自动化聚合技术

目前车端探针向云端发送事件报告的同时，需要解决安全事件数量过多、与车端安全关联不明确的问题。大量重复的安全事件可能会极大地占用车端、传输资源、存储资源，同时，其与车端安全的关联性质还很难直接体现，例如，车机大量上报的非授权访问可能是由安装的第三方应用程序引起的，影响程度较小。因此，需要采用合适的技术从海量安全事件中聚合出安全威胁场景，从而为安全事件响应提供依据。

（二）自动化漏洞验证平台

公开漏洞库和安全厂商的威胁情报中，漏洞数量是非常惊人的。以 CVE 为例，每年公开的漏洞数量超过 3 万个。大部分漏洞可能与汽车安全并没有相关性，但是需要逐项排除，极其消耗人力资源；从汽车企业视角出发，只需要关心与自身信息资产有关的安全漏洞。因此构建自动化的漏洞验证平台是有必要的。

（三）通用化的安全基础平台

汽车产业供应链很长，参与者众多，导致车端采用的软硬件平台碎片化，众多的芯片和操作系统给安全运营带来了极大的挑战。大量碎片化的平台意味着开发、测试和运营需要投入大量完全不同的工具、人员和其他资源；不同的软硬件平台，意味着不同的安全漏洞；对于同一个漏洞，可能由于在同一辆车的不同控制器中，操作系统或者硬件的不同，就需要完全不同的补丁，从而使得 VSOC 运营成本急剧增长。因此，在行业中采用通用化的安全基础平台是有必要的。

参考文献

"Upstream：2023 Global Automotive Cybersecurity Report," https：//upstream. auto/reports/global-automotive-cybersecurity-report/.

Argus, "VSOC," https：//argus-sec. com/products/vsoc/.

ETAS, "Vehicle Security Operations Center," https：//www. etas. com/zh/products/vehicle-security-operations-center. php.

Upstream, "Vehicle Security Operations Center（VSOC)," https：//upstream. auto/solutions/vehicle-security-operations-center/.

Garrett, "Cybersecurity-Solutions," https：//www. garrettmotion. com/connected-vehicle/cybersecurity-solutions/.

德勤：《德勤车辆安全运营中心解决方案为车辆安全保驾护航》，https：//www2. deloitte. com/cn/zh/pages/technology/articles/deloitte-vehicle-safety-operations-center-solution-escorts-vehicle-safety. html。

B.14
车联网安全防护能力评估技术

摘　要： 本报告介绍了智能网联汽车安全防护能力评估技术，包括硬件安全防护能力评估技术、密钥管理安全防护能力评估技术、启动器安全防护能力评估技术、OTA 安全防护能力评估技术、操作系统安全防护能力评估技术、数据安全防护能力评估技术、应用安全防护能力评估技术、车内通信安全防护能力评估技术、车外通信安全防护能力评估技术等，围绕车联网仿真靶场技术、车联网台架靶场技术、车联网实车靶场技术三方面介绍了车联网安全靶场技术，从边界安全防护能力、入侵安全防护能力、主机安全防护能力对车联网云平台安全防护能力评估技术进行分析，对云平台通信安全防护能力与云平台数据安全防护能力进行了评估。

关键词： 车联网　安全防护　安全靶场技术　云平台安全

智能网联汽车安全问题是产业发展的基石，行业企业也迫切需要能够对安全防护能力进行评估的相关技术和指标，以便有针对性的提升相应的安全防护能力。

一　智能网联汽车安全防护能力评估技术

（一）硬件安全防护能力评估技术

硬件安全通常包括电路板 BGA 封装保护、侧信道攻击防护、故障注入防护、调试接口保护（见表 1）。

表 1　硬件安全

防护能力评估项	防护能力(低)	防护能力(中)	防护能力(高)
电路板 BGA 封装保护	电路板未采用 BGA 封装		电路板采用 BGA 封装
侧信道攻击防护	电路板未采用防侧信道攻击保护		电路板采用防侧信道攻击保护
故障注入防护	电路板未采用防故障注入攻击保护	电路板未发现可故障注入防护	电路板未发现可故障注入防护
调试接口保护	电路板可发现存在串口、USB 口、ETHERNET 网口、JTAG 等调试接口,未采用认证保护	电路板可发现存在串口、USB 口、ETHERNET 网口、JTAG 等调试接口,并采用认证保护	电路板未发现串口、USB 口、ETHERNET 网口、JTAG 等调试接口

（二）密钥管理安全防护能力评估技术

密钥管理安全防护包括密钥存储安全保护、密钥使用安全保护、密钥交换安全保护、密钥生成安全保护（见表 2）。

表 2　密钥管理安全

防护能力评估项	防护能力(低)	防护能力(中)	防护能力(高)
密钥存储安全保护	密钥直接存储于目标存储介质内可提取		密钥存储于 HSM 等受单独保护系统
密钥使用安全保护	密钥直接读写使用		密钥不直接读写使用,通过 HSM 进行操作使用
密钥交换安全保护	密钥交换过程可嗅探,密钥可预测		密钥交换双向身份认证,且无法嗅探预测
密钥生成安全保护	密钥生成方法可嗅探及逆向		密钥生成由 HSM 完成

（三）启动器安全防护能力评估技术

启动器安全防护包括加电保护、Bootloader 防篡改保护、内核防篡改保护、应用防篡改保护（见表 3）。

表 3 启动器安全

防护能力评估项	防护能力(低)	防护能力(中)	防护能力(高)
加电保护	加电初始化过程无校验机制	加电初始化过程校验机制不生效	加电初始化时进行了校验
Bootloader 防篡改保护	Bootloader 可进行篡改更新		Bootloader 不可篡改更新
内核防篡改保护	内核可替换并正常加载		内核不可篡改更新
应用防篡改保护	应用可替换并正常加载		应用不可篡改更新

(四)OTA 安全防护能力评估技术

OTA 安全防护包括 OTA 固件完整性保护、OTA 固件保密性保护、OTA 固件真实性保护、OTA 传输完整性保护、OTA 传输保密性保护、OTA 传输身份认证、OTA 敏感数据保护(见表 4)。

表 4 OTA 安全

防护能力评估项	防护能力(低)	防护能力(中)	防护能力(高)
OTA 固件完整性保护	OTA 固件未进行完整性保护	OTA 固件未使用 SHA256 或私有校验算法进行完整性保护,OTA 固件校验码位置可破解	OTA 固件使用 SHA256 或私有校验算法进行完整性保护,OTA 固件校验码位置不可逆向
OTA 固件保密性保护	OTA 固件未进行加密保护	OTA 固件使用了固定密钥的对称加密保护	OTA 固件使用了动态密钥的加密保护
OTA 固件真实性保护	OTA 固件未包含来源身份信息	OTA 固件包含可篡改来源身份信息	OTA 固件包含带签名的来源身份信息
OTA 传输完整性保护	OTA 传输未进行完整性保护,不进行完整性校验	OTA 传输使用了 CMAC 完整性保护	OTA 传输使用了 CMAC 完整性保护
OTA 传输保密性保护	OTA 传输未采用 TLS 等方式加密保护		
OTA 传输身份认证	OTA 传输未进行身份认证,可进行中间人劫持	OTA 传输进行了身份认证,可进行单点仿冒	OTA 传输进行了双向身份认证,不可进行仿冒及中间人劫持

续表

防护能力评估项	防护能力(低)	防护能力(中)	防护能力(高)
OTA 敏感数据保护	OTA 交互时交互了包括车主信息、地理定位、车辆信息、VIN、个人敏感信息	OTA 交互时交互了包括车主信息、地理定位、车辆信息、VIN、个人敏感信息,但进行了加密保护	OTA 交互时未交互车主信息、地理定位、车辆信息、VIN、个人敏感信息

（五）操作系统安全防护能力评估技术

操作系统安全防护包括操作系统漏洞补丁加固、操作系统网络服务保护、操作系统账户保护、操作系统抗 DDoS（见表 5）。

表 5　操作系统安全

防护能力评估项	防护能力(低)	防护能力(中)	防护能力(高)
操作系统漏洞补丁加固	系统存在 6 个月以上的 CVE、CNVD、CNNVD 漏洞	系统不存在 6 个月以上的 CVE、CNVD、CNNVD 漏洞,且系统不可更新补丁	系统不存在 6 个月以上的 CVE、CNVD、CNNVD 漏洞,且系统可更新补丁
操作系统网络服务保护	系统开放了 ADB 服务,提供了远程可调试或免授权接入的网络服务	系统提供了远程可调试或免授权接入的网络服务	系统未开放 ADB 等调试服务,未开放免授权登录的调试和网络服务
操作系统账户保护	系统存在后门用户、测试用户、弱口令用户	系统存在弱口令用户	系统不存在后门用户、测试用户、弱口令用户
操作系统抗 DDoS	系统进行 DDoS 攻击后失去响应且不能恢复	系统进行 DDoS 攻击后一段时间失去响应	系统进行 DDoS 攻击后一段时间未失去响应

（六）数据安全防护能力评估技术

数据安全防护包括车内敏感数据存储、车内敏感数据传输、车内敏感数据共享（见表 6）。

表 6　数据安全

防护能力评估项	防护能力(低)	防护能力(中)	防护能力(高)
车内敏感数据存储	敏感数据明文存储	敏感数据可逆向存储	敏感数据进行保护存储
车内敏感数据传输	敏感数据未进行脱敏及匿名化进行传输		敏感数据使用了脱敏或匿名化技术后进行传输
车内敏感数据共享	敏感数据未进行授权、访问控制、防篡改、流转跟踪机制进行共享		敏感数据进行了授权、访问控制、防篡改、流转跟踪机制进行共享

（七）应用安全防护能力评估技术

应用安全防护主要包括应用防逆向、应用敏感信息保护、应用身份认证保护、应用通信保护（见表 7）。

表 7　应用安全

防护能力评估项	防护能力(低)	防护能力(中)	防护能力(高)
应用防逆向	应用可逆向		应用进行加壳无法逆向
应用敏感信息保护	应用存储或传输关于车辆信息、地理定位信息、个人敏感信息		应用不存储且不传输关于车辆信息、地理定位信息、个人敏感信息
应用身份认证保护	应用敏感或控制功能访问无须身份认证		应用敏感或控制功能访问需身份认证
应用通信保护	应用通信未采用 TLS 等加密方式进行保护		应用通信采用了 TLS 等加密方式进行保护

（八）车内通信安全防护能力评估技术

车内通信安全防护主要包括 CAN 通信防重放、CAN 通信防注入、CAN 通信防篡改、CAN 通信防 DDoS 攻击、UDS 通信认证防护（见表 8）。

表 8　车内通信安全

防护能力评估项	防护能力(低)	防护能力(中)	防护能力(高)
CAN 通信防重放	CAN 报文重放可控制		CAN 报文重放无效
CAN 通信防注入	CAN 报文注入可控制		CAN 报文注入无效
CAN 通信防篡改	CAN 报文篡改可控制		CAN 报文篡改后无效
CAN 通信防 DDoS 攻击	CAN 报文 DDoS 攻击后总线下线失去响应		CAN 报文 DDoS 攻击后可正常控制
UDS 通信认证防护	UDS 诊断无须身份认证		UDS 诊断需进行身份认证

(九)车外通信安全防护能力评估技术

车外通信安全防护主要包括 GPS 防欺骗、GPS 防干扰、4G/5G 防伪基站、Wi-Fi 防 DDoS 攻击、Wi-Fi 防钓鱼、Wi-Fi 防口令破解、Wi-Fi 弱加密算法、Wi-Fi 漏洞加固、蓝牙防匿名配对、蓝牙防嗅探、蓝牙防伪造(见表 9)。

表 9　车外通信安全

防护能力评估项	防护能力(低)	防护能力(中)	防护能力(高)
GPS 防欺骗	GPS 欺骗生效	GPS 欺骗识别	GPS 欺骗失效
GPS 防干扰	GPS 干扰生效	GPS 干扰识别	GPS 干扰失效
4G/5G 防伪基站	伪基站生效	伪基站识别	伪基站失效
Wi-Fi 防 DDoS 攻击	Wi-Fi DDoS 生效		Wi-Fi DDoS 失效
Wi-Fi 防钓鱼	Wi-Fi 钓鱼生效		Wi-Fi 钓鱼失效
Wi-Fi 防口令破解	Wi-Fi 口令破解生效		Wi-Fi 口令破解失效
Wi-Fi 弱加密算法	Wi-Fi 使用了 WEP 加密算法	Wi-Fi 使用了 WPA 加密算法	Wi-Fi 使用了 WPA2 加密算法

续表

防护能力评估项	防护能力(低)	防护能力(中)	防护能力(高)
Wi-Fi 漏洞加固	Wi-Fi 存在 6 个月以上的 CVE、CNVD、CNNVD 高危漏洞		Wi-Fi 不存在 6 个月以上的 CVE、CNVD、CNNVD 高危漏洞
蓝牙防匿名配对	蓝牙可匿名配对	蓝牙不可匿名配对	蓝牙不可匿名配对,不存在弱 PIN 码
蓝牙防嗅探	蓝牙数据可嗅探		蓝牙数据不可嗅探
蓝牙防伪造	蓝牙伪造信号可接入		蓝牙伪造信号不可接入

车外通信安全防护能力还包括车外以太网通信保密性防护、车外以太网通信完整性保护。

二　车联网安全靶场技术

当前，随着车联网产业高速发展，车联网安全问题成为产业链上下游普遍关注的重大问题。一方面，车联网平台运营商、智能网联汽车厂商、汽车产业上下游供应商普遍关注的是业务相关问题，对安全热点及国家主管部门强调的安全隐患问题的关注不足，相关安全技术积累和专业人才队伍支撑能力不足；另一方面，车联网技术日新月异，厂商不遗余力地运用这些技术以取得更好的消费体验和竞争优势，但为求稳妥，厂商也迫切希望这些新技术得到安全检验。

与传统安全靶场偏向于理论及通过虚拟化技术进行仿真不同，车联网安全靶场更偏向物理实物，并具有高成本、高技术、高复杂度的特点。相对于传统行业的生产工艺、制造工艺、基础设施具有广泛的行业聚类特点，智能网联汽车每个车企甚至车型相关的汽车技术架构都可能有较大差异，很多时候使用实车搭建的靶场环境的技术代表性有限。针对车路协同、车队编排等典型应用场景搭建实物靶场，成本动则千万元级，需要较大面积的演练场地，人力物力耗费巨大。而采用软件进行仿真，其真实性和实际意义又有所折扣，并且要真正能达到与实车一致的交互体验和控制能力，则软件研制的技术难度和成本及周期惊人。

目前市场上典型的车联网安全靶场技术形式主要包括车联网仿真靶场技术、车联网台架靶场技术、车联网实车靶场技术。

（一）车联网仿真靶场技术

车联网仿真靶场技术指的是采用软件虚拟化技术，对汽车零部件、整车、App、车内网络、5G 网络、车联网平台通过软件进行仿真，并提供手工触发和自动触发方式形成业务联系的闭环。

车内节点按计算能力及网络结构分为计算型节点和控制型节点。不同类型的节点采用不同的虚拟化技术。虚拟化技术包括计算、存储、网络的虚拟化及组网。其中，最主要的是网络的虚拟化和组网。车内网络包括 Wi-Fi、射频、4G/5G、GPRS、蓝牙、车内以太网、车外以太网、车内 CAN、LIN、FLEXRAY、MOST 等。

仿真包括节点仿真、通信网络链路仿真、无线信号仿真。节点仿真主要是对其核心软硬件进行仿真，利用关联的仿真的通信网络链路和无线信号建立与其他设备的无线通信。通信网络链路仿真指的是车内 CAN、LIN、FLEXRAY、MOST 和车外以太网进行仿真。而无线信号仿真则指的是对 Wi-Fi、4G/5G、射频、GPRS、蓝牙各种无线通信信号进行仿真。

为支持自定义的仿真场景，需要提供设计器与节点和无线信号、运行固件关联，通过图形拖拽设计仿真视图的节点和通信链路，构成最终的仿真场景。其中节点的固件可以是重量级的虚拟机、轻量级的 DOCKER、更轻量级的运行程序。

设计后的仿真场景通过运行器启动场景节点和通信链路的运行，形成动态交互的运行场景。

运行后的仿真场景将同步启动监视器对节点的运行状态、链路的通信状态和负荷进行监视。同时监视器可输出节点的实时运行日志。

运行后的仿真场景同步提供用户交互的诊断器，通过诊断器可以接入节点，进行调试诊断和维护升级。

仿真靶场往往需要模拟一些典型的安全漏洞，如远程未授权接入控制、远程服务溢出、通信未加密可嗅探、通信未双向认证可劫持等。

通过一套仿真系统搭建车路云管图一体场景，具有场景搭建灵活、复用程度高、可介入程度高的特点。适合于车路云一体化的功能仿真实验、安全实训、攻防演练活动。

（二）车联网台架靶场技术

车联网台架靶场技术指的是利用台架，将实验或演练设备单独引线，以便方便对主要的目标设备或目标应用功能进行展示和操作。例如，可以搭建用于车钥匙爆破实验的包括无线钥匙、BCM、车门锁在内的简易台架，也可以从整车将原车内网关拿出，且将原车内连线引出至台架，方便完成网关的一系列实验。

相对于仿真，台架更贴近现实、具有更强的真实性；由于是物理真实设备，可以完成较多无法进行仿真模拟的场景；不需要整车部件，很多时候成本相对较低，有较高的灵活性，占用面积不大，可视化和可操作程度较高；无须进行软件研发，成本较低且周期较短。

但台架的缺点在于场景相对实车而言具有局限性，更简易，较难构建一些系统性或联动性功能场景。另外相对于仿真，其功能的代表性和灵活性不足，重复使用能力不足。

基于物理和真实特点，可保留台架漏洞用于演练和实训。

（三）车联网实车靶场技术

车联网实车靶场技术指的是采用实车以及车联网相关组件搭建靶场环境，完成攻防演练活动和安全实训安全实验活动。

这种靶场由于广为人知，具有真实性，往往是用于攻防和实训的优选方案，但由于成本较高、可视程度较低、保密及商务条款要求较高，其代表性和复用程度较低、操作实验较复杂、损坏后复原困难，在实际操作中应谨慎选用。为了解决上述一系列问题，目前业界广泛采用全剖车、半剖车等方案以提升可视程度，提升实车操作实验的可行性，并采用 LOGO 抛光或蒙版胶盖对敏感信息进行保护。

为尽可能真实，实车靶场一般保留实车的发布状态，其漏洞具有真实性，无须人为进行模拟仿真。

三　车联网安全防护能力评估技术

（一）车联网云平台安全防护能力评估技术

车联网云平台安全防护能力主要包括边界安全防护能力、入侵安全防护能力、主机安全防护能力。

1. 边界安全防护能力

边界安全防护能力的评价内容主要包括边界东西向 ACL 控制、边界南北向 ACL 控制（见表 10）。

表 10　边界安全

防护能力评估项	防护能力(低)	防护能力(中)	防护能力(高)
边界东西向 ACL 控制	不能支持边界东西向 ACL 控制	部署边界防火墙可对内外网访问 ACL 进行控制	部署边界防火墙可对内外网访问 ACL 进行控制
边界南北向 ACL 控制	不能支持边界南北向 ACL 控制	部署边界防火墙可对内外网访问 ACL 进行控制	部署边界防火墙可对内外网访问 ACL 进行控制

2. 入侵安全防护能力

入侵安全防护能力的评价内容主要包括仿冒攻击、DDoS 攻击、弱口令破解、远程溢出、远程非授权访问、漏洞攻击（见表 11）。

表 11　入侵安全

防护能力评估项	防护能力(低)	防护能力(中)	防护能力(高)
漏洞攻击	不能支持所有漏洞 CVSS3.1 评分高于 8 的攻击检测和防护	不能支持所有漏洞 CVSS3.1 评分高于 6 的攻击检测和防护	能支持所有漏洞 CVSS3.1 评分高于 4 的攻击检测和防护
DDoS 攻击	不能支持 DDoS 攻击检测防护	不能支持常见的 DDoS 攻击检测防护	能支持常见的 DDoS 攻击检测防护
弱口令破解	不能支持弱口令破解检测和防护	不能支持弱口令破解检测和防护	能支持弱口令破解检测和防护
远程溢出	不能支持远程溢出攻击检测和防护	能检测和支持防护部分远程溢出攻击	能检测和支持防护常见的远程溢出攻击
远程非授权访问	不能支持远程非授权访问检测和防护	能检测和防护部分远程非授权访问攻击	能检测和支持防护常见的远程非授权访问
仿冒攻击	不能支持仿冒攻击检测和防护	能检测和防护部分的仿冒攻击	能检测和支持防护常见的仿冒攻击

3. 主机安全防护能力

主机安全防护能力的评价内容主要包括主机操作系统和第三方组件安全漏洞及补丁加固、防 DDoS 攻击配置、口令防破解（见表 12）。

表 12　主机安全

防护能力评估项	防护能力(低)	防护能力(中)	防护能力(高)
主机操作系统安全漏洞及补丁加固	所有漏洞 CVSS3.1 评分不高于 8	所有漏洞 CVSS3.1 评分不高于 6	所有漏洞 CVSS3.1 评分不高于 4
第三方组件安全漏洞及补丁加固	所有漏洞 CVSS3.1 评分不高于 8	所有漏洞 CVSS3.1 评分不高于 6	所有漏洞 CVSS3.1 评分不高于 4
防 DDoS 攻击配置	DDoS 攻击后失去响应，攻击停止后 3 秒内未恢复正常响应	DDoS 攻击后失去响应，攻击停止后 3 秒内恢复正常响应	DDoS 攻击后未失去响应
口令防破解	口令未限制 6 位以上且未限制必须同时含有非连续字母数字及特殊字符	口令限制 6 位以上且未限制必须同时含有字母数字及特殊字符	口令限制 6 位以上且限制必须同时含有非连续字母数字及特殊字符

（二）云平台通信安全防护能力评估

云平台通信安全防护主要包括通信双方双向认证、通信完整性保护、通信保密性保护、通信可用性保护（见表13）。

表13 云平台通信安全

防护能力评估项	防护能力(低)	防护能力(中)	防护能力(高)
通信双方双向认证	未进行任何认证	使用了单向身份认证	使用了双向身份认证
通信完整性保护	未采用CMAC、SHA、MD5、CRC等技术对通信内容进行校验保护	使用了较低算法强度的校验算法MD5、CRC对通信内容进行校验保护	使用了较高算法强度的校验算法对通信内容进行校验保护
通信保密性保护	未采用RSA、AES、DES主要算法对通信内容加密	采用了RSA、AES、DES普通密钥长度对通信内容加密	采用了RSA、AES、DES等高强度密钥对通信内容加密
通信可用性保护	未采用任何可用性保护措施	采用了中强度可用性保护措施	采用了高强度可用性保护措施

（三）云平台数据安全防护能力评估

云平台数据安全防护主要包括敏感数据保护、敏感图像保护、数据库安全防护、敏感文件保护（见表14）。

表14 云平台数据安全

防护能力评估项	防护能力(低)	防护能力(中)	防护能力(高)
敏感数据保护	未进行任何的敏感数据脱敏	使用了透明加解密网关、业务安全网关、数据防泄露产品之一进行防护	使用了透明加解密网关、业务安全网关、数据防泄露产品全方位进行保护
敏感图像保护	未采用任何对敏感图像、视频文件进行保护	使用了敏感图像视频脱敏系统、敏感图像视频传输保护系统之一	采用了敏感图像视频脱敏系统保护本地的图像视频，采用了敏感图像视频传输保护图像视频传输

续表

防护能力评估项	防护能力(低)	防护能力(中)	防护能力(高)
数据库安全防护	未采用数据库防火墙、数据库脱敏系统对数据库进行保护	采用了数据防火墙、数据库脱敏系统、数据库配置核查及虚拟补丁之一进行保护	采用了数据库配置核查及虚拟补丁对数据库配置加固及漏洞防护,采用了数据库脱敏系统对数据库敏感数据进行防护,采用了数据库防火前对数据库网络访问进行防护
敏感文件保护	未进行任何的敏感文件分类分级及加解密防护措施	采用了 IPS/邮件防泄露等敏感文件网络传输保护产品	采用终端 DLP、网络 DLP、邮件 DLP、文件安全共享等整体的文件安全保护产品进行保护

B.15
网络安全与数据安全新技术研究

摘　要： 本报告介绍了网络安全与数据安全的新技术研究现状，首先，介绍了区块链技术在网络安全上的运用情况，包括增强网络数据的存储和共享能力、加大对关键基础设施的保护力度，以及在网络通信与网络资产管理方面的应用情况；其次，对隐私计算技术的背景和分类做了介绍，包括多方安全计算、可信执行环境、联邦学习等具体技术的基本概念以及实际应用等，分析了隐私计算在智能网联汽车中的应用场景，如驾驶辅助、网络攻击检测等。

关键词： 区块链技术　隐私计算　应用场景

一　区块链技术

2021年5月，国家发改委等部门发布《全国一体化大数据中心协同创新体系算力枢纽实施方案》，提及试验多方安全计算、区块链、隐私计算、数据沙箱等技术模式，构建数据可信流通环境，提高数据流通效率。6月，工信部、中央网络安全和信息化委员会办公室发布《关于加快推动区块链技术应用和产业发展的指导意见》，明确指出了区块链在数据共享方面的作用。7月，工信部发布《网络安全产业高质量发展三年行动计划（2021—2023年）（征求意见稿）》，指出要发展创新安全技术，加速应用基于区块链的防护技术，推进多方认证、可信数据共享等技术产品发展。7月，国务院做出关于科普和科学素质建设的重要部署，要求推进科普与区块链等技术深度融合，强化需求感知、用户分层、情景应用理念，推动传播方式、组织动员、运营服务等创新升级。在推进数据安全的进程中，区块链成为技术解决方案之一。

区块链是一种分布式账本技术，可以在没有第三方可信中心的帮助下提供可靠的数据服务，可以通过使用共识算法和其他策略促成群体决策，实现可靠的数据服务功能。它有效地解决了单点故障问题。虽然区块链可以作为一种数据库来存储数据，但实施区块链的主要目的是实现可靠的数据传输。在实践中，有价值的资产可以被数字化后存储在区块链上，利用区块链不可篡改、去信任、可信溯源等优良特性，形成低风险、低成本的安全服务方案。

（一）区块链技术在网络安全上的运用

1. 增强网络数据的存储和共享能力

所有类型的数据都是为了实际工作，在不同的应用阶段，要求自然也不同，往往需要加密和共享。区块链技术是一种以共识为基础的运作方式，不仅为用户提供了更高的安全性，而且能实现更大程度的数据共享。此外，相关监管部门可以通过区块链对系统中的交易进行审计和监控。

2. 加大对关键基础设施的保护力度

由于互联网自身的缺陷，其核心结构已成为潜在的安全威胁，由中心故障可引起全线故障。如果核心网络受到冲击，就会发生连锁反应，导致整个网络崩溃，对社会造成巨大影响。例如，发生在皖、桂、琼、浙、苏的网络故障，是由于服务器受到黑客的攻击，域名被攻破后，所有依靠域名系统的网络崩溃，给各级互联网企业带来了巨大的经济损失和社会影响。

（二）区块链技术在网络通信中的应用

区块链技术的运用使得网络通信更加可靠，区块链技术在网络通信中的应用原则可以概括为：区块链技术可以使所有数据资讯在极短的时间内快速地被传送至遍布全球的网络节点，确保数据资讯高效、安全。即便是在无网络或网络被切断的情况下，区块链技术也可以通过无线广播、传真等方式进行数据传输。当今网络通信日益多元化，区块链技术能够创造更加完善的通信服务环境，保证通信品质，提高系统的可靠性，如果网络节点中的一个或多个节点发生了故障，也不会对整个区块链系统的运行产生任何负面影响，即便是受到一些外力干扰，大部分节点都可以正常工作。当一个区块链被恶意病毒入侵时，也可以使用协议方法来确保被认证数据的及时、安全和可靠传输。采用区块链技术可以保证网络通信安全与可靠。

（三）区块链技术在网络资产管理中的应用

区块链技术可以对有形和无形资产进行有效管理。使用这种技术来管理网络资产的原则可以总结如下：区块链技术最重要的特点之一是不能任意更改，可以更好地控制和管理网络资源，确保数据的一致性。利用区块链技术对网络资源进行有效管理，能够确保网络资产中的域名、知识产权、积分等无形资产安全。有形资产可以与区块链和物联网技术相结合，实现对有形资产的相应标识，加强对有形资产的管理。此外，通过结合区块链和物联网技术，可以引入资产转移信息，实现资产追踪。通过这项技术，可以为各行业提供产品流通信息，为企业提供产品处置、数据信息等服务，使有形资产的管理更加可靠和可控。因此，利用区块链技术进行在线资产管理，可以有效提高有形和无形资产的安全性，提高企业安全管理水平。

二　隐私计算

（一）隐私计算背景

2019 年，党的十九届四中全会首次将数据列为生产要素后，数字经济不断发展，但由于数据要素本身含有敏感信息，数据的流通存在诸多风险，如数据泄露、数据滥用、信息可被反推等。因此，隐私数据如何安全地流通成为研究热点。数据流通的发展应用离不开相应的政策支持，一系列战略、规划和政策的出台，彰显了数据安全流通的重要性。2022 年 1 月，国务院发布的《“十四五”数字经济发展规划》中提出加快构建数据要素市场规则，促进数据要素市场流通。同月，国务院办公厅印发的《要素市场化配置综合改革试点总体方案》中提出，探索“原始数据不出域、数据可用不可见”的交易范式，探索建立数据用途和用量控制制度，实现数据使用“可控可计量”。2022 年 4 月，《中共中央　国务院关于加快建设全国统一大市场的意见》提出加快培育数据要素市场，建立健全数据安全、权利保护、跨境传输管理、交易流通、开放共享、安全认证等基础制度和标准规范，深入开展数据资源调查，推动数据资源开发利用。12 月 19 日，中共中央、国务院发布的《关于构建数据基础制度更好发挥数据要素作用的意见》提出要建立数据产权分置的产权运行机制，建立合规高效的数据要素流通和交易制度，围绕数据产权、流通交易、收益分配、安全治理等四项制度提出二十条政策举措，初步形成我国数据基础制度的“四梁八柱”。

（二）隐私计算简介

隐私计算是指在保证数据所有方不泄露原始数据的前提下，多方联合对数据进行分析计算并提取数据要素价值的一系列技术。在这种计算方式中，数据的所有者可以用加密技术保护自己的数据隐私，而计算参与方可以在不触及原始数据的情况下进行计算，即“数据可用不可见”。隐私计算是平衡数据利用与安全的重要路径。技术价值的凸显，加上政策的助力，隐私计算在数据相关产业内兴起，相关的学术会议和论文在近几年大幅增长，相关研究开始逐步从技术原理转向应用实践。可实现“数据可用不可见”的隐私计算几乎是当下数据互联互通的最佳技术解，商业价值和应用前景均被市场看好。隐私计算不仅可以增强数据流通过程中对数据要素安全的保护，而且为数据的融合应用与价值释放提供了新思路。当前隐私计算技术处于飞速发展阶段，多方安全计算、联邦学习和可信执行环境呈现出融合发展趋势，以期在更广泛的场景中实现数据安全治理。

（三）隐私计算分类

目前主流的隐私计算技术主要分为三大类：第一类是以多方安全计算为

代表的密码学隐私计算技术，第二类是以联邦学习为代表的人工智能与隐私保护技术相结合的隐私计算技术，第三类是以可信执行环境为代表的基于可信硬件的隐私计算技术。从底层硬件上说，多方安全计算与联邦学习通常从软件框架层面基于通用硬件实现数据安全治理，可信执行环境则是以可信硬件为核心实现数据安全治理；从算法上说，多方安全计算和可信执行环境通常是基于密码学算法设计不同的安全协议，联邦学习是基于人工智能技术和差分隐私技术。

1. 多方安全计算

多方安全计算是一种基于密码学的高度保密的计算技术，能够实现两个或多个互不信任的数据拥有者在不泄露各自私有数据的情况下协同计算，计算出关于各方私有数据的某一目标函数的结果。整个计算完成时，各方均不知其他方的私有数据并且只能获得各自的计算结果。这种技术近年来受到国内外密码界的广泛关注并成为研究热点，能够有效地解决数据隐私保护和数据共享利用之间的矛盾。多方安全计算涵盖了多种密码学技术，如秘密共享、不经意传输、混淆电路、同态加密和零知识证明等。它的核心思想是在“密态”下进行数据的计算和检索，即在整个计算过程中，不暴露任何输入数据和中间结果，只输出最终结果。这样，多个参与方就可以利用各自的数据进行一些查询、统计等保密计算。

2. 可信执行环境

可信执行环境是一种基于可信硬件的隐私计算技术，利用软硬件方法在系统中构建一个安全区域，与其他应用程序和操作系统隔离，保证该安全区域内的代码和数据不被操作系统和其他应用程序访问或篡改，从而实现对敏感信息和程序的保护。可信执行环境引入硬件的因素，通过建立一个独立于各方且受认可的安全硬件环境，在机密、安全的空间内进行计算。简而言之，就是通过硬件打造出一个安全的环境，保护所有操作。在该可执行环境中多方的数据输入后可在执行过程中得出结果。

3. 联邦学习

联邦学习是一种将人工智能与隐私保护技术相结合的隐私计算技术，是一种新兴的人工智能基础技术，是一种采用分布式的“机器学习”方法，以中央服务器为中心节点，通过与多个参与方交换网络信息来实现人工智能模型的更新迭代。多个参与方事先商定分析模型，在不将数据从各方“本地”传输出去的情况下，用各方数据对模型进行训练，然后得出结论供各方使用。在整个联邦学习的过程中，各参与方的数据始终被保存在其本地服务器，降低了数据泄露风险。联邦学习可以有效地解决数据孤岛问题，让参与方在不共享数据的基础上联合建模，从技术上打破数据孤岛，实现协作。各参与者的身份和地位相同，可建立共享数据策略。由于数据不发生转移，不会泄露用户隐私，满足合法合规的要求，更适合人工智能的发展需求。

B.16
自动驾驶数据记录系统（DSSAD）技术分析

摘　要： 本报告介绍了自动驾驶数据记录系统（DSSAD），首先介绍了汽车事件数据记录系统（EDR）与 DSSAD，对比分析了当前美国、日本、德国和中国的 DSSAD 研究现状；其次分析了 DSSAD 与 EDR 的区别，介绍了 DSSAD 需要存储的数据类别，主要包括车辆及自动驾驶数据记录系统基本信息、车辆状态及动态信息、自动驾驶系统运行信息、行车环境信息、驾乘人员操作及状态信息等，介绍了 DSSAD 的实现方式、数据存储要求、数据提取要求以及车规级环境评价要求等。

关键词： 自动驾驶数据记录系统　汽车事件数据记录系统　数据存储

一　自动驾驶数据记录系统（DSSAD）概要

（一）EDR

随着汽车电动化、智能化等技术的发展，在驾驶辅助和安全保护方面引入的新技术和新方法对车辆的干预也更多，事故成因愈发复杂，事故鉴定、成因分析的难度越来越大。当前，我国车辆道路事故鉴定中主要采取现场勘查、车辆损毁鉴定等手段，无法得到事故发生时车辆的内部状态、驾驶人员的操作信息等，事故还原、深度分析面临很大的局限性。航空安全领域记录飞机实时飞行的数据记录仪被称作“黑匣子”，而在汽车领域，也有类似用于记录数据的系统。

汽车事件数据记录系统（Event Data Recorder，EDR）是由一个或多个车载电子模块组成，具有检测、采集并记录碰撞事件发生前、发生时和发生后车辆状态数据和乘员保护系统的数据功能的装置和系统。EDR 能够记录事故发生前后一段时间内的车辆运行、安全系统状态及驾驶操作行为等信息，使基于数据的深度事故分析研究成为可能。

根据工信部新修改的《机动车运行安全技术条件》要求，2022 年 1 月起，新生产的乘用车必须配备 EDR，也称行车事件记录器。一般 EDR 集成在气囊控制器模块中，通过碰撞事件触发，并记录储存碰撞前后车辆相关信息，包括车速、挡位、油门制动踏板开度等。EDR 的信号流及控制逻辑如图 1 所示。

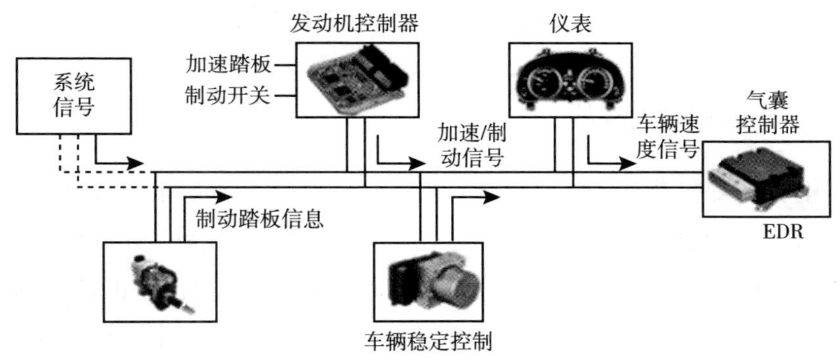

图 1　EDR 的信号流及控制逻辑

资料来源：《自动驾驶数据记录系统标准现状及测试研究》。

（二）DSSAD

随着汽车智能化技术的快速发展，越来越多的高等级驾驶自动化车辆进入市场，自动驾驶汽车事故以及法律责任问题愈发凸显。自动驾驶数据记录系统（Data Storage System for Automated Driving，DSSAD）能够确定在不同的时间点，控制车辆的是驾驶员还是自动驾驶系统，因而越来越受到关注。虽然 L3 及以上高等级自动驾驶车辆的量产应用可以使驾驶员真正解放双手，但车辆在驾驶和安全保护上会承担更多的责任，违章和事故等行为的责任主体由驾驶员变更为驾驶员和车辆系统。这将导致违法行为相关因素的收集和分析愈发复杂，法律责任界定存在很大困难。目前的 L3 级自动驾驶汽车在运行过程中会出现系统请求驾驶员接管车辆，即人机共驾情况，一旦自动驾驶汽车出现交通事故，自动驾驶系统可能作为责任主体并承担法律责任，因此责任判定过程不能继续按照传统方法进行认定。如何获取自动驾驶过程客观、准确的数据，如何利用数据进行事故和违法事件重建分析，DSSAD 的标准和技术研究显得尤为重要。

二　DSSAD 标准研究现状

（一）国外研究现状

国际相关标准法规部门组织以及多国政府都已启动若干工作组对 DSSAD 进行标准研究制定。2019 年 6 月，世界车辆法规协调论坛 WP. 29 下的自动驾驶与网联车辆工作组（GRVA）成立 EDR/DSSAD 非正式工作组展开标准研究，将 DSSAD 作为自动车道保持系统（Automated Lane Keeping System，ALKS）的技术条款，并在 2020 年 6 月发布的 ALKS 法规中明确提出并规定了 DSSAD 应该具备的相关功能；国际标准化组织 ISO 也将 DSSAD 作为研究方向，明确了功能要求与标准制定计划。此外，美国、日本、德国、新加坡等一些国家及组织也启动制定相应标准要求。美国加州车辆管理局在 2018 年发布的《自动驾驶汽车测试要求》中要求能够实时监控、发送车辆位置、车辆状态等信息，记录事故发生前 30 秒的所有可用信息，以便进行事故重建。记录数据元素包括并不限于其他车辆、人员或者道路上物体的位置运动信息。日本在 2016 年发布的《自动驾驶汽车道路测试指南》中规定应具备数据本地实时记录功能。2020 年 4 月，修订后的日本《道路交通法》正式实施，规定具备自动驾驶功能的汽车必须装载记录系统运行状态的装置，原则上要保留6个月内的信息。德国2017年通过的《自动驾驶汽车法》，允许汽车自动驾驶系统未来在特定条件下代替人类驾驶，明确规定配有自动驾驶系统的汽车要安装类似“黑匣子”的装置，记录系统运作、要求介入和人工驾驶等不同阶段的具体情况，以明确交通事故责任。

（二）国内研究现状

我国高度重视智能网联汽车相关技术及产业发展，工业和信息化部、国家发展改革委、科技部、公安部、交通部等政府部门，实施了多项国家科技重大专项、产业化专项等项目，出台了《智能网联汽车道路测试管理规范（试行）》等管理办法，支持智能网联汽车关键技术研发、应用和示范推广。《智能网联汽车道路测试管理规范（试行）》要求测试车辆具备车辆状态记录、存储及在线监控功能，自动记录和存储相关各项信息在车辆事故或失效状况发生前至少90秒的数据。中关村智通智能交通产业联盟也制定了T/CMAX43001-2019《自动驾驶车辆道路测试数据采集要求》团体标准。国家标准层面，工信部、国家标准委联合印发的《国家车联网产业标准体系建设指南（智能网联汽车）》中提出的智能网联汽车领域标准共计95项，“305-2：自动驾驶记录装置要求及评价方法”是目前智能网联汽车领域重要的强制性标准。2021年8月，《工业和信息化部关于加强智能网联汽车生产企业及产品准入管理的意见》明确规定智能网联汽车产品应具有事件数据记录系统和自动驾驶数据记录系统功能。国家强制标准《智能网联汽车自动驾驶数据记录系统》于2023年5月5日起公开征求意见，截止日期为2023年7月5日，说明国内的正式标准即将正式发布。

三　DSSAD技术研究

DSSAD是指在具备L3级及以上自动驾驶系统的车辆上装备的，在自动驾驶系统激活期间具备监测、采集、记录和存储时间标签序列数据功能，并支持数据读取的系统。无论何时发生的安全事件，DSSAD 都能够还原当时驾驶员与自动驾驶系统之间事件发生前后的交互场景。交互场景包括：应该是驾驶员还是自动驾驶系统接管车辆、是谁在实际控制车辆。

（一）DSSAD 与 EDR 的区别

那么 DSSAD 和 EDR 的技术标准有什么区别呢？EDR 需要触发才能记录，触发条件是速度变化率超过一定值，比如美国的标准是在 150 毫秒内 Δv>8km/h。而 DSSAD 是无须触发就可以持续记录，且长达 6 个月之久。DSSAD 和 EDR 区别详见图 2。

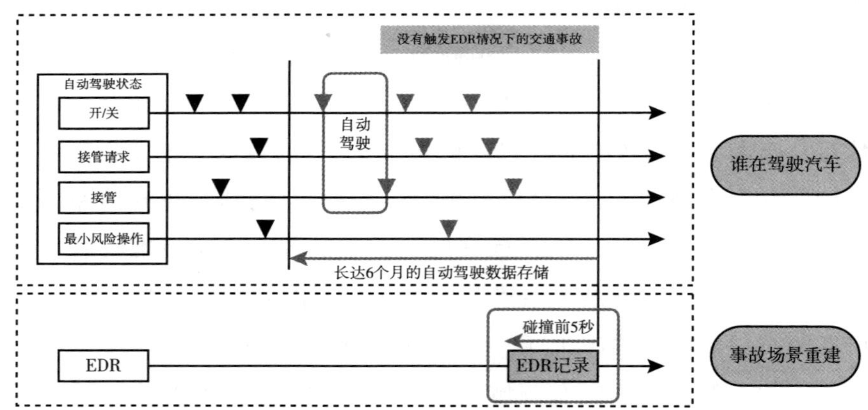

图 2　DSSAD 和 EDR 的区别

资料来源：OICA。

可以看出，DSSAD 和 EDR 各不相同又相互补充，在智能驾驶时代共同保障车主的合法权益。

（二）DSSAD 需要存储的数据类别

从 2023 年 5 月 5 日公示的 DSSAD 标准来看，除了标准中要求记录的“是谁在实际控制车辆”相关信息以外，还应该记录的信息可大体分为以下五类。

（1）车辆及自动驾驶数据记录系统基本信息，应至少包含符合表 1 中要求的所有数据元素。

（2）车辆状态及动态信息，应至少包含符合表 2 中要求的所有数据元素。

（3）自动驾驶系统运行信息，应至少包含符合表 3 中序号 1~7 要求的任一数据元素、序号 8~15 要求的任一数据元素、序号 16~20 要求的所有数据元素。

（4）行车环境信息，应至少包含符合表 4 中要求的所有数据元素。

（5）驾乘人员操作及状态信息，应至少包含符合表 5 中要求的所有数据元素。

表 1　车辆及自动驾驶数据记录系统基本信息

序号	数据名称	分级	最小记录频率	单位	最小记录数据能力范围	最低记录分辨率	最低记录准确度	数据说明
1	车辆识别代号（VIN）	A	不适用	不适用	不适用	不适用	不适用	车辆识别代号格式应符合 GB 16735 的要求
2	实现自动驾驶数据记录系统功能的硬件版本号	A	不适用	不适用	不适用	不适用	不适用	—
3	实现自动驾驶数据记录系统功能的序列号	A	不适用	不适用	不适用	不适用	不适用	—

续表

序号	数据名称	分级	最小记录频率	单位	最小记录数据能力范围	最低记录分辨率	最低记录准确度	数据说明
4	自动驾驶数据记录系统软件版本号	A	不适用	不适用	不适用	不适用	不适用	—
5	事件类型编码	A	不适用	不适用	0x01:ADS 激活 0x02:ADS 退出 0x03:发出介入请求 0x04:启动最小风险策略 0x05:严重失效 0x06:碰撞 0x07:有碰撞风险 0x08:驾驶员操纵 ADS 激活/退出装置	不适用	不适用	—
6	时间(年)	A	不适用	年	2023~2253	1	不适用	—
7	时间(月)	A	不适用	月	1~12	1	不适用	—
8	时间(日)	A	不适用	日	1~31	1	不适用	—
9	时间(时)	A	不适用	时	0~23	1	不适用	—
10	时间(分)	A	不适用	分	0~59	1	不适用	—
11	时间(秒)	A	不适用	秒	0~59	1	不适用	—
12	经度	A	不适用	°	-180~180	0.0001	±0.0001	中国国测局地理坐标(GCJ-02)下的事件起点时的车辆所在位置的经度

续表

序号	数据名称	分级	最小记录频率	单位	最小记录数据能力范围	最低记录分辨率	最低记录准确度	数据说明
13	纬度	A	不适用	°	-90-90	0.0001	±0.0001	中国国测局地理坐标（GCJ－02）下的事件起点时的车辆所在位置的纬度
14	事件记录完整标志	A	不适用	不适用	0x00:不完整 0x01:完整	不适用	不适用	完整的静态和时间序列数据集是否成功记录并存储在自动驾驶数据记录系统中的状态
15	累计行驶里程	A	不适用	km	0～600000	1	±1	—
16	航向角	B	不适用	°	-180～180	1	±5	正北方向为0°，顺时针方向为正

表 2　车辆状态及动态信息

序号	数据名称	分级	最小记录频率	单位	最小记录数据能力范围	最低记录分辨率	最低记录准确度	数据说明
1	车辆速度	A	10hz	km/h	0～200	1	±10%	非仪表显示车辆，应与车辆运行实际速度保持一致

续表

序号	数据名称	分级	最小记录频率	单位	最小记录数据能力范围	最低记录分辨率	最低记录准确度	数据说明
2	车辆横向加速度	A	50hz	m/s^2	-20~20	1	传感器探测范围的±10%	—
3	车辆纵向加速度	A	50hz	m/s^2	-20~20	1	传感器探测范围的±10%	—
4	车辆横摆角速度	A	2hz	°/s	-75~75	0.1	Max(5,±全部范围的10%)	—
5	车辆侧倾角速度	B	2hz	°/s	-75~75	1	全部范围的±10%	—

表3　自动驾驶系统运行信息

序号	数据名称	分级	记录频率	单位	最小记录数据能力范围	最低记录分辨率	最低记录准确度	数据说明
1	ADS 请求的横向加速度	B	4hz	m/s^2	由企业自定义,应与 ADS 实际能力相符	0.5	不适用	—
2	ADS 请求的方向盘转向角	B	4hz	°	由企业自定义,应与 ADS 实际能力相符	1	不适用	逆时针为正 顺时针为负
3	ADS 请求的转向曲率	B	4hz	1/m	由企业自定义,应与 ADS 实际能力相符	0.001	不适用	—
4	ADS 请求的前轮转角	B	4hz	°	由企业自定义,应与 ADS 实际能力相符	0.1	不适用	—
5	ADS 请求的转向小齿轮转向角	B	4hz	°	由企业自定义,应与 ADS 实际能力相符	0.005	不适用	—

续表

序号	数据名称	分级	记录频率	单位	最小记录数据能力范围	最低记录分辨率	最低记录准确度	数据说明
6	ADS 请求的方向盘转向力矩	B	4hz	Nm	由企业自定义，应与 ADS 实际能力相符	0.1	不适用	—
7	ADS 请求的方向盘转向角速率	B	4hz	°/s	由企业自定义，应与 ADS 实际能力相符	10	不适用	—
8	ADS 请求的挡位	B	4hz	不适用	0x01:P 挡 0x02:R 挡 0x03:N 挡 0x04:D 挡	不适用	不适用	—
9	ADS 请求的车速	B	4hz	km/h	由企业自定义，应与 ADS 实际能力相符	1	不适用	—
10	ADS 请求的纵向加速度	B	4hz	m/s^2	由企业自定义，应与 ADS 实际能力相符	0.5	不适用	—
11	ADS 请求的油门踏板开度比例	B	4hz	%	由企业自定义，应与 ADS 实际能力相符	1	不适用	—
12	ADS 请求的刹车踏板开度比例	B	4hz	%	由企业自定义，应与 ADS 实际能力相符	1	不适用	—
13	ADS 请求的驱动转矩	B	4hz	Nm	由企业自定义，应与 ADS 实际能力相符	1	不适用	—
14	ADS 请求的驱动转速	B	4hz	rpm	由企业自定义，应与 ADS 实际能力相符	100	不适用	—
15	ADS 请求的轮端扭矩	B	4hz	Nm	由企业自定义，应与 ADS 实际能力相符	1	不适用	—

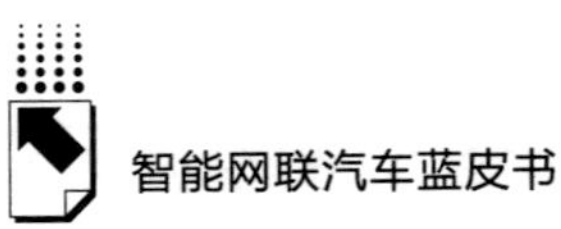

续表

序号	数据名称	分级	记录频率	单位	最小记录数据能力范围	最低记录分辨率	最低记录准确度	数据说明
16	ADS 请求的自适应照明系统状态	B	4hz	不适用	0x01:开启自适应照明系统 0x02:关闭自适应照明系统	不适用	不适用	—
17	ADS 请求的近灯光状态	B	4hz	不适用	0x01:近光灯开启 0x02:近光灯关闭	不适用	不适用	—
18	ADS 请求的远光灯状态	B	4hz	不适用	0x01:远光灯开启 0x02:远光灯关闭	不适用	不适用	—
19	ADS 请求的危险警告信号状态	B	4hz	不适用	0x01:危险警示灯开启 0x02:危险警示灯关闭	不适用	不适用	—
20	ADS 请求的左转向灯状态	B	4hz	不适用	0x01:左转向灯开启 0x02:左转向灯关闭	不适用	不适用	—
21	ADS 请求的右转向灯状态	B	4hz	不适用	0x01:右转向灯开启 0x02:右转向灯关闭	不适用	不适用	—
22	ADS 请求的车辆雨刮状态	B	4hz	不适用	0x01:开启自动模式 0x02:慢速模式 0x04:快速模式 0x05:中速模式 0x06:间歇模式 0x07:未请求雨刮状态	不适用	不适用	设计运行条件若包含雨天时,应记录该数据

表 4　行车环境信息

序号	数据名称	分级	记录频率	单位	最小记录数据能力范围	最低记录分辨率	最低记录准确度	数据说明
1	感知目标物类型	A	10hz	不适用	由企业自定义，应与车辆实际感知能力相符	不适用	不适用	记录的目标物类型是自动驾驶系统识别的最大概率目标物类型
2	感知目标物相对位置（X 向－前向）	A	10hz	m	由企业自定义，应与车辆实际感知能力相符	0.1	车辆距离目标物 5m 以内，应为 ±0.1m；5m 以外，应为±（距离×5%）	—
3	感知目标物相对位置（Y 向）	A	10hz	m	由企业自定义，应与车辆实际感知能力相符	0.1	车辆距离目标物 5m 以内，应为 ±0.1m；5m 以外，应为±（距离×5%）	—
4	感知目标物相对速度（X 向）	A	10hz	km/h	由企业自定义，应与车辆实际感知能力相符	1	车辆与目标物相对速度 5km/h 以内，应为±5km/h；5km/h 以外，应为±（相对速度×10%）	—
5	感知目标物相对速度（Y 向）	A	10hz	km/h	由企业自定义，应与车辆实际感知能力相符	1	车辆与目标物相对速度10km/h以内，应为±10km/h；10km/h以外，应为±（相对速度×10%）	—

续表

序号	数据名称	分级	记录频率	单位	最小记录数据能力范围	最低记录分辨率	最低记录准确度	数据说明
6	感知目标物相对位置(X 向后向)	B	10hz	m	由企业自定义,应与车辆实际感知能力相符	0.1	车辆距离目标物 5m 以内,准确度应为 ± 0.1m; 5m 以外,准确度为±(距离×5%)	—
7	外部图像	A	4hz	不适用		不适用	不适用	—
8	外部视频	A	4fps	不适用	自动驾驶数据记录系统记录的外部图像或视频数据应至少满足以下任一要求: ——若仅记录车辆前向图像或视频,水平视场角应不低于 100°,垂直视场角应不低于 50°,有效像素不低于 90 万 ——若同时记录车辆前向、左侧、右侧和后向四路图像或视频,水平视场角应能覆盖 360°,垂直视场角应不低于 50°,单路有效像素应不低于 28 万	不适用	不适用	—

表 5　驾乘人员操作及状态信息

序号	数据名称	分级	最小记录频率	单位	最小记录数据能力范围	最低记录分辨率	最低记录准确度	数据说明
1	驾驶员接管能力	A	2hz	不适用	0x00:不具备接管能力 0x01:具备接管能力	不适用	不适用	—
2	驾驶员是否系安全带	A	2hz	不适用	0x00:未系安全带 0x01:系安全带	不适用	不适用	—
3	驾驶员是否在驾驶位置	A	2hz	不适用	0x00:否 0x01:是	不适用	不适用	—
4	加速踏板开度	A	2hz	%	0~100	1	±5%	—
5	刹车踏板开度	B	2hz	%	0~100	1	±5%	—
6	刹车踏板状态	B	2hz	不适用	0x00:否 0x01:是	不适用	不适用	—
7	转向盘角度（如有转向盘）	B	2hz	°	-250~250	5	全部范围的±5%	—
8	转向扭矩	B	2hz	Nm	0~10	0.1	±1	—

资料来源：《智能网联汽车自动驾驶数据记录系统》（征求意见稿）。

（三）DSSAD 的实现方式

DSSAD 的实现方式大体可分为两种：①通过单独的数据记录器装置对自动驾驶关键数据进行记录，并进行有一定优先级的数据覆盖存储；②将数据记录模块集成在域控制器内，通过与各控制器的通信对感知、决策、控制信号进行存储。

第一种实现方式的 DSSAD 控制器读取车内相应的各类信息并通过

DSSAD 控制器内规划的触发事件逻辑进行实时监测，当车辆周围环境、车辆状态、驾驶员行为等满足触发事件条件时，DSSAD 控制器触发记录并将关键信息记录于 DSSAD 内部数据存储单元中。

第二种实现方式的 DSSAD 控制器实现原理如图 3 所示。DSSAD 控制器集成于自动驾驶中央控制器内部，并与其他控制器单元通过总线连接通信，根据规划的触发事件逻辑进行实时监测，当满足触发事件条件时，进行逻辑触发并通过总线向各控制器发送数据记录锁存信号。各控制器在接收到此信号后根据设计要求将关键数据信息记录。

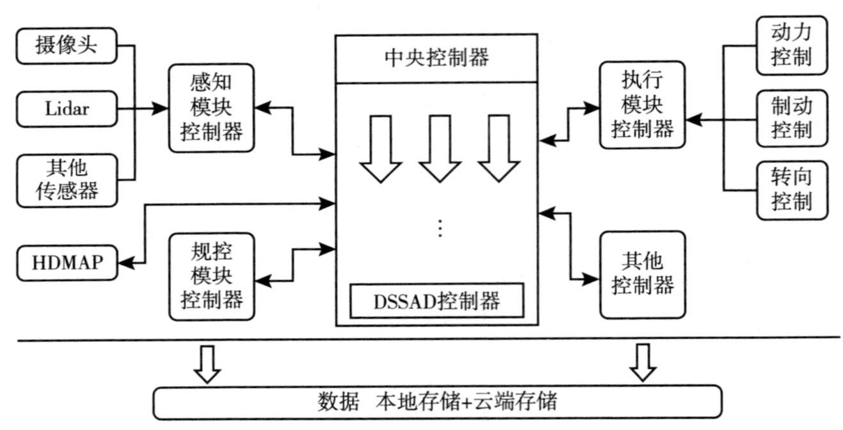

图 3 数据记录模块集成在域控制器内

资料来源：《自动驾驶数据记录系统标准现状及测试研究》。

（四）数据存储要求

根据 DSSAD 在事故鉴定、责任分析中的作用，将 DSSAD 存储区域分为关键安全事件存储区和非关键安全事件存储区，不同存储区之间的存储覆盖机制独立。自动驾驶数据记录系统存储区域已满时，应满足如下存储覆盖要求。

（1）时间段事件数据和时间戳事件数据不应互相覆盖。

（2）对于时间段事件，碰撞事件数据不应被有碰撞风险事件的数据覆盖。

（3）满足锁定条件的碰撞事件数据，不应被后续事件的数据覆盖。

（4）其他情况应按照时间顺序依次覆盖。

（5）当自动驾驶数据记录系统存储区域已满且存储的时间段数据均为锁定事件数据时，在车辆制造商将全部锁定事件数据在企业平台或者服务器实现安全存储的情况下，自动驾驶数据记录系统的时间段事件数据可被擦除。

当车辆系统状态、驾驶员状态或周围环境信息满足触发条件时，DSSAD应按照标准要求的精度、频率、时长等记录规定的关键信息。在碰撞发生过程中，如车内供电回路因碰撞事件而无法正常供电，自动驾驶数据记录系统自身应具有供电能力。此供电能力应满足在单一方向发生碰撞的情况下，自动驾驶数据记录系统应至少能满足记录T0（碰撞发生时刻）之前15秒的全部数据和T0时刻数据需要。系统应具备断电时数据保护功能，在外部供电断电情况下完成数据保存，避免数据丢失。

（五）数据提取要求

自动驾驶数据记录系统记录的数据应能被提取并正确解析，包括整车和部件级别的统一提取。数据提取方式应满足如下任一要求。

（1）车辆制造商提供能由第三方独立实现数据提取的方法或途径，并提供公开可获取的数据提取指导手册。

（2）基于DoCAN读取以太网通信参数，而后基于DoIP读取自动驾驶数据记录系统数据。

（六）车规级环境评价要求

车规级环境评价主要包括电气性能评价、防尘防水性能评价、环境耐候性评价、机械性能评价、化学负荷评价、电磁兼容性能评价等。上述评价均按照车规级要求标准进行，评价合格后可上车安装使用。

参考文献

俞彦辉、张晓辉、吴含冰：《自动驾驶数据记录系统标准现状及测试研究》，《汽车电器》2021 年第 12 期。

吴含冰、孙枝鹏、张广秀等：《汽车事件数据记录（EDR）系统数据读取方案研究》，《汽车电器》2019 年第 12 期。

于振波、刘晓婷：《利用 EDR 数据结合事故形态分析的车辆行驶速度鉴定》，《时代汽车》2022 年第 24 期。

马汶锴、段成刚、宋朋宇：《UN R160 汽车事件数据记录系统（EDR）法规研究》，《中国汽车》2022 年第 9 期。

黄辛梅、罗覃月、王世勇：《自动驾驶汽车事件数据记录系统方案设计》，《时代汽车》2022 年第 4 期。

IWG on EDR/DSSAD, "Comparison between Event Data Recorder (EDR) and Data Storage System for Automated Driving (DSSAD)," 2019 (179).

专 题 篇

B.17
召回：新能源汽车远程升级召回管理

摘　要： 本报告围绕新能源汽车远程升级召回管理要求，首先介绍了汽车远程升级现状，从整体趋势、动力类型、分类方式、升级领域、升级目的、升级时长、升级平台、安全措施、OTA 召回等方面对新能源汽车远程升级发展趋势进行了分析；其次，结合联合国欧洲经济委员会、国际标准化组织，以及美国、德国、日本等国家和组织机构针对汽车远程升级召回管理提出的相关要求以及技术标准，与国内相关法规要求进行了对比分析；最后，梳理了当前新能源汽车远程升级召回管理面临的主要挑战，包括建立备案平台以及落实检查制度面临的困难。

关键词： 新能源汽车　远程升级　OTA 召回　备案制度

一　汽车远程升级现状

在互联网多模式和工业智能化发展趋势下，智能网联汽车作为创新发展的新方向，使汽车产业进入多领域、大系统融合的高速发展时期。当前汽车配备了许多用于计算和连接的电子设备，单车的代码量超过 1 亿行。智能网联汽车技术路线图 2.0 显示，2025 年中国智能网联汽车销量将占年度汽车总销量的 50%，2030 年占 70%。自 2017 年开始，涉及软件问题的召回量呈快速上升趋势，驱动软件远程升级（Over-the-Air，OTA）成为车辆标配功能和处理召回问题的新方式。

今后，软件问题将是汽车质量和安全监管的重点，OTA 成为汽车后市场重要的问题改进和服务手段。OTA 可以加快产品技术迭代，增加附加值，也可以提高技术服务、召回等效率，降低企业成本，应鼓励 OTA 技术在产品后市场领域的应用。整体而言，企业 OTA 技术有所提高，升级周期和单次升级时间缩短，用户体验感和参与度提高，且配备了多重保护措施和信息防护机制。

二　远程升级整体趋势分析

（一）整体趋势

根据汽车生产企业在市场监管部门备案的信息，当前我国 OTA 升级量快速增长，如图 1 所示。2021 年企业报告 OTA 升级 407 次，涉及车辆 4155 万辆；2022 年，报告 OTA 升级 702 次，涉及车辆约 8274 万辆，较 2021 年分别上升 72.5%和 99.1%。2021 年 7 月、2022 年 2 月、8 月和 12 月，单月涉及车辆数突破 1000 万辆，随着 OTA 的广泛应用，可以预见这种趋势将会继续保持。

（二）动力类型

根据公安部公布的数据，截至 2022 年底，全国汽车保有量达 3.19 亿辆，其中新能源汽车 1310 万辆。但 2021~2022 年，涉及新能源汽车（纯电、插电混、非插电混合、燃料电池等）的 OTA 升级量是传统动力汽车（汽油、柴

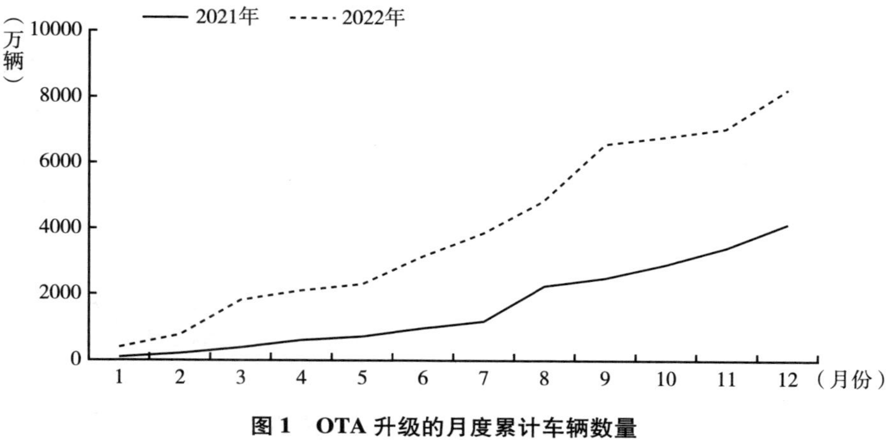

图 1　OTA 升级的月度累计车辆数量

油、天然气等）OTA 升级量的 1.73 倍，如图 2 所示。OTA 升级的传统动力汽车量稳步增长，2021 年和 2022 年分别较上年增长 52.5%、68.0%。

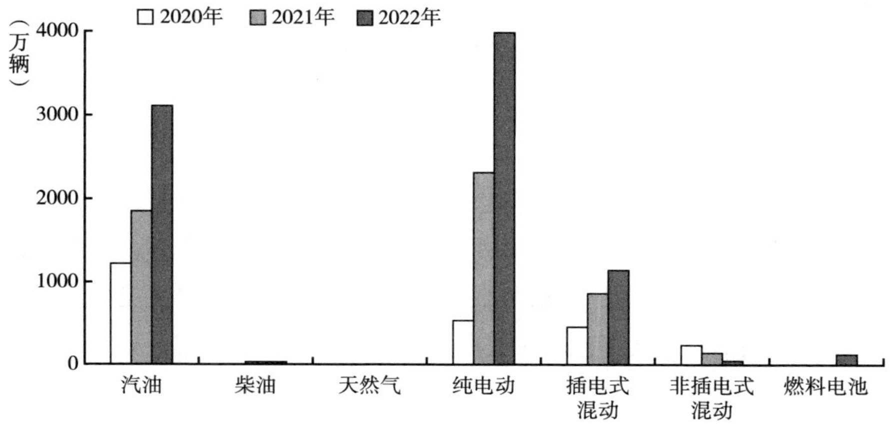

图 2　OTA 升级的动力类型

（三）FOTA、SOTA、COTA

FOTA（Firmware Over-The-Air）涉及固件的升级，通常与车辆的核心性能相关，如发动机、电驱动、辅助和自动驾驶等功能。SOTA（Software

Over-The-Air）主要是指应用软件的升级，对整车性能影响较小，如车载娱乐系统、导航软件等。同时，一些新的名称和分类不断延伸出来，如远程配置 OTA（Config Over-The-Air，COTA）等。从统计看，FOTA、SOTA 仍是主流分类方式，但 2022 年 COTA 的升级次数增长明显，较 2020 年与 2021 年的合计数量增长了 58 倍，如图 3 所示。

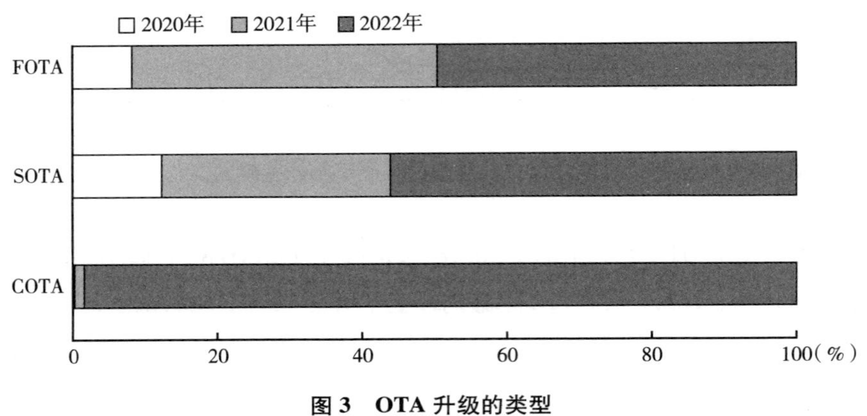

图 3　OTA 升级的类型

（四）升级领域

OTA 升级涵盖了娱乐系统、信息与数据系统、整车系统、动力系统、座舱系统等领域。其中，信息与数据系统、娱乐系统和整车系统是目前 OTA 升级中的前三大系统，占 66.6%，如图 4 所示。

（五）升级目的

增加用户体验、增加新功能或新需求和修复 Bug/漏洞是目前 OTA 升级的主要目的，占 97.5%。其中，增加用户体验占 42.5%，增加新功能或新需求占 25.4%，修复 Bug/漏洞占 29.6%，如图 5 所示。总体来看，涉及修复 Bug/漏洞的占比较高，针对相关漏洞是否涉及缺陷或召回，需要主管部门增强分析及监管能力。

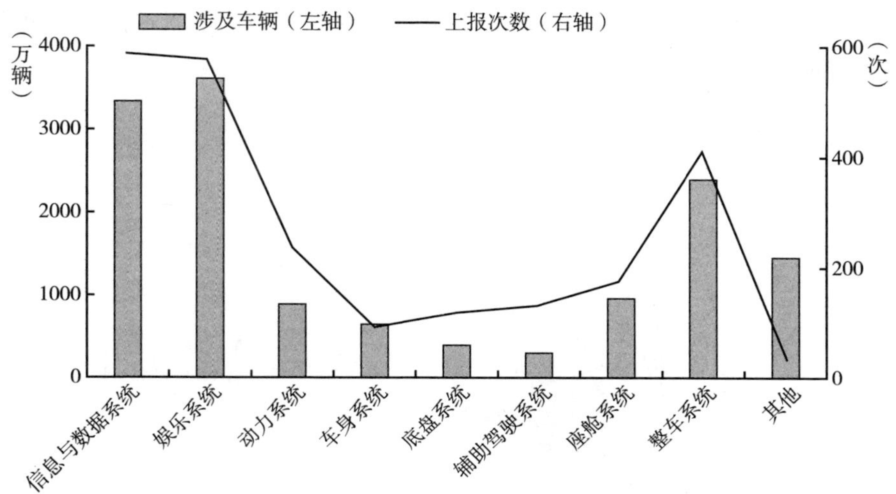

图 4　OTA 升级的系统

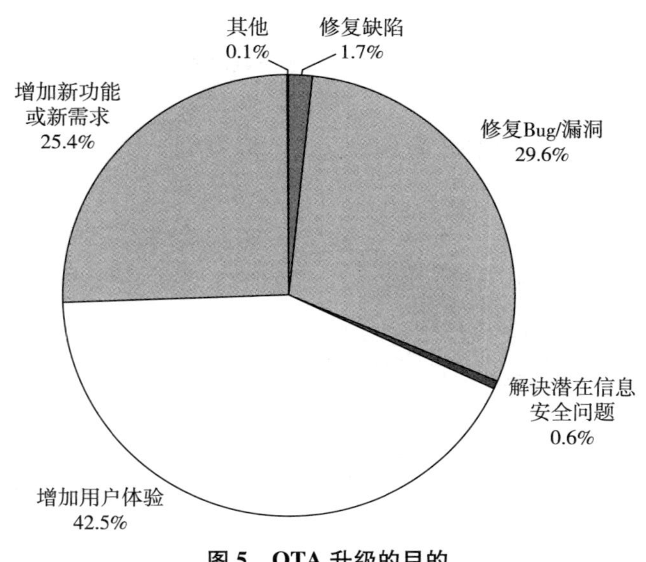

图 5　OTA 升级的目的

（六）升级时长

升级包下载时间在 30 分钟以内的约占 68%（见图 6），安装时间在 30

分钟以内的约占 80.5%（见图 7），说明前几年 OTA 单次升级过慢问题已得到有效改善。

1. 升级包下载时间统计

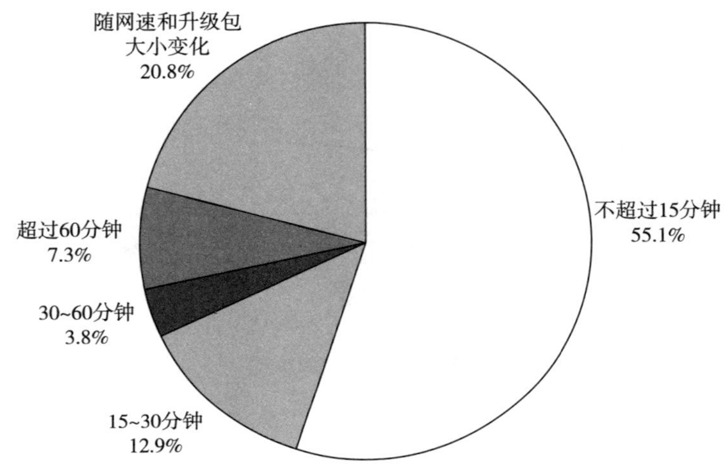

图 6　OTA 升级包下载时间

2. 升级包安装时间统计

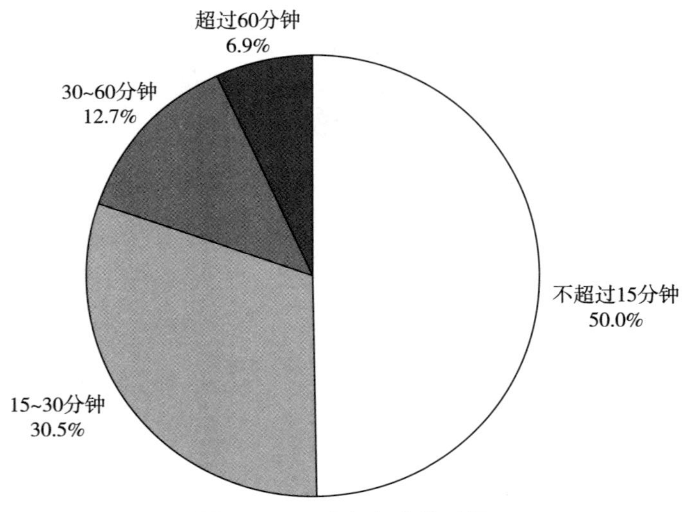

图 7　OTA 升级包安装时间

（七）升级平台

公有云涉及车辆升级次数占比最大，占 55.6%；私有云及混合云的占比逐年增高。云平台部署位置涉及全国 15 个省区市，北京、上海、广东、浙江、河北 5 个省市涉及的 OTA 升级次数占 91.1%。

（八）安全措施

断电续传、回滚和重试是 OTA 防失效的主要保护方式。采用断电续传机制的占 92.2%，回滚的占 46.3%，重试的占 47.9%。升级包签名、通信链路加密以及双向身份验证是主要的信息防护机制。采取升级包签名的占 95.3%，通信链路加密的占 88.8%，双向身份认证的占 83.5%。不管是防失效保护方式还是信息防护机制，企业都采取了多方式并用的模式。

（九）OTA 召回效果

相比传统召回方式，OTA 召回具有以下特征。

一是 OTA 单车召回费用低。OTA 召回费用平均约为 90 元/车，传统召回方式费用约为 500 元/车。其中，2021 年涉及软件类缺陷召回车辆 302 万辆，按单车节约成本为 410 元计，相当于节省费用约 12.4 亿元。

二是 OTA 召回完成率高。完成率达到 90%以上的占 69.2%，平均召回完成率为 83.0%，高于近 5 年的年均召回完成率（71.9%）。

（十）OTA 召回

截至 2022 年底，我国生产者采用 OTA 方式实施召回共 29 起，涉及缺陷车辆 381.22 万辆，包括奔驰、特斯拉、零跑、吉利、宝马等公司品牌。升级涉及通信模块、动力电池控制模块、主动巡航控制系统及多功能显示屏系统等功能域。典型召回案例如下。

1. 奔驰通信模块召回

2021 年 3 月 12 日，梅赛德斯-奔驰（中国）汽车销售有限公司、北京奔驰汽车有限公司根据《缺陷汽车产品召回管理条例》和《缺陷汽车产品召回管理条例实施办法》的要求，向国家市场监督管理总局备案了召回计划，自 2021 年 4 月 12 日起召回生产日期从 2016 年 1 月 21 日至 2020 年 11 月 20 日的部分进口和国产 A 级、B 级、C 级、E 级、S 级、GLA SUV、GLB SUV、GLC SUV、GLE SUV、GLS SUV、CLA、SLC、CLS、SL、G 级、AMG GT、EQC 车辆 260.0677 万辆。

（1）缺陷描述

因通信模块软件的设计问题，当车辆发生碰撞且自动触发紧急呼叫服务时，由车辆碰撞引起的通信模块电源的电压临时下降可能导致车辆自动发送给梅赛德斯-奔驰紧急呼叫中心的车辆位置出现偏差，可能使得救援延迟，存在安全隐患。

（2）召回措施

通过汽车远程升级（OTA）技术为召回范围内的车辆免费升级通信模块软件，用户无须到店即可消除安全隐患；对于无法通过汽车远程升级（OTA）技术实施召回的车辆，将通过梅赛德斯-奔驰授权服务中心联系相关用户，为车辆免费升级通信模块软件，以消除安全隐患。

2. 宝马动力电池控制模块召回

2021 年 5 月 28 日，华晨宝马汽车有限公司根据《缺陷汽车产品召回管理条例》和《缺陷汽车产品召回管理条例实施办法》的要求，向国家市场监督管理总局备案了召回计划。自 2021 年 6 月 1 日起召回生产日期从 2020 年 9 月 1 日到 2021 年 4 月 30 日的部分国产 iX3 电动汽车 6636 辆。

（1）缺陷描述

车辆电池控制单元的软件存在设计问题。车辆发生严重的碰撞事故时，电池控制单元的软件不能在要求的时间内确保高压车载网中的中间电路快速放电。造成车辆电气系统的高压可能传输到 12V 电气系统，导致 12V 电气系统及其组件功能损坏，致使碰撞后车辆部分功能（如警告指示灯、车辆照明或紧急救援电话功能等）无法正常工作，存在安全隐患。

（2）召回措施

通过远程软件升级（OTA）方式为召回范围内的车辆免费升级电池控制单元软件，用户无须到店即可完成软件升级；对于无法通过远程软件升级（OTA）方式实施召回的车辆，将通过授权经销商联系相关用户，为车辆免费升级电池控制单元软件，以消除安全隐患。

3. 特斯拉主动巡航控制系统召回

2021 年 6 月 26 日，特斯拉汽车（北京）有限公司、特斯拉（上海）有限公司根据《缺陷汽车产品召回管理条例》和《缺陷汽车产品召回管理条例实施办法》的要求，向国家市场监督管理总局备案了召回计划，召回 2019 年 1 月 12 日至 2019 年 11 月 27 日生产的部分进口 Model 3 电动汽车 35665 辆、2019 年 12 月 19 日至 2021 年 6 月 7 日生产的部分国产 Model 3 电动汽车 211256 辆、2021 年 1 月 1 日至 2021 年 6 月 7 日生产的部分国产 Model Y 电动汽车 38599 辆。

（1）缺陷描述

主动巡航控制系统问题易造成驾驶员在以下情形误激活主动巡航功能：当车辆处于 D 挡，驾驶员再次拨动右侧控制杆试图切换挡位时；在车辆急转弯，驾驶员误触碰并拨动右侧控制杆时等。主动巡航控制被误激活后，如果车辆设置的巡航速度不是当前车速，且低于设定速度时，车辆会加速到设定速度，出现车辆速度突增情形，会影响驾驶员的预期并导致车辆操控误判，极端情况下可能导致车辆发生碰撞，存在安全隐患。

（2）召回措施

通过汽车远程升级（OTA）技术为召回范围内的车辆免费升级主动巡航控制软件，用户无须到店即可完成软件升级；对于无法通过汽车远程升级（OTA）技术实施召回的车辆，将通过特斯拉服务中心联系相关用户，为车辆免费升级主动巡航控制软件，以消除安全隐患。

4. 丰田多功能显示屏系统召回

2022 年 4 月 29 日，丰田汽车（中国）投资有限公司根据《缺陷汽车产品召回管理条例》和《缺陷汽车产品召回管理条例实施办法》的要求，向国家市场监督管理总局备案了召回计划，2022 年 5 月 11 日起召回 2021 年 3 月 31 日至 2022 年 3 月 17 日生产的部分进口雷克萨斯 NX 260、NX 350h、NX 400h+汽车 6832 辆。

（1）缺陷描述

由于多功能显示屏系统内部控制程序不当，当实施换挡操作或车辆行驶时，多功能显示屏的画面可能存在不能正常切换的情况，此时显示屏上会保持之前播放的视频画面，可能会分散驾驶员的注意力，存在安全隐患。

（2）召回措施

为召回范围内的车辆免费升级多功能显示屏的程序，用户无须到店即可完成程序升级；对于无法通过汽车远程升级（OTA）技术实施召回的车辆，通过雷克萨斯经销商联系用户到店为车辆免费升级多功能显示屏的程序，以消除安全隐患。

三　远程升级召回备案制度

（一）国外相关要求

1. 联合国欧洲经济委员会

联合国欧洲经济委员会（United Nations Economic Commission for Europe，UNECE）的统一车辆法规世界论坛（WP. 29）发布了技术法规 UN R156《软件升级和软件升级管理系统》，对汽车 OTA 升级中涉及的法规管理提出了要求。

当汽车需要软件升级（包括 OTA 方式）时，UN R156 要求汽车制造企业依照以下步骤执行：①实施软件升级之前，汽车制造企业应配有软件升级管理系统（SUMS）。②企业应评估软件升级是否会影响车辆认证的合规性，并记录结果。③如果不影响，可进行升级，并记录升级相关的变更。④如果升级可能影响认证的合规性，企业应联系认证机构，对受影响的系统申请认证扩展或新认证。⑤被授予认证扩展或新认证后，受影响的车辆可以进行升级。新软件安装后，应记录升级后一致性声明中的车辆信息，并根据软件升级的法规要求更新车辆上的软件状态，以反映车辆的新状态。⑥认证机构还应定期对企业进行验证。UN R156 对涉及车型认证的 OTA 规定了升级流程，如图 8 所示，并对 OTA 的各个环节提出了管理要求。

汽车软件升级时，可能一次升级多个目标系统，或是同一目标系统需要定期升级，如地图数据。这时可以考虑采用统一的记录和认证，以减轻汽车制造企业负担。同时，企业记录和保存的以上信息，用于主管部门的认证、市场监督、召回和定期技术检查等。

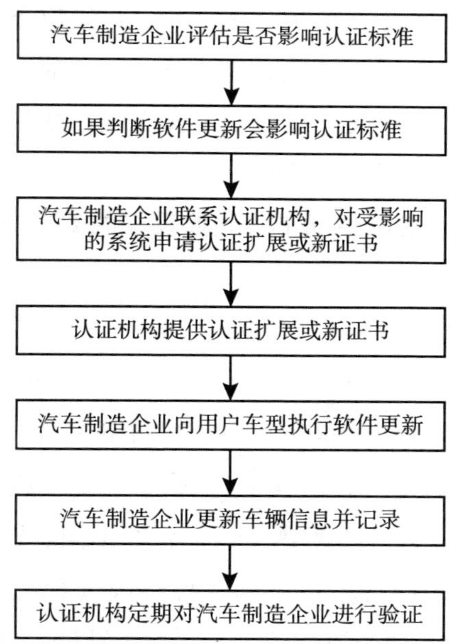

图 8　涉及车型认证的 OTA 升级流程

资料来源：由 UN R156《软件升级和软件升级管理系统》整理。

对于 OTA 升级，UN R156 还提出了特别要求：①对需要特定复杂操作的 OTA，例如软件升级后需要重新校准和编程传感器的，必须有合适的技术人员在场时才能进行。②对 OTA 软件升级可能影响车辆安全的情况，如果有影响，汽车制造企业需要证明 OTA 升级能够安全地实施，例如通过技术手段确保车辆处于安全状态；如果允许在车辆驾驶过程中进行 OTA 升级，企业需要证明软件升级过程不会影响行驶安全。③在软件升级前，企业制定的升级过程应检查和确保相关车辆具有足够的电能。④如果升级失败或中断，或者车辆软件能够恢复到之前的版本（即软件回滚），或者使车辆进入安全状态（即在不可能或不希望回滚版本时，能够进入降低车辆功能的跛行模式等安全状态）。⑤在车辆用户对 OTA 软件升级的知晓方面，在升级实施前厂家应告知用户，升级的目的（如召回、错误修复或向客户提供新功能等）、软件升级后车辆功能的变化、升级预计完成的时间、升级时无法使用的车辆功能等需要的信息。在升级完成后，厂家应告知用户，升级是否成功，并考虑是否需要告知用户手册的变更内容。和前述的认证情况相似，可以向用户提供 OTA 软件升级的一次性授权选项，如果用户选择了该选项，则不用每次通知。但是汽车生产企业也需要考虑，当发生车辆转移给新用户或原有用户更改偏好设定的情况下，企业设定的 OTA 升级过程应具备对应的通知方案。

2. 国际标准化组织

国际标准化组织（International Organization for Standardization，ISO）发布的标准 ISO 24089：2023《道路车辆—软件更新工程》涵盖了通过有线（如检测设备、USB 闪存）、无线（如蜂窝、Wi-Fi）或更换硬件方式的软件升级，从组织、项目、设施、车辆、软件包等不同层面，细化了功能安全、网络安全、质量控制等内容。对车辆软件升级（包括 OTA）的管理方面，ISO 24089 的要求不多且基本在 UN R156 中已经提出。特殊的管理性要求主要体现在用户操作方面，如需特殊设备或培训的软件更新活动，从 UN R156 中要求技术人员在场调整为由技术人员操作执行；细化了升级的用户确认方法，包括车载显示器、App、网站、合同协议等；用户拒绝或推迟软件更新活动，可以被告知相应的风险。

3. 其他国家

目前美国关于 OTA 的法规较少，2022 年 NHTSA 发布《现代车辆安全的网络安全最佳实践》，要求开展 OTA 升级的汽车制造企业注意保持 OTA

过程在各个传输环节的完整性，并考虑各种安全措施。

德国汽车工业协会（VDA）发布的《使用 OTA 空中下载升级召回管理》表示，OTA 是一种能够更快、更友好、更高效地实施，用以满足安全和法规召回要求的方法。汽车召回分为发现产品问题、内部报告、准备、决策、执行、检验有效性、总结 7 个步骤，OTA 对准备、执行、检验有效性、总结这几个步骤有特定的要求。在准备阶段，需要确定具备 OTA 功能的车辆范围并设定 OTA 升级时车辆的运行状态。在执行阶段，需要与国家管理机构协调，确认用户同意升级，如果车辆升级不成功应保证有应急状态，企业将升级结果纳入记录。在检验有效性阶段，注意监控 OTA 升级后的车辆运行状态，向管理机构通报完成率。在总结阶段，分析前序 OTA 召回过程中的经验。

日本关于 OTA 有较全面的法规体系。2019 年起日本相继修订相关法律法规，将汽车 OTA 软件升级的要求纳入。《道路运输车辆法》修正案中针对 OTA 升级创立许可制度。《机动车特别许可法案》规定 OTA 升级许可的范围、流程和要求，包括影响安全和基准符合性的 OTA 升级，汽车生产企业需要向国土交通部申请，由汽车技术综合机构审查材料等。之后，技术法规《道路运输车辆保安基准》中增加 OTA 升级的认证试验规程；《审查事务规程》明确了监管验证阶段 OTA 升级的认证试验要求，包括试验型式和试验项目等。

（二）国内相关要求

1. 召回管理

《缺陷汽车产品召回管理条例》和《缺陷汽车产品召回管理条例实施办法》规定了因安全问题召回的要求。该类问题会引发汽车安全风险，并具有批次性特点。对于存在安全相关的缺陷，生产者应当依照相关法律法规向主管部门报告并实施召回以排除缺陷问题。而关于因排放问题召回，《大气污染防治法》和《机动车排放召回管理规定》规定，主要针对车辆批次性不符合大气污染物排放国家标准和其他不合理排放大气污染物的情形。排放召回的具体过程、工作和要求，与安全召回有一定的类似性。由于排放问题对大气环境、公众健康会产生普遍性影响，为了督促车辆及时完成排放召回，对未完成排放召回的汽车，排放检验机构会在汽车排放检验检测时提醒机动车所有人。国家主管部门的技术机构设立网站并列出汽车召回信息以便车主查询其车辆是否属于召回范围。

为了规范 OTA 在汽车召回等后市场服务活动中的应用，2020 年 11 月国家市场监督管理总局发布《关于进一步加强汽车远程升级（OTA）技术召回监管的通知》，规定汽车企业通过 OTA 技术对已售出车辆进行升级需向市场监管总局备案，采用 OTA 方式实施召回的，需严格遵守召回规定并履行召回责任。如果 OTA 实施过程中车辆发生被入侵、远程控制等安全事故，企业要立刻组织调查，并向主管部门报告调查结果。实施 OTA 后未能有效消除缺陷或造成新的缺陷，生产者应当再次采取召回措施。2021 年 6 月发布的《关于汽车远程升级（OTA）技术召回备案的补充通知》明确了备案具体内容和《汽车远程升级（OTA）安全技术评估信息表》。

通常的安全问题召回包括车辆的硬件和软件，采取的召回措施包括修正或者补充标识、修理、更换、退货等。由于 OTA 的特点，主要对应软件和软件控制问题，主要的召回措施是软件升级。

2. 技术标准

在具体的技术层面，为支撑 OTA 管理要求，我国也在加快推进技术标准的制定。

《汽车软件升级通用技术要求》已完成公开征求意见，处在后续的修改和审批过程中。根据当前最新的版本，标准中的整体要求与 UN R156 类似，主要的区别是软件升级（包括 OTA）的各个环节，在 UN R156 考虑是否影响车型准入批准的技术状态的基础上，增加考虑对召回管理影响的要求。例如，标准要求在软件版本号方面，如果升级与召回相关，软件版本应特殊标识；在升级前的评估方面，由于车辆系统的一些参数已经被之前的召回活动所限定，需要评估软件是否会对这些参数有影响等。在 UN R156 要求的可以通过标 OBD 端口读取软件识别码和版本号的基础上，标准要求可以用市场上可获得的标准通信设备读取，增加了升级结果的第三方监测手段。另外，标准还增加了一些 OTA 的特定要求，考虑到可能发生乘员被锁在车内的不安全情况，要求在执行 OTA 升级过程中不能禁止用户从车内解除车门锁止的状态。

《基于远程升级技术的汽车产品召回实施要求》正在起草过程中。该标准衔接我国召回法规和标准体系，对使用 OTA 方式的召回提出具体的技术性实施要求。根据最新的版本，在备案阶段，企业需提供远程升级涉及的召回部件信息，包括软硬件信息及召回部件的功能变化。在用户通知阶段，由于召回涉及安全或排放等公共利益，如果企业通过车机、手机 App 等方式发出通知五次后，用户仍然不升级，管理部门的平台需要标示特殊的预警标志。在召回效果评估阶段，企业完成 OTA 召回活动后，如果发生用户投诉，管理部门需要对本次 OTA 召回的车辆进行有效性验证。管理部门针对汽车 OTA 软件升级的监督，可以采取定期审核、抽查审核的监督方式。

四　远程升级管理的挑战

OTA 使车辆具备了“成长”属性，拓宽了产品和服务的范畴，但也有部分企业对新技术应用存在误解，发生 OTA 滥用、误用和恶用的情形。例如，部分企业随意通过 OTA 更改或调整车辆参数，利用市场和消费者安全开展技术研发测试，这种“试错”模式是对消费者和社会的不负责；部分企业未经消费者同意，进行 OTA 锁电、强制升级、推送商业广告等；部分企业对 OTA 本身安全认识不到位，网络安全与数据安全分析能力欠缺。上述问题使管理部门履行监管责任面临新的挑战。

（一）建立备案平台

OTA 的快速增长使管理部门备案和审核的工作量剧增。如果采用手工或文件的方式进行管理困难很大，很难保证时效和准确性，更难发现升级方面的关联性问题。负责车辆生产准入和产品召回的管理部门，急需建立数字化的汽车 OTA 软件升级备案管理平台，由企业将 OTA 升级活动的计划、软件包、部件信息、测试报告、升级进展等在平台上备案，管理部门结合自身的职能从行业角度进行监督，使用数字化手段综合分析各项信息，掌握行业 OTA 升级情况。同时，管理部门也应加强备案数据的互通和共享，减轻企业反复备案的负担，实现数字化管理资源的高效协同和融合。

（二）落实检查制度

与更换零部件和总成相比，OTA 具有隐蔽、快速等特点。少数企业企图通过 OTA 方式来静默升级、修改车辆参数、隐瞒缺陷，既侵害了消费者的合法权益，也不符合国家的法规和标准要求，管理部门需要加强对汽车 OTA 的检查管理。我国建立了较完备的汽车检查制度，包括产品一致性检查、在用符合性检查、机动车安全技术检验（年检）等。可以考虑增加检查 OTA 升级状态的内容，如将在用符合性检查作为抽查方式，年检作为普查方式。在用符合性检查时，增加对 OTA 升级后车辆电控功能状态的检查；年检时，读取车辆端各个电控单元的软件识别码和版本号，并将信息上传至主管部门的 OTA 备案管理平台。通过数据比对，确认车辆的 OTA 状态，保证企业 OTA 活动有效开展和车辆合法合规。

参考文献

郭王虎：《智能网联汽车技术路线图 2.0 发布》，《智能网联汽车》2020 年第 6 期。

国家市场监督管理总局缺陷产品管理中心：《梅赛德斯-奔驰（中国）汽车销售有限公司、北京奔驰汽车有限公司召回部分进口和国产汽车》，https：//www. dpac. org. cn/qczh/gnzhqc/202103/t20210312_ 96686. html，2021 年 3 月 12 日。

国家市场监督管理总局缺陷产品管理中心：《华晨宝马汽车有限公司召回部分国产 iX3 电动汽车》，https：//www. dpac. org. cn/qczh/gnzhqc/202012/t20201216 _ 95028. html，2020 年 12 月 16 日。

国家市场监督管理总局缺陷产品管理中心：《特斯拉汽车（北京）有限公司、特斯拉（上海）有限公司召回部分进口和国产 Model 3、国产 Model Y 电动汽车》，https：//www. dpac. org. cn/qczh/gnzhqc/202106/t20210626_ 98628. html，2021 年 6 月 26 日。

国家市场监督管理总局缺陷产品管理中心：《丰田汽车（中国）投资有限公司召回部分进口雷克萨斯汽车》，https：//www. dpac. org. cn/qczh/gnzhqc/202204/t20220429_ 104404. html，2022 年 4 月 29 日。

德国汽车工业协会：《使用 OTA 空中下载升级召回管理》，https：//vdaqmc. de/fileadmin/redakteur/Publikationen/Download/VDA-Band_ SU_ OTA_ 1. _ Auflage_ 2020. pdf. 2022，2022。

朱云尧、吴胜男：《国内外智能网联汽车软件在线升级法规分析》，《汽车文摘》2022 年第 10 期。

Halder S. , Ghosal A. , Conti M. et al. , "Secure over-the-air Software Updates in Connected Vehicles: A Survey," Computer Networks, 2020.

United Nations, "Oftware Update and Software Update Management System," UN Regulation No. 156, https: //unece. org/transport/documents/2021/03/standards/un-regulation-no-156-software-update-and-software-update, 2021.

United Nations, "Interpretation Documents for UN Regulation No. 156," https: //unece. org/sites/default/files/2020-12/ECE-TRANS-WP29-2021-060e. pdf, 2020.

ISO, "ISO 24089: 2023 Road Vehicles - Software Update Engineering," 2023, https: //www. iso. org/standard/77796. html.

NHTSA, "Cybersecurity Best Practices for the Safety of Modern Vehicles," https: //www. nhtsa. gov/press - releases/nhtsa - updates - cybersecurity - best - practices - new - vehicles, 2021.

B.18

漏洞管理：智能网联汽车漏洞管理

摘　要： 本报告介绍了智能网联汽车漏洞管理的概念以及汽车漏洞适用场景，包括汽车主机厂、产品供应商、网络电信运营商、其他场景；通过对CVSS评估方法与TARA威胁分析评估方法和应用的分析，介绍了智能网联汽车漏洞管理的评价标准，包含时间指标、补充指标、威胁分级、风险分级等方面。此外，从智能网联汽车漏洞监测、漏洞修复流程以及漏洞处理等方面进行分析，介绍了智能网联汽车漏洞生命周期管理。

关键词： 漏洞管理　评价标准　漏洞生命周期管理

一　基本概念

安全漏洞通常指在系统、网络或软件中存在的安全缺陷，这些缺陷可能被恶意攻击者利用以窃取数据、破坏系统或者进行其他恶意行为。对于智能网联汽车来说，漏洞范围包括但不限于车辆、云服务器、手机App、充电桩系统等。网络安全漏洞通常是由设计、实现或配置方面的错误而导致的，这些错误可能会使系统面临潜在的攻击。

漏洞管理是一种系统化方法，用于识别、评估、修复和报告系统、网络和软件中的安全漏洞。它是网络安全与数据安全管理的重要组成部分，旨在降低组织面临的安全风险。漏洞管理过程通常包括以下步骤。

（1）漏洞识别，通过各种手段（如自动扫描工具、手动代码审查、安全测试等）来发现潜在的安全漏洞。

（2）漏洞评估，对识别到的漏洞进行评估，确定其对系统和业务的潜在影响，通常包括对漏洞的严重性、易受攻击性和影响范围进行评估。

（3）优先级排序，根据漏洞的评估结果，为修复工作分配优先级。通常，高风险漏洞应优先修复，以降低系统受到攻击的可能性。

（4）漏洞修复，采取适当的措施来修复已识别的漏洞，如更新软件、修改配置、修复代码等。在修复过程中，软件工程师需要与安全团队紧密合作，确保修复方案的有效性。

（5）验证和测试，对修复后的系统进行验证和测试，确保漏洞已被成功修复，且不会引入新的安全问题。

（6）报告和监控，记录漏洞管理过程中的所有活动，包括发现的漏洞、修复措施、测试结果等。此外，持续监控系统以确保新的漏洞能够及时被发现和处理。

通过实施有效的漏洞管理策略，组织可以降低安全风险，保护关键数据和系统免受攻击。

二　汽车漏洞适用场景

（一）汽车主机厂

对于汽车厂来说，可能涉及以下几个场景的安全漏洞。

（1）远程攻击，汽车厂的网络系统可能会受到远程攻击，攻击者可以通过网络入侵汽车厂的系统，从而获取敏感信息或者控制汽车的功能。

（2）软件漏洞，汽车厂使用的软件可能存在漏洞，攻击者可以利用这些漏洞入侵汽车厂的系统，从而获取敏感信息或者控制汽车的功能。

（3）物理攻击，汽车厂的物理设备可能会受到攻击，攻击者可以通过物理方式入侵汽车厂的系统，从而获取敏感信息或者控制汽车的功能。

（二）产品供应商

供应链攻击是指攻击者通过入侵供应链中的一个或多个环节来获取目标

公司的敏感信息或者控制目标公司的系统。为了防范供应链攻击，汽车厂商应该加强供应链安全意识培训、定期审查供应链中的软件和硬件、强化供应链中的加密和身份验证等。

（三）网络电信运营商

网络电信运营商攻击指借助网络电信运营商的网络通道发起的攻击。例如攻击者可能会对电信运营商的网络系统进行分布式拒绝服务攻击，从而导致网络系统瘫痪，影响用户的正常使用。车联网通常需要借助网络电信运营商才能实现网联功能。攻击者可能会通过网络钓鱼手段，欺骗电信运营商的员工或用户，从而获取敏感信息或者控制系统。攻击者还可能会通过恶意软件攻击手段，入侵电信运营商的系统，从而获取敏感信息或者控制系统。

（四）其他场景

攻击者可以通过社交工程手段来获取汽车厂员工的登录凭据或者其他敏感信息，从而进入汽车厂的系统。

三　漏洞评价标准

（一）CVSS 评估方法应用

CVSS（Common Vulnerability Scoring System）是一种公认的漏洞评估方法，用于评估系统中的漏洞的严重程度。CVSS 评估方法是由美国国家基础设施保护中心开发的，它提供了一种标准化的方法来评估漏洞的严重程度，并为安全人员提供了一种共同的语言来描述漏洞的严重程度。

1. 基本指标

CVSS 评估方法使用三个度量标准来评估漏洞的严重程度：基本度量、影响度量和环境度量。①基本度量包括漏洞的访问向量、访问复杂度和身份验证要求等。②影响度量包括漏洞对保密性、完整性和可用性的影响。③环境度量包括漏洞在特定环境中的影响程度。

CVSS 评估方法的结果值介于 0~10，用于表达漏洞的严重程度。分数越高，漏洞的严重程度越高。

2. 时间指标

时间指标用于描述漏洞的可利用性和可检测性随时间的推移而变化的情况。时间指标可以帮助安全人员快速准确地评估漏洞的严重程度。时间指标包括两个度量：补丁可用性和已知性。

（1）补丁可用性描述了漏洞的修补程序是否可用，以及修补程序的可用性和易用性。

（2）已知性描述了漏洞是否已经公开，并且攻击者是否已经知道漏洞的存在。

3. 补充指标

补充指标是用于评估漏洞严重程度的一组可选度量标准，用于提供更详细的漏洞评估信息。补充指标可以帮助安全人员更全面地评估漏洞的严重程度。补充指标包以下六个度量。

（1）攻击复杂度，描述攻击者利用漏洞所需的技能水平和条件。

（2）用户交互，描述攻击者利用漏洞所需的用户交互级别。

（3）范围，描述漏洞对受影响系统的影响范围。

（4）保密性影响，描述漏洞可能对保密性的影响程度。

（5）完整性影响，描述漏洞可能对完整性的影响程度。

（6）可用性影响，描述漏洞可能对可用性的影响程度

（二）TARA 威胁分析评估办法和应用

1. 威胁分级

TARA（Threat and Risk Assessment）威胁和风险评估是一种安全评估方法，用于评估系统、应用程序或网络的安全性。TARA 评估的目的是确定系统中存在的威胁和漏洞，并评估这些威胁和漏洞对系统造成的风险。

TARA 评估通常包括以下步骤。

（1）确定系统的范围和目标。

（2）收集系统的信息，包括系统的架构组件、数据流和通信方式等。

（3）识别系统中的威胁和漏洞，包括可能的攻击者、攻击方式和攻击目标等。

（4）评估威胁和漏洞对系统的风险，包括可能的损失、影响和潜在的后果等。

（5）提出建议和措施，减轻或消除威胁和漏洞，并提高系统的安全性。

TARA 评估的结果通常包括威胁分级和风险分级。

威胁分级是一种用于确定威胁严重程度的方法。威胁分级通常需基于以下因素。

（1）攻击者的技能和资源，攻击者的技能和资源越高，威胁就越高。

（2）攻击的复杂性，攻击的复杂性越高，威胁就越高。

（3）攻击的影响，攻击的影响越大，威胁就越高。

（4）攻击的概率，攻击的概率越高，威胁就越高。

根据这些因素，威胁可以分为以下几个级别。

（1）低威胁，攻击者的技能较低和资源较少，攻击的复杂性较低，攻击的影响较小，攻击的概率较低。

（2）中等威胁，攻击者的技能较高和资源较多，攻击的复杂性较高，攻击的影响较大，攻击的概率较高。

（3）高威胁，攻击者的技能非常高和资源非常多，攻击的复杂性非常高，攻击的影响非常大，攻击的概率非常高。

根据威胁分级，安全人员可以确定哪些威胁需要优先处理，并采取适当的措施来保护系统的安全。

2. 风险分级

风险分级是一种用于确定风险严重程度的方法。风险分级通常基于以下因素。

（1）损失的可能性，损失的可能性越高，风险就越高。

（2）损失的严重程度，损失的严重程度越高，风险就越高。

（3）风险的持续时间，风险的持续时间越长，风险就越高。

（4）风险的影响范围，风险的影响范围越广，风险就越高。

根据这些因素，风险可以分为以下几个级别。

（1）低风险，损失的可能性较低，损失的严重程度较小，风险的持续时间较短，风险的影响范围较小。

（2）中等风险，损失的可能性较高，损失的严重程度较大，风险的持续时间较长，风险的影响范围较广。

（3）高风险，损失的可能性非常高，损失的严重程度非常大，风险的持续时间非常长，风险的影响范围非常广。

根据风险分级，安全人员可以确定哪些风险需要优先处理，并采取适当的措施来保护系统的安全。

四　漏洞生命周期管理

（一）漏洞监测

漏洞监测是网络安全的重要组成部分，可以帮助组织及时发现和修复漏洞，从而提高网络安全性。

（1）漏洞扫描是一种自动化工具，用于检测网络中的漏洞。漏洞扫描器可以扫描网络中的所有设备和应用程序，并生成漏洞报告，以帮助组织及时发现和修复漏洞。

（2）安全信息和事件管理（SIEM）是一种安全监测工具，用于收集、分析和报告网络中的安全事件。SIEM 可以监测网络中的所有设备和应用程序，并提供实时警报，以帮助组织及时发现和应对安全事件。

（3）威胁情报是一种监测方法，用于收集和分析网络中的威胁情报。威胁情报可以帮助组织了解当前的威胁趋势和攻击方式，并采取相应的措施来保护网络安全。

（4）软件更新是一种重要的漏洞监测方法，可以帮助组织及时修复已知的漏洞。组织应该定期更新操作系统和应用程序，并确保所有的安全补丁都已安装。

（5）安全审计是一种监测方法，用于检查网络中的安全配置和策略是否符合最佳实践。安全审计可以帮助组织发现安全配置和策略中的漏洞，并采取相应的措施来修复它们。

不同的监测方法可以结合使用，以提高网络安全性并及时发现和修复漏洞。

（二）漏洞修复

漏洞修复是网络安全的重要组成部分，车企通过及时修复漏洞，可以提高网络安全性。常见的网络安全漏洞修复方式如下。

（1）安全补丁是一种修复漏洞的常见方式，可以修复已知的漏洞。组织应该定期更新操作系统和应用程序，并确保所有的安全补丁都已安装。

（2）配置更改是一种修复漏洞的方式，可以通过更改网络设备和应用程序的配置来修复漏洞。组织应该采用最佳实践来配置设备和应用程序，并确保所有的安全配置都已正确设置。

（3）数据加密是一种修复漏洞的方式，可以通过加密数据来保护其保密性。组织应该使用强加密算法来加密敏感数据，并确保加密密钥的安全性。

不同的修复方式可以结合使用，以提高网络安全性并及时修复漏洞。组织应该采用多种修复方式，并定期进行漏洞扫描和安全审计，以确保网络安全性。

（三）漏洞处理

漏洞处理是网络安全的重要组成部分，可以帮助组织及时修复漏洞，从而提高网络安全性。以下是一些常见的安全漏洞处理方式。

（1）接受风险，部分漏洞可能会决定接受风险。例如修复漏洞的成本太高或风险较小。

（2）修复漏洞，通过安全补丁、配置更改或其他方法来修复漏洞。

（3）漏洞降级，通过减少漏洞的影响来降低漏洞的风险。

（4）漏洞隔离，通过隔离漏洞来防止漏洞的扩散。

（5）漏洞报告，通过向漏洞的制造者或其他安全组织报告漏洞来帮助修复漏洞。

不同的处理方式可以结合使用，以提高网络安全性并及时修复漏洞。

参考文献

薛世豪、宁玉桥、于明明：《智能网联汽车漏洞管理实践探索》，《汽车实用技术》2022 年第 3 期。

Haiyang YU, Xiuzhen CHEN, Jin MA, Zhihong ZHOU, Shuning HOU, "Information Security Vulnerability Scoring Model for Intelligent Vehicles," *Chinese Journal of Network and Information Security*, 2022（8）.

B.19
零信任：智能网联车车云零信任网络规划

摘　要： 本报告介绍了智能网联车车云零信任网络规划。首先，针对零信任技术起源以及未来的车云通信进行分析，提出了基于零信任的车云通信设计方案，包括基于身份的接入、灵活的访问控制策略以及端到端的加密通信；其次，从人员和组织结构以及数据源的选择范围两部分介绍智能网联车安全运营中心的规划，从而确保智能网联车辆的安全性和稳定性；最后，针对智能网联汽车安全运营中心拟解决的问题，提出车辆安全管理、数据安全和隐私保护、防止恶意攻击和入侵、故障监测和远程支持等方面的建议。

关键词： 零信任网络规划　车云通信　安全运营中心

一　智能网联车车云零信任网络规划概述

（一）零信任技术起源

零信任技术起源可以追溯到 2009 年，美国国家研究委员会（NRC）发布《信任在计算机系统中的角色》报告。该报告指出，传统的网络安全模型基于信任，即假设内部用户和设备是可信的，而外部用户和设备是不可信的。然而，随着网络攻击的增加和漏洞的暴露，这种信任模型变得不再可靠。因此，零信任模型提出了一种新的安全模型，即不信任任何用户或设备，无论是内部还是外部的。在这种模型下，所有用户和设备都需要进行身份验证和授权，才能访问网络资源。此外，零信任模型还强调了实时监控和分析网络流量，以便及时发现和应对潜在的安全威胁。随着云计算、移动设备和物联网等新技术的发展，零信任模型成为一种越来越受欢迎的安全模型，被广泛应用于企业和政府机构的网络安全领域。

（二）未来的车云通信

未来的车云通信将会为车辆带来更加智能化、安全、便捷和高效的服务，同时也将会为车辆管理和维护提供更加高效的方式，这将会对未来的交通出行和城市管理产生深远的影响。

1. 车辆智能化

未来的车辆将会配备更多的传感器和智能设备，通过与云端的通信，车辆可以获取更多的数据和信息，如路况、天气、交通拥堵等信息，从而提供更加智能化的驾驶服务。车辆可以根据实时路况自动调整行驶速度和路线，提高行驶效率和安全性。

2. 车辆安全性

未来的车云通信将会提高车辆的安全性，通过与云端的通信，车辆可以实时获取路况、天气等信息，从而更好地应对各种驾驶情况。例如，车辆可以根据实时路况自动调整行驶速度和路线，避免交通事故的发生。

3. 车辆服务

未来的车云通信将会为车主提供更加便捷的服务，例如远程控制车辆、在线导航、在线支付等。车主可以通过手机远程控制车辆的启动、停止、锁车等操作，获得更加便捷的用车体验。

4. 车辆管理

未来的车云通信将会为车辆管理提供更加高效的方式，例如实时监控车辆状态、远程诊断车辆故障等。例如，车辆管理人员可以通过云端监控车辆的状态和行驶情况，及时发现和解决车辆故障，提高车辆的使用效率和安全性。

5. 车辆共享

未来的车云通信将会促进车辆共享的发展，通过云端的调度和管理，车辆可以更加高效地被多个用户共享，从而减少城市交通拥堵和环境污染。

6. 车辆自动驾驶

未来的车云通信将会为车辆自动驾驶提供更加高效和安全的技术支持，通过与云端的通信，车辆可以实现更加精准的定位和导航，从而实现更加智能化的自动驾驶。

7. 车辆数据分析

未来的车云通信将会为车辆数据分析提供更加高效和精准的技术支持，通过云端的数据分析和挖掘，车辆可以更好地了解用户需求和行驶情况，从而提供更加个性化和优质的服务。

8. 车辆能源管理

未来的车云通信将会为车辆能源管理提供更加高效和智能的技术支持，通过云端的能源管理和调度，车辆可以更加高效地利用能源，从而减少能源消耗和环境污染。

（三）基于零信任的车云通信设计方案

基于零信任的车云通信设计方案是一种安全的架构，从身份验证、访问控制和通信加密等方面保护车辆与云端之间的通信。下文将对基于零信任的车云通信设计方案进行介绍。

1. 基于身份的接入

基于身份的接入是基于零信任的车云通信的核心组成部分。在这个方案中，每个车辆和云服务都有唯一的身份标识，并且需要进行身份验证才能建立连接。身份验证可以使用数字证书、令牌或双因素认证等方式进行。通过身份验证，可以确保只有经过授权的车辆和云服务之间建立通信连接，从而防止未经授权的访问和潜在的攻击。

2. 灵活的访问控制策略

基于零信任的车云通信方案采用灵活的访问控制策略，以确保只有经过授权的实体可以访问特定的资源。这些策略可以根据实时的风险评估和身份验证结果来进行调整。例如，可以基于车辆的当前位置、安全状态和访问历史等因素，动态地控制其对云资源的访问权限。这种灵活的访问控制策略可以提供更精细的权限管理，防止恶意行为和未经授权的访问。

3. 端到端的加密通信

基于零信任的车云通信方案还使用端到端的加密来保护数据的安全性。所有在车辆和云服务之间传输的数据都会在发送方进行加密，并且只有在接收方进行解密后才能被访问和使用。这种加密机制可以有效地防止数据在传输过程中被窃取或篡改。此外，基于零信任的车云通信方案还可以使用数字签名等技术来验证数据的完整性和真实性，以确保数据没有被篡改或伪造。

综上所述，基于零信任的车云通信设计方案通过基于身份的接入、灵活的访问控制策略和端到端的加密通信来保护车辆与云端之间的通信安全。这种方案可以有效地防止未经授权的访问、数据泄露和篡改等安全威胁，为车辆与云服务之间的通信提供了可靠的保护。

二　智能网联车安全运营中心规划

智能网联车安全运营中心是为了确保智能网联车辆的安全性和稳定性而建立的核心机构，负责监控、管理和响应车辆安全事件，并提供数据分析和决策支持。下文将从人员和组织结构以及数据源的选择范围两个方面来介绍智能网联车安全运营中心的规划。

（一）人员和组织结构

智能网联车安全运营中心的人员和组织结构是确保其有效运行的关键，通常应该由具有相关技术和安全背景的专业团队组成，包括安全专家、数据分析师、网络工程师和运营人员等。以下是一些核心角色。

（1）安全运营经理，负责规划、组织和管理整个安全运营中心的工作，包括协调各个团队的合作。

（2）安全专家，负责监控和分析车辆数据，检测和响应安全事件，制定和实施安全策略，并与车辆制造商、供应商和相关机构进行合作。

（3）数据分析师，负责对车辆和交通数据进行分析，提取有价值的信息，发现潜在的安全风险和问题，并提供决策支持。

（4）基础运维工程师，负责构建和维护安全运营中心的网络基础设施，确保数据传输的安全和稳定。

（5）运营人员，负责监控车辆和系统运行状态，协调事件响应和通信，确保安全运营中心的日常工作正常运行。

（二）数据源的选择范围

1. 车端数据

（1）车辆传感器数据，包括车辆周围环境的传感器数据，如雷达、摄像头、激光扫描仪等。

（2）车载通信数据，车辆的位置、速度、行驶轨迹、车况信息、故障诊断数据等。

（3）用户行为数据，驾驶员的行为数据，如驾驶习惯、操作方式等。

（4）事故报告和紧急呼叫，发生事故时的报告和紧急呼叫信息。

2. 云端数据

（1）地图和导航数据，交通信息、路况状况、道路限制和变化等数据。

（2）交通基础设施数据，红绿灯状态、交通信号机数据、道路监控摄像头图像等数据。

（3）天气和气象数据，天气状况、温度、湿度、能见度等数据。

（4）路线规划和导航指令，基于云端数据的最佳路线规划和导航指令发送。

（5）远程支持和故障排查，通过云端服务器进行远程故障排查和支持。

（6）其他涉及云安全的数据，如 IPS、防火墙、EDR 等。

3. App 端数据

（1）用户行为数据，安全运营中心可以通过手机 App 获取用户的行为数据，以及手机 App 各类操作数据。

（2）实时车辆追踪，通过与车辆配对，手机 App 可以提供实时车辆追踪功能，将车辆位置和状态信息传输到安全运营中心。

（3）手机基本信息，操作系统、手机号等。

（4）手机安全探针数据，系统进程、关键路径、重要文件监控等。

三　安全运营中心解决的问题

车联网安全运营中心解决的问题主要涉及以下几个方面。

（1）车辆安全管理，车联网安全运营中心负责监控和管理智能网联车辆的安全性，可以实时监测车辆的状态、位置和行为，识别潜在的安全风险，并采取相应的措施来保证车辆和驾驶员的安全。

（2）数据安全和隐私保护，车联网安全运营中心处理大量的车辆数据和用户信息，需要确保这些数据在传输、存储和处理过程中的安全性，防止数据泄露、篡改或未经授权的访问。同时，安全运营中心也需要遵守相关的隐私法规，保护用户的隐私权益。

（3）防止恶意攻击和入侵，智能网联车辆和车联网系统可能成为恶意攻击的目标。车联网安全运营中心通过实施安全措施和采用先进的安全技术，防止恶意攻击者对车辆和车联网系统进行入侵、数据窃取、远程控制或其他破坏行为。

（4）故障监测和远程支持，安全运营中心可以监测车辆的健康状态和故障信息，实时发现车辆的故障并提供远程支持，可以诊断故障、提供故障解决方案，并在需要时向驾驶员发送警报或指导信息，以确保车辆的正常运行和驾驶员的安全。

总之，车联网安全运营中心致力于解决智能网联车辆和车联网系统面临的安全和管理问题，确保车辆和驾驶员的安全，并提供高效、可靠的车联网服务。

B.20

开发：智能网联汽车隐私开发方法与流程探究

摘　要：　本报告针对智能网联汽车用户的隐私泄露问题，对智能网联汽车隐私开发方法与流程进行分析。首先，分析汽车整车开发流程及数据安全开发流程，结合相关法律法规和标准规范，提出基于全生命周期的智能网联汽车数据安全要求，包括数据采集安全、数据传输安全、数据存储安全、数据处理安全、数据交换安全以及数据销毁安全。其次，通过对开发阶段的整车隐私方法进行分析，将整车隐私开发流程分为数据采集、数据建模、隐私评估和隐私设计四个阶段。再次，隐私方案开发包括隐私方案、隐私工具、隐私策略以及车辆架构四个方面。最后，通过对智能网联汽车隐私开发挑战的分析，展望智能网联汽车行业的隐私流程开发。

关键词：　隐私开发　全生命周期　隐私方案

一　汽车整车开发流程及数据安全开发流程介绍

随着《汽车数据安全管理若干规定（试行）》的发布，汽车行业对于汽车数据安全问题的重视程度提升。该规定倡导汽车数据处理者在开展汽车数据处理活动中坚持四大原则：车内处理原则、默认不收集原则、精度范围适用原则、脱敏处理原则。目前业界普遍关注单点的技术问题，以满足合规需求，如数据匿名化、图像脱敏处理，同时关注全生命周期的汽车数据运营，而忽略了汽车整车产品本身的隐私分析，难以真正实现“privacy by default”。

本文尝试介绍一种基于整车开发的结构化隐私流程，将其分为四个阶段——数据采集、数据建模、隐私评估和隐私设计，最终形成隐私方案。此隐私分析流程与整车开发的概念阶段和开发阶段融合，解决了汽车行业研发阶段的隐私分析保护问题，同时有助于为车辆制造商和驾驶员提供可持续的隐私保护。

本文将隐私开发流程与整车开发流程融合，参考基于全生命周期的数据安全，简单介绍整车开发流程以及全生命周期的数据安全流程。

二　汽车整车开发流程概览

一般而言，汽车整车开发流程遵循“V”字形正向开发逻辑，需要定义整车开发各阶段的关键活动，并明确相应的时间节点及交付物，整体来说分为五个阶段，具体如图 1 所示。

图 1　汽车整车开发流程阶段

资料来源：《数据资产全生命周期安全管理》。

（一）规划阶段

基于商业化调研以及市场定位，按照企业实力，确定具体需要开发的车型构想，明确相应的配置清单、主要尺寸、合规需求、整车目标等车型开发所需条件。

（二）概念阶段

按照车型规划的要求，启动具体的车型技术需求定义，包括功能开发、系统开发、属性定义、验证策略定义和电子电气架构开发等，为车型各项技术方案开发提供技术输入。

（三）开发阶段

按照概念阶段输入的高层级需求，开始进行零部件选型和零部件开发，包括机械开发和软件开发，以及整车开发各层级所对应的测试验证，如整车级验证，同时也会进行造型冻结。

（四）生产阶段

车型产品研发之后，产品进入生产阶段，工装样车确认生产工艺装配的可行性，试生产和小批量检验生产线的生产能力，爬坡量产到 SOP，此阶段的重点是考验生产线的能力。

（五）运营阶段

在传统的汽车工业，运营阶段主要负责车型的售后处理，而就网络安全而言，运营阶段也包括安全运营、应急响应和漏洞管理、软件更新等。

汽车零部件的数量众多，电子控制单元为 100～150 个，整车研发的周期较长，汽车供应链上下游企业众多，同时随着自动驾驶和网联功能技术的发展，信息数据和个人信息交互增多，一方面网络安全和数据安全、个人信息保护问题日益增多，另一方面汽车本身的复杂性，导致安全防护和个人信息保护也日趋复杂，单点技术方案无法解决系统问题，此时更需要结构化的流程进行整车层级的数据梳理。

三　基于全生命周期的数据安全

《汽车数据安全管理若干规定（试行）》（以下简称《若干规定》）对汽车领域有关数据的重要名词进行界定，其中包括“汽车数据”“个人信息”“敏感个人信息”“重要数据”等，明确定义“个人信息”和“敏感个人信息”。

《若干规定》指出，所谓汽车数据，即“包括汽车设计、生产、销售、使用、运维等过程中的涉及个人信息数据和重要数据”。这说明并不是汽车设计、生产、销售、使用、运维等过程中的所有数据都被划入了汽车数据的范畴，而仅仅是其中的个人信息数据和重要数据。

此处暂且将隐私与敏感个人信息数据等同，在深入介绍隐私分析流程之前，有必要对基于全生命周期的数据安全流程做简单的介绍（见图2）。

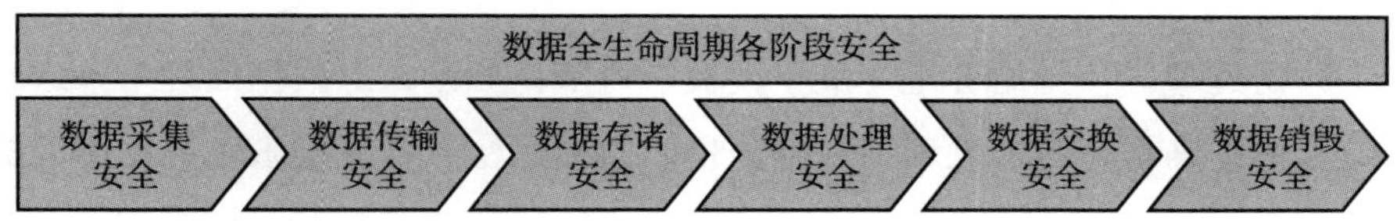

图2 汽车全生命周期各阶段安全

资料来源：《数据资产全生命周期安全管理》。

（一）数据采集阶段

数据采集阶段，要明确采集规范，制定采集策略，完善数据采集风险评估体系以及保证数据采集的合规合法性。数据采集规范要明确数据采集的目的、用途、方式、范围、采集源、采集渠道等内容，并对数据来源进行源鉴别和记录。制定明确的采集策略，只采集经过授权的数据并进行日志记录。对数据采集过程中的风险项进行定义，形成数据采集风险评估规范。数据采集全过程需要符合相关法律法规和监管要求，做到合规合法采集。

（二）数据传输安全

数据传输阶段，采用合适的加密算法对数据进行加密传输，其中用到的对称加密算法主要是对称和非对称算法，采用加密、签名、鉴别和认证等机制对传输中的数据进行安全管理。

（三）数据存储安全

数据存储阶段，制定存储介质标准和存储系统的安全防护重要标准。存储介质标准需要覆盖存储介质的定义、质量、存储介质的收发运输、存储介质的使用记录及管理、存储介质的维修规范。对存储系统的安全防护，需要包括数据备份、归档和恢复及对存储系统弱点的识别及维护。

（四）数据处理安全

数据处理应该遵循合规、最小授权、可审计原则，对数据处理结果进行风险评估，确保分布式处理、数据分析、数据加密、数据脱敏和数据溯源的安全。

（五）数据交换安全

数据交换阶段，需建立数据交换和共享审核流程与监管平台。建立数据导入导出的流程化规范，统一权限管理和流程审批以及监控审计，以确保对数据共享的所有操作和行为进行日志记录，并对高危行为进行风险识别和管控。

（六）数据销毁安全

结合场景保障销毁技术的多样化。针对不同的存储设备有不同的不可逆的销毁技术及流程，针对磁盘、光盘各类数据存储介质采取不同的销毁技术及流程，建立销毁监察机制，严防数据销毁阶段可能出现的数据泄露问题。

基于全生命周期的数据安全各阶段逻辑同样适用于汽车数据安全，《智能网联汽车数据通用要求（征求意见稿）》涉及的个人信息保护和重要数据要求，依然包括收集、存储、使用、传输、删除五个阶段，此外还有个人信息处理通用要求，以及个人同意的取得、个人信息出境和处理记录的要求。

《智能网联汽车数据通用要求（征求意见稿）》对个人信息和重要数据各阶段提出了要求，如针对个人信息收集，提出汽车数据处理者应根据所提供功能服务对数据精度的要求确定摄像头、雷达等的覆盖范围、分辨率。

除了直接的技术要求之外，整车功能服务以及个人信息在整车流转中涉及零部件众多，应有效识别《汽车数据安全管理若干规定（试行）》中提到的敏感个人信息，并进行针对性的处理，通过采取流程化、结构化的方式，将隐私分析嵌入整车研发过程是业界亟待解决的问题。

四 整车隐私开发流程

汽车智能化和网联化除了提升用户体验感外，也会导致汽车本身系统的复杂和海量的数据交互，其中在考虑隐私问题时，不仅仅是围绕隐私各个方面，还应当考虑以下问题。

一是隐私意识。汽车智能网联技术发展，导致涉及的个人信息和敏感个人信息信息量增多，隐私防护又会提升汽车本身的复杂性，此时隐私意识显得尤为重要，是落实隐私防护措施的基础，需要重视隐私意识的主体包括车辆制造商及相关的工程师以及用户，他们需要了解隐私问题带来的影响，并在研发和使用过程中引起高度的重视。

二是整体视野。在引入隐私概念时要尽可能地考虑到隐私所涉及的范围，尽管标准要求和执行层面聚焦单点的隐私防护技术，但考虑全范围的隐私问题有助于提升隐私防护水平。局部的隐私方案落实，随着隐私范围的扩大，可能会导致原先的隐私防护措施失效，因此将车作为整体考虑可以发现新的隐私威胁。此外，还要考虑不同的隐私数据类型，除了车联网数据之外，还要考虑位置信息，对相关数据类型进行逐一分析，如诊断数据、传感器数据等。

三是隐私预防。在隐私保护理念方面，应以预防为主，积极采取措施提前响应，避免在隐私问题出现之后才处理，这样也就不需要驾驶员的交互处理，避免分散驾驶员的注意力。

四是整车开发技术要求。由于整车开发流程复杂，需求和约束条件也多，由此也会对隐私概念的界定造成影响，在整车开发过程中需要考虑合规需求、车辆功能开发及安全性的要求，在明确隐私概念的同时，需要考虑车辆架构技术特征，以便更好地实现隐私防护。

五是整车开发流程。一般而言，整车开发流程分为开发阶段、生产阶段、后生产阶段三个阶段。每个阶段都有不同的特点，在开发阶段主要是界定概念和架构设计，定义零部件规范，此时隐私分析也需要考虑这方面的内容，在生产阶段，涉及生产安装，此时隐私方案已经落地；在后生产阶段主要涉及汽车运维，在这个阶段也有可能引入新的隐私威胁，需要持续监控隐私相关的问题。

以上是形成隐私开发流程的前提，避免单点隐私方案的片面性，不足以系统性的应对隐私威胁。本文所介绍的整车隐私开发流程主要聚焦整车产品开发阶段，以平衡整车开发约束条件与隐私保护措施。其他阶段的隐私保护可以重点参考前文介绍的全生命周期数据安全的技术要求。

整体来说，基于开发阶段的隐私分析方法包括数据采集、数据建模、隐私评估和隐私设计四个阶段，具体交互如图 3 所示。

（一）数据采集

由于智能网联相关的功能增多，在数据采集和处理阶段的场景更加复杂，数据采集也是隐私分析中非常重要的基础。除了考虑重要的单一类型的数据，如位置隐私数据外，还应考虑车辆不同的功能域或者不同的分类，可以通过收集和分析不同的技术文档，提炼隐私相关数据。

在车辆的设计阶段，数据采集主要来自车辆功能和架构规范，还有具体的零部件技术规范。在这个阶段所涉及的个人信息尚不明确，可以基于隐私默认原则，如数据最小化原则和去标识化、保持数据处理透明度等原则，明确高层级的隐私防护需求。通过相应的技术手段实现数据最小化，这样有利于降低敏感数据的影响。

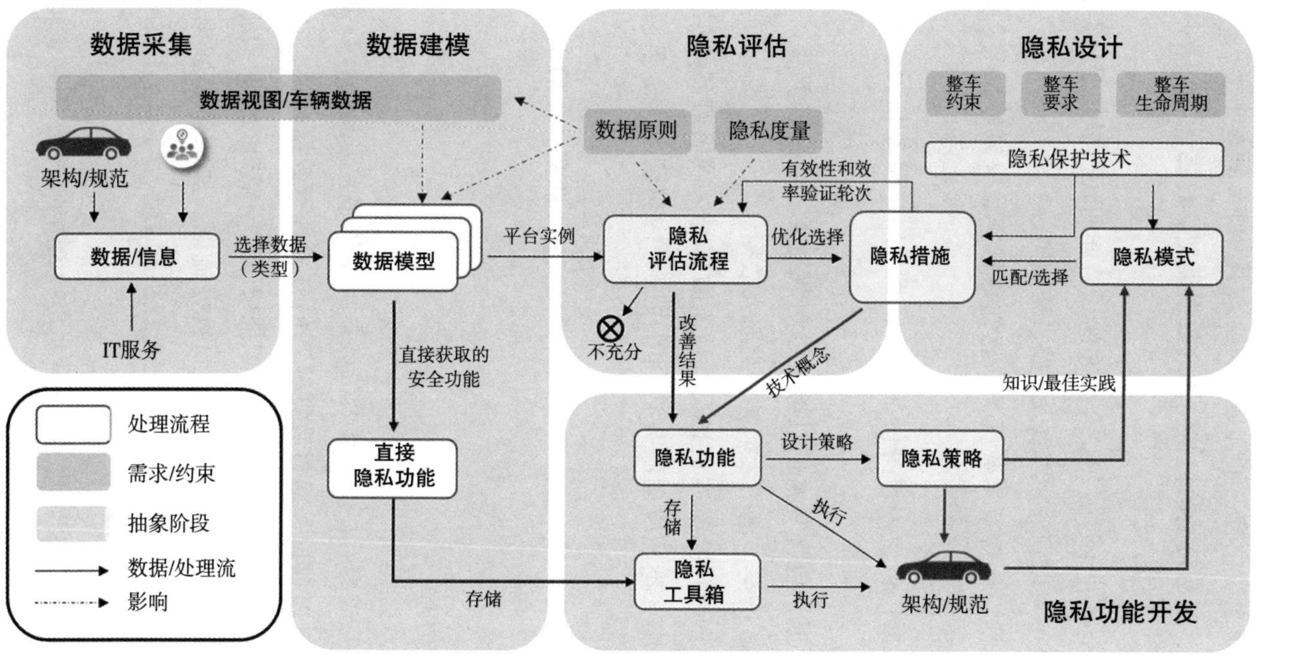

图 3　开发阶段隐私分析具体交互

资料来源：Naim Asaj，“ProTACD：A Generic Privacy Process for Vehicle Development”。

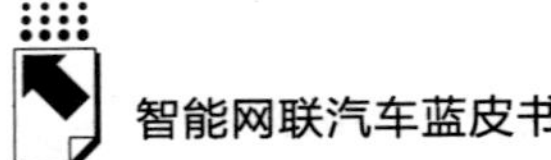

基于整体的数据视角可以从不同维度考虑，如具体抽象层的数据，或者垂直考虑不同的子系统内容，不管是从功能入手，细分到各个子功能，还是基于不同的系统，要尽可能的覆盖整体的数据类型。总之，需要考虑不同的数据类型。

按照数据安全推进计划在2022年发布的《智能网联汽车数据分类分级实践指南》，数据类型可以划分为车、人、路、云四类。

（1）车端数据，包含基本数据类、感知数据类、决策数据类、运行数据类、控制数据类。

（2）用户数据，包含用户身份证明信息类、用户服务相关信息类、用户其他相关信息。

（3）路端数据，包含基本信息类、感知数据类、融合计算类、应用服务类、运行状态数据类、地图数据类、交通大数据。

（4）云端数据，包括基本信息类、控制数据类、网络监测数据类、生活服务类、车辆服务类、应用服务类、用户服务内容信息类、车辆销售数据类。

在数据采集阶段，首先按照这四种数据类型分类收集，然后识别出对应的隐私信息。

（二）数据建模

在数据采集完成之后，由于涉及的数据类型较多，需要进行数据建模，以结构化的形式整理数据，通过数据流图的方式进行数据建模，如数据来源、数据传输、数据处理、数据存储。如果按照整车架构的不同功能域进行划分，基于执行功能对应的零部件绘制数据流图，厘清隐私数据对应的ECU和通信协议。数据建模可为隐私分析提供数据平台基础，同时也方便未来的隐私方案部署。

在数据建模方面也可以考虑基于车辆身份标识图的方式，具体逻辑如图4所示。

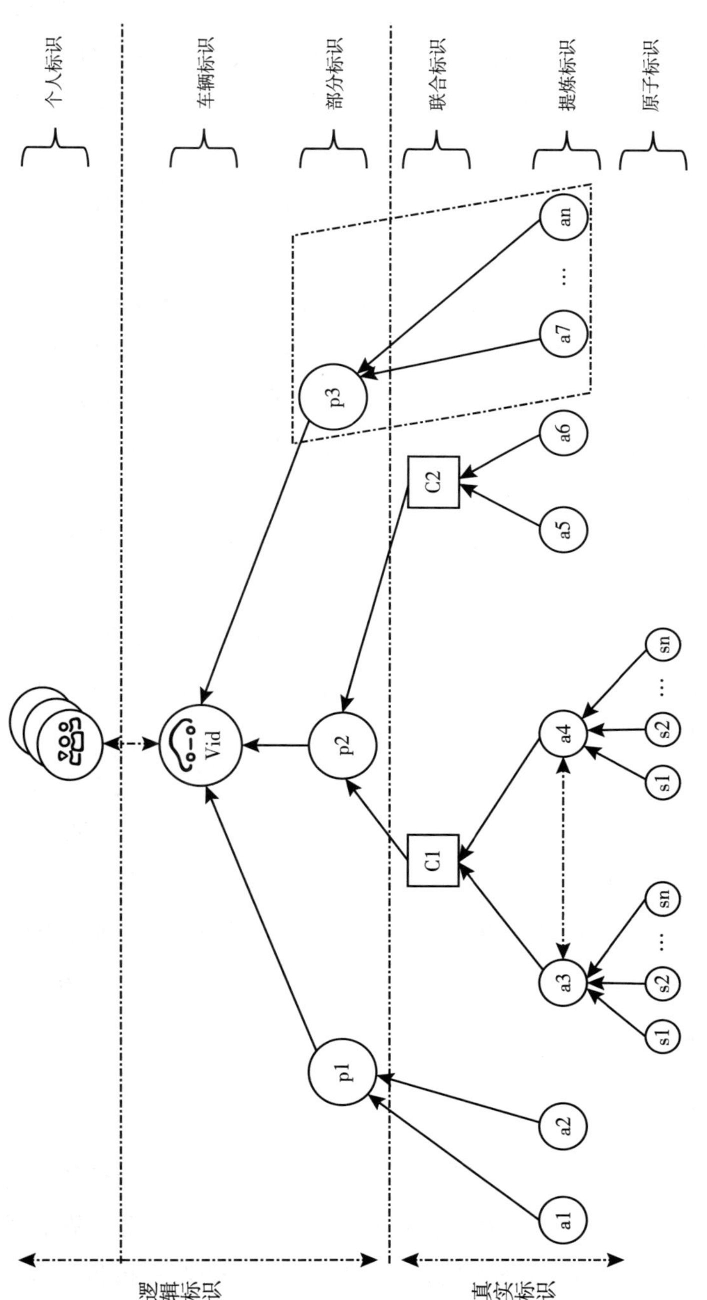

图 4　基于车辆身份的标识图

资料来源：Naim Asaj，“Towards an Identity-based Data Model for an Automotive Privacy Process”。

在基于车辆身份的标识图中，标识主要分为原子标识、提炼标识、联合标识、部分标识、车辆标识和个人标识五个层级，从真实标识数据入手，通过自下而上的数据推演出相应的车辆数据和隐私信息，具体定义如下。

（1）原子标识，在车辆系统是不可再拆分且单一的元数据，而且真实存在，如 VIN 码。

（2）提炼标识，这种元素是特殊的节点化身，它定义了从原子标识符中提取的语义信息。它可以被视为原子标识符的语义子集。通常，原子标识符可以包含更多信息，其中必须将此信息拆分为单独的元素。通过原子标识数据进行拆解，推导出更多的语义信息，比如 VIN 码可以读出世界代码、车辆属性和车型的年限。

（3）联合标识，它属于逻辑标识，并非真实存在，可以通过两个原子数据组合构成标识，推导出更多的信息。

（4）部分标识，关于特定的汽车特性，部分标识代表了汽车部分功能域，如网联域，由于基于标识的数据模型处于动态变化中，可以通过部分标识推导出更大范围的数据标识。

（5）车辆标识，与车辆相关的所有标识集合，区别单点的 VIN 码。

（6）个人标识，一组与特定个人（驾驶员或者乘客）相关的个人身份识别信息。同时可以将个人信息与车辆标识一起使用形成部分标识。

通过数据建模的方式可以明确各个原子数据之间的联系，通过演绎的方式推导出敏感个人信息，通过此种方式可以对整车的数据进行系统的建模，为进一步的隐私评估提供参考。

（三）隐私评估

隐私评估阶段的主要目的是识别相应的隐私威胁，同时选择并评估隐私方案的有效性。本阶段可以采用基于 LINDDUN 威胁模型建模，基于固定场景进行分析。在《智能网联汽车网络安全与数据安全发展报告（2022）》中有详细的介绍，此处对每个阶段做简单的描述（见图 5）。

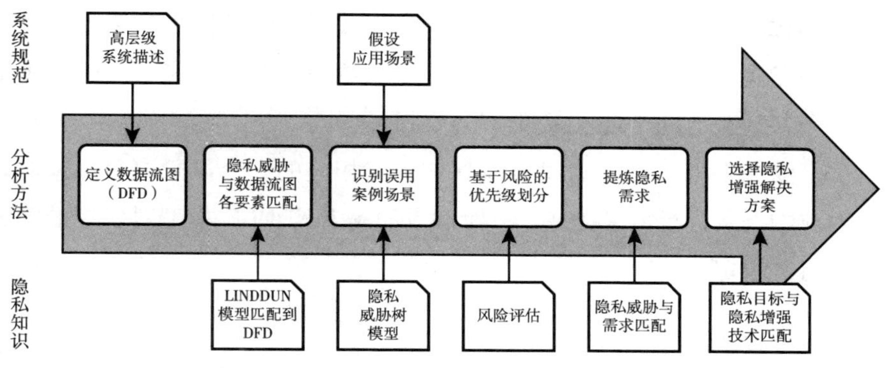

图5　隐私评估流程

资料来源：Mina Deng，“A Privacy Threat Analysis Framework：Supporting the Elicitation and Fulfillment of Privacy Requirements”。

（1）数据流图（DFD）的创建，按数据流向绘制数据流图，主要考虑数据实体、处理单元、数据存储和数据流四大要素。

（2）隐私威胁与数据流图映射关系（见表1）。

表1　隐私威胁与数据流图映射关系

威胁类别	实体(Entity)	数据流(Data flow)	数据存储(Data flow)	处理(Process)
可链接性(L)	×	×	×	×
可识别性(I)	×	×	×	×
抗抵赖性(N)		×	×	×
可检测性(D)		×	×	×
信息泄露(D)		×	×	×
信息不知情(U)	×			
政策和同意后不遵守(N)		×	×	×

资料来源：Mina Deng，“A Privacy Threat Analysis Framework：Supporting the Elicitation and Fulfillment of Privacy Requirements”。

（3）基于威胁树的隐私威胁细化，首先按照不同的资产类型与威胁类别进行对应，然后具体细化隐私所对应的威胁内容。

（4）风险评估，首先对识别的威胁进行优先级排序，然后参考对个人权益影响程度，划分不同的等级，可以参考《智能网联汽车数据分类分级指南》中数据分级的思路，将风险分为一般危害、严重危害、特别严重危害、对公共利益造成严重危害四个等级进行划分。

（5）提炼隐私需求，通过风险评估确定相应的安全风险之后，针对风险所对应的场景进行需求提炼。一般对应的是 LINDDUN 模型对匹配的隐私目标进行需求定义。

（四）隐私设计

在需求定义清楚之后，开始进行隐私方案设计。一般而言，隐私方案是一系列要素的组合，包括增强型隐私防护技术、车辆约束条件（如车辆技术需求）、生命周期不同阶段的工作特点、特殊的车辆隐私防护形式。基于整车功能分析形成的隐私设计方案，具有一定的普适性，无法适用于特定的车辆，需要结合整车的实际予以合理采用，也就是说基于此流程得出的隐私方案只是技术层面的防护参考，还需要考虑实际的项目需求。

在具体车型的隐私方案设计过程所得到的并不是固定的隐私方案，允许调整和优化隐私方案，也可以通过仿真的方式减少隐私方案的错误使用，在持续迭代的过程中实现隐私方案优化。

五　隐私方案开发

具体的隐私方案开发包括隐私方案、隐私工具、隐私策略和车辆架构四个方面。隐私方案包括技术实现概念、对应的隐私评估结果和隐私特点。由于隐私方案的部署并不能直接使用，要用软件工具将不同的隐私方案文档化存储下来。通过隐私流程的引入变相的影响到了整车开发流程，由此带来的新信息也可以作为隐私方案的输入反馈，为优化隐私方案提供流程机制的保障。

本文详细介绍了基于开发阶段的隐私分析流程，即数据采集、数据建模、隐私评估和隐私设计，通过整车数据交互迭代，以及与整车开发流程的匹配，完成了基于整车开发阶段流程设计的构想，为业界的隐私流程开发提供了参考。

六 智能网联汽车隐私开发挑战与展望

随着《个人信息保护法》《数据安全法》《汽车数据安全管理若干规定（试行）》等法律法规的发布，个人信息保护与数据安全问题逐渐受到行业的重视，但是汽车行业如何在实际工作中有效且系统的应对合规的需求，目前尚无明确的标准指导和行业共识。目前业界普遍关注数据安全，隐私保护属于个人信息与数据安全交叉部分，数据安全目前存在的以下挑战，对于隐私保护而言依然是适用的。

（一）数据资产梳理不清晰

随着智能网联汽车业务快速发展，业务运行过程中衍生的汽车数据往往体量大、数据类型繁多、应用场景复杂。对于企业来说，梳理数据类型、应用场景面临巨大的挑战。

（二）数据使用流转不明

构建完整的车联网生态系统，智能网联汽车数据是从何而来、经于何地、存于何处，这些散布在车、路、云、网的汽车数据使用流向不明，对于数据的流转路径、数据流转具体字段、数据流转量级、数据流转的接口等，无法进行有效的识别和监控，使整个数据安全与隐私保护面临挑战。

（三）数据风险监测不准

以往技术聚焦静态单点的数据风险监测，无法应对日趋复杂的车联网生态系统，导致数据风险监测不准。

（四）数据安全防护不足

业内对于数据安全尚未形成成熟的解决方案，企业积累了大量的车联网数据，但由于数据量大、类型繁多、分布广泛，企业在开展数据分类分级工作时，需要多方参与，人力成本高，周期长，见效慢。

（五）审计溯源能力不足

在智能网联汽车数据使用和流转过程中，涉及车、路、云、网、端等各种各样的账号、应用、数据库和数据等重要对象，传统技术难以对智能网联汽车数据重要对象进行关联审计。一般所获取的部分对象的日志信息，无法形成链路级关联审计。

面对以上数据安全与个人信息保护方面的挑战，需要业界协同，有如下建议。

1. 加快数据安全与隐私保护相关的标准制定

目前有关法规已出台，如汽车领域的《汽车数据安全管理若干规定（试行）》，但企业不知道该如何实施，一方面标准制定部门应加大投入，另一方面鼓励企业建立数据安全与隐私保护流程规范，整体来说，通过政府监管和行业联盟推动各项标准的制定。

2. 提高企业对数据安全与隐私保护的意识

安全和隐私是需要全员参与的，尤其是在车辆制造商及其上下游，将数据安全与隐私保护意识导入日常工作。通过活动宣传、流程制定、参与监管的方式，提升整体的安全意识。

3. 加强数据安全与个人隐私信息保护的监管

合规驱动的数据安全与个人信息保护需要通过自上而下的方式加强监管，通过进一步细化法规要求，制定相应的标准内容，积极引导行业注重数据安全与个人信息保护，也要加强各部门的监管，将法规所要求的内容真正的落实于产品方案。

参考文献

倪文静、胡震：《数据资产全生命周期安全管理》，《中国标准化》2019 年第 22 期。

王蔚萍、章学周、郑璐琳：《数据全生命周期安全防护》，《中国高新科技》2021 年第 24 期。

Naime Asaj Björn, "Wiedersheim Towards an Identity-based Data Model for an Automotive Privacy Process," IEEE 2012.

KimWuyts, Riccardo Scandariato, Wouter Joosen, "A Privacy Threat Analysis Framework: Supporting the Elicitation and Fulfillment of Privacy Requirements, Requirements Engineering 2011".

B.21
中间件：车载中间件网络安全与数据安全

摘　要： 本报告探讨车载中间件网络安全问题，通过车载中间件的类别分析，对车载中间件的技术进行对比，包括“广义操作系统”主要中间件 ROS2、CyberRT 及 AutoSAR 的应用领域、特点、不足及发展趋势等。从共同点、资源、场景、灵活性、可伸缩性、订阅方和发布方是否强耦合、服务策略等方面进行分析，对通信中间件 SOME/IP 以及 DDS 进行对比，并讨论了车载中间件面临的网络安全与数据安全威胁，介绍了包括 AutoSAR 的网络安全与数据安全机制、DDS 的安全机制、ROS2 的安全机制在内的车载中间件网络安全与数据安全策略。从风险分析和安全方案维度出发，针对现有方案存在的问题和缺点，对未来车载中间件网络安全与数据安全的发展趋势进行了分析。

关键词： 车载中间件　网络安全与数据安全策略　安全威胁　研究趋势

一　车载中间件概况

中间件（middleware）是基础软件的一大类，是整个软件架构的核心组成部分，处在操作系统、网络和数据库之上，应用软件的下层，通常介于应用系统软件和操作系统软件之间，使用操作系统软件所提供的基础服务，衔接应用层系统的各个部分或不同的应用，是以实现资源共享、功能共享为目的的一类软件。

中间件的主要任务是负责各类应用软件模块之间的通信以及对系统资源的

调度。它的主要优点是可以降低应用层软件的开发难度，使研发工程师的精力主要用于功能算法开发。具体来说，中间件可对传感器、计算平台等资源进行抽象，对算法、子系统、功能采取模块化管理，通过提供的统一接口，让开发人员能够专注于各自业务层面的开发，而无须了解无关的细节，使整个系统的开发效率得到提高，软件部署得以简化，整体的扩展性也可得到提升。

二　车载中间件分类

在智能网联汽车领域，中间件分为两类，一类中间件被定义为“广义的车载操作系统”，主要特点是功能涉及面广，主要有 ECU 管理、传感器管理、车辆模型管理、通信管理、任务管理、数据管理、安全管理、诊断管理、OTA 管理、可视化管理等，这类中间件主要有 AutoSAR、ROS2、百度阿波罗的 CyberRT 等。另一类中间件，其 90%的功能是通信，在狭义上被称为“车载通信中间件”（又被称为“消息中间件”）。这类中间件，根据源代码是否开放，可分为闭源和开源两种。闭源的通信中间件主要有 Vector 公司的 SOME/IP、RTI 公司的 DDS 等，开源的通信中间件主要有 Cyclone DDS、OPEN DDS、FAST DDS 等。

三　车载中间件技术对比及发展趋势

（一）“广义操作系统”中间件简要对比

表 1 列出了主要中间件 ROS2、CyberRT 及 AutoSAR 的对比。

表 1　ROS2、CyberRT 及 AutoSAR 对比

中间件名称	ROS2	CyberRT	AutoSAR
应用领域	主要面向机器人开发而诞生的软件架构，扩展到自动驾驶开发中	面向自动驾驶汽车开发的软件架构	面向汽车工业界开发的软件架构

续表

中间件名称	ROS2	CyberRT	AutoSAR
特点	①点对点设计 ②多语言支持 ③精简和集成 ④工具包丰富 ⑤免费且开源 ⑥对 ROS 分级:计算图级,文件系统级、社区级	①专为自动驾驶场景开发的分布式计算框架 ②轻量级、平台无关。基于自动驾驶业务现状深度定制,精简可靠。框架与底层实现剥离,平台可移植性强 ③采用 DAG 拓扑架构,可使上层模块灵活配置。模块可定义独立的算法,以及输入、输出、异常处理等。 ④可根据配置文件动态生成计算流图并执行	①具有毫秒级的最后期限,且偶尔错过最后期限也不会造成灾难性后果 ②具有一定的功能安全要求,可达到 ASIL-B 或更高 ③比 AutoSAR AP 更适用于多核动态操作系统的高资源环境,如 QNX
不足	①ROS 作为机器人开发通用框架,对规划控制算法研究者而言,仍然要实现上游感知模块后才能进行研究 ②通信体系可靠性不高 ③计算调度效率低	车规方面和嵌入式系统兼容方面考虑不够	①工具链成本高且不成熟 ②工具链间兼容性差 ③集成效率低
趋势	量产应用较少,APEX 为型代表。相较 AutoSAR AP,ROS2 在安全支持、技术成熟度和实时域方面尚有欠缺,其在自动驾驶量产车的应用较少,但随着相关技术的进一步成熟,ROS2 应用有望逐步丰富。目前,国内外厂商在 ROS2 领域均处于起步阶段,致力于 ROS2 中间件方案研发的公司包括:Apex. AI,其所设计的中间件为 Apex. Middleware;博世,其所设计的中间件冰羚基于零拷贝和共享内存技术开发。此外,丰田、大陆、采埃孚等 OEM 以及 Tier1 均积极布局 ROS2 领域	目前百度已将 CyberRT 基础功能开源供国内外自动驾驶团队使用	国内外企业积极布局 AutoSAR AP 领域,国内外厂商均处于起步阶段。国外企业大陆 EB 与大众合作将 AutoSAR AP 和 SOA 平台应用于大众 MEB 平台 ID 系列纯电动车型上。国内厂商也将 AutoSAR AP 作为发力重点,推出相应的中间件及其工具链产品。国内 AutoSAR AP 领域的新兴软件供应商与国外老牌 AutoSAR 供应商深入合作

资料来源:超星未来。

（二）通信中间件对比

SOME/IP 和 DDS 是基于不同的应用场景和需求而产生的技术，两者区别较大。SOME/IP 和 DDS 均与 AutoSAR AP 的平台标准兼容。

1. SOME/IP

SOME/IP（Scalable service-OrientedMiddlewarE over IP）是一种面向服务的传输协议。严格地说，SOME/IP 不是一款特定的产品，而是一种技术标准，宝马于 2012~2013 年开发，并在 2014 年将其集成至 AutoSAR 4.2.1 中。当前，全球最大的商用 SOME/IP 产品供应商是 Vector。开源版的 SOME/IP 则是由 Genivi 协会来维护的。

2. DDS

数据分发服务（Data Distribution Service，DDS）是由 OMG 发布的分布式通信规范，采用发布/订阅模型，提供多种 QoS 服务质量策略，以保障数据实时、高效、灵活地分发，可满足各种分布式实时通信的应用需求。

DDS 将分布式网络中传输的数据定义为“主题”，将数据的产生和接收对象分别定义为“发布者”和“订阅者”，从而构成数据的发布/订阅传输模型。各个节点在逻辑上无主从关系，点与点之间都是对等关系，通信方式可以是点对点、点对多、多对多等，在 QoS 的控制下建立连接，自动发现和配置网络参数。

DDS 的最早应用者为美国海军，用于解决舰船在复杂网络环境中的大量软件升级的兼容性问题，后来用途扩展至航空、航天、船舶、国防、金融、通信、汽车等领域，包括作战系统、船舶导航和控制系统、船舶防御系统、无人机驾驶系统和地面控制系统、装甲车辆控制系统、仿真和培训系统、雷达处理和空中交通管理系统、金融系统等。

3. DDS VS SOME/IP

现阶段，SOME/IP 和 DDS 是自动驾驶领域应用最多的两类通信中间件，其对比见表 2。

表 2　DDS 和 SOME/IP 对比

名称	共同点	不同点				
		资源	场景	灵活性、可伸缩性	订阅方和发布方是否强耦合	服务策略不同
DDS	①面向服务的通信协议 ②采用了“以数据为中心”的发布和订阅模式 ③对于数据吞吐量，从有效数据的占比来看，DDS 和 SOME/IP 的性能没有明显的差别	DDS 功能多，但体量比较大，需要裁剪后才能用于自动驾驶	DDS 是一套面向数据的访问系统，适合多节点、大数据交互的应用场景	相较于 SOME/IP，DDS 引入了大量的标准内置特性，如基于内容和时间的过滤，与传输无关的可靠性、持久性，存活性，延迟/截止时间监视，可扩展类型等	在 SOME/IP 中，在正常数据传输前，client 需要与 server 建立网络连接并询问 server 是否提供所需服务，在这个层面上，节点间仍然具有一定耦合性。服务的订阅方需要知道 server 在哪里，服务的发布方需要告知 server 提供哪种服务	RTI DDS 和开源 DDS 分别有 50 多个和 20 多个 QoS，这些 QoS 基本上能涵盖绝大多数可以预见到的智能驾驶场景
SOME/IP		SOME/IP 强调通信，体量比较小	SOME/IP 是一套面向服务的访问系统，可以很方便地用于 RPC（远程过程调用）以及变更通知	较差	在 DDS 标准下，每个订阅方或发布方只需要在自己的程序订阅或发布传感器数据，不需要关注任何连接。可以理解为，在 DDS 中，服务订阅方和发布方的解耦更加彻底，需要什么数据，写一行代码就行了，不需要再绑定	SOME/IP 只有一个 QoS，即可靠性的定义

资料来源：《SOME/IP 和 DDS 的区别_ someip 点对点和 dds 的区别》。

四　车载中间件面临的网络安全威胁

（一）车载中间件 DDS 网络安全模型

DDS 的网络安全模型包括安全主体（系统用户）、被保护的对象、对对象的操作被限制。DDS 应用程序共享 DDS 全局数据空间（称为 DDS 域）上的信息，其中信息以主题的形式呈现，应用程序可通过读写操作来访问这些主题的数据实例。

最终受到安全保护的是特定的 DDS 全局数据空间（域），以及域内访问 DDS 全局数据空间中（读或写）信息（特定主题甚至主题中的数据对象实例）的能力。

因此具备安全保护能力的 DDS 应具备以下功能/特点：①数据样本的保密性；②数据样本和包含它们的消息的完整性；③DDS 写入器和读取器的身份验证；④DDS 写入器和读取器的授权；⑤消息来源身份验证；⑥数据来源身份验证；⑦数据的不可抵赖性。

为了能够对 DDS 全局数据空间的安全访问，首先必须对使用 DDS 的应用程序进行身份验证，以便建立应用程序的身份（可能还包括与应用程序交互的用户）。获得身份验证后，下一步是强制执行访问控制决策，以确定是否允许应用程序执行特定操作。具体操作的案例有：加入 DDS 域、定义新主题、读取或写入特定的 DDS 主题，甚至读取或写入特定的主题实例（由数据中关键字段的值确定）。访问控制的实施需要加密技术的支持，以保证信息的机密性和完整性，因此还需要基础设施来管理和分发必要的加密密钥。

（二）DDS 面临的威胁

使用 DDS 和 DDS 互操作性有线协议（RTPS）的应用程序最相关的四类威胁如下：①未经授权的订阅；②未经授权发布；③篡改和重放；④未经授

权访问数据。

These threats are described in the context of a hypothetical communication scenario with six actors all attached to the same network.

如图 1 所示，描述的是假设在某个通信场景存在的威胁，其中六个参与者都在同一网络中。

Alice：DDS 域参与者，被授权发布主题 T 上的数据。

Bob：被授权订阅主题 T 数据的 DDS 域参与者。

Eve：偷听者。没有被授权订阅主题 T 的数据的人。然而 Eve 利用其连接到同一网络的事实来尝试查看数据。

Trudy：入侵者。未被授权发布主题 T 的域参与者。然而，Trudy 利用其连接到相同网络的事实来尝试发送数据。

Mallory. 恶意 DDS 域参与者。Mallory 被授权订阅主题 T 上的数据，但其没有被授权发布主题 T 上的数据。然而，Mallory 会尝试使用通过订阅数据获得的信息在网络上发布，并试图让 Bob 相信其是合法的发布者。

Trent：需要接收和发送关于 Topic T 的信息的可信服务。例如，Trent 可以是一个持久化服务或中继服务。人们相信其会传递信息且没有恶意。然而，其不被信任看到信息的内容。

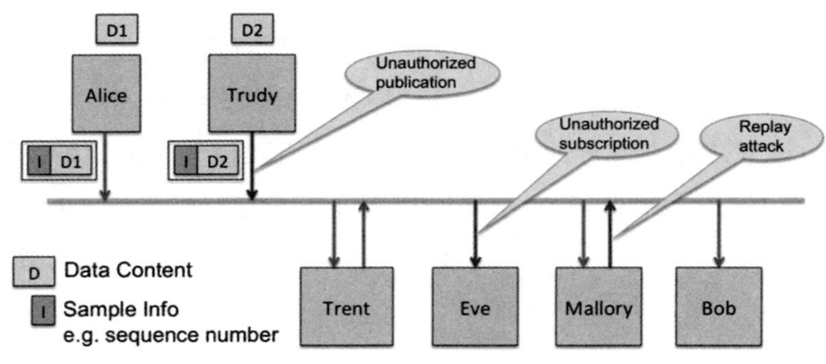

图 1　各个威胁的角色

资料来源：Secure DDS。

1. Unauthorized Subscription 未授权的订阅

域参与者 Eve 与其他代理连接到相同的网络基础设施，并且能够观察网络数据包，虽然消息并没有发送给 Eve 的打算，但这种情况在很多场景中都会发生。Eve 可以接入网络交换机或观察通信通道。或者，在 Alice 和 Bob 通过多播通信的情况下，Eve 可以相对容易地订阅同一个多播地址。

防御 Eve 相对简单。Alice 只需要使用一个密钥加密其写入的数据，这个密钥只与经过授权的接收者共享，如 Bob、Trent 和 Mallory。

2. Unauthorized Publication 未授权的发布

域参与者 Trudy 与其他代理连接到相同的网络基础设施，并且能够注入任何数据内容、首部和目的地的网络数据包（如 Bob）。网络基础设施将把这些分组路由连接到指定的目的地。

为了防止 Trudy 的攻击，Bob、Trent 和 Mallory 需要意识到数据并非源自 Alice。他们需要意识到数据来自未经授权发送主题 T 数据的人，因此拒绝（即不处理）数据包。

防范 Trudy 也相当简单。协议所需要做的就是要求消息包含基于散列的消息验证码（HMAC）或数字签名。

HMAC 使用与预期接收者共享的密钥创建消息身份验证代码。Alice 只与 Bob、Mallory 和 Trent 共享密钥，这样他们就能识别出来自 Alice 的消息。由于 Trudy 没有授权发布主题 T，Bob 和其他人将不会识别 Trudy 产生的任何 HMACs（即他们不会识别 Trudy 的密钥）。

数字签名基于公钥密码体制。要创建数字签名，Alice 使用自己的私钥加密消息摘要。每个人（包括 Bob、Mallory 和 Trent）都可以访问 Alice 的公钥。与上面的 HMAC 类似，接收方可以识别来自 Alice 的消息，因为只有他们的数字签名可以用 Alice 的公钥解释。由于 Trudy 无权编写主题 T，Trudy 可使用的任何数字签名都将被收件人拒绝。

使用 HMACs 与数字签名之间需要综合权衡各方面因素。在许多情况下，计算和验证 HMACs 的性能比计算/验证数字签名的性能快 1000 倍左右，可首选使用 HMACs。

3. Tampering and Replay 篡改和重放

Mallory 被授权订阅主题 T，因此 Alice 与 Mallory 共享了加密主题的密钥，如果使用了 HMAC，也就共享了用于 HMACs 的密钥。

假设 Alice 使用 HMACs 而不是数字签名，然后 Mallory 可以利用其所知道的用于数据加密的密钥和 HMACs 在网络上创建一条消息，假装它来自 Alice。Mallory 可以伪造所有 TCP/UDP/IP 首部和任何必要的 RTPS 标识符（例如，Alice 的 RTPSDomainParticipant 和 DataWriter guid）。Mallory 拥有用于加密数据的密钥，因此其可以创建加密的数据有效载荷，包含任何其想要的内容。Mallory 有用于计算 HMACs 的密钥，因此其也可以为新消息创建一个有效的 HMAC。Bob 和其他人将无法看到消息来自 Mallory，他们会认为它来自 Alice，并接受它。

因此，如果 Alice 使用 HMAC，那么唯一的解决方案是，发送消息给 Mallory 时用于 HMAC 的密钥不能与发送消息给 Bob 时用于 HMAC 的密钥相同。换句话说，Alice 必须与每个接收者共享 HMAC 的不同密钥。这样 Mallory 就不会有 Bob 期望从 Alice 得到的 HMAC 密钥，并且 Mallory 发送给 Bob 的消息也不会被误解为来自 Alice。

回想一下，Alice 需要能够使用多播来有效地与多个接收者通信。因此，如果 Alice 想为每个接收者发送一个具有不同密钥的 HMAC，唯一的解决方案是在组播消息中附加多个 HMAC，这些 HMAC 带有一些 key-id，允许接收者选择正确的 HMAC 进行验证。

如果 Alice 使用数字签名来保护消息的完整性，那么就不会出现这种“伪装”问题，并且 Alice 可以向所有接收者发送相同的数字签名。这使得多播的使用更加简单。然而，如前所述使用数字签名的性能损失非常大，因此在很多情况下，最好计算并发送多个 HMACs。

基础设施服务，如 DDS 持久性服务或中继服务，需要接收消息，验证消息的完整性，存储消息，并代表原始应用程序将它们发送给其他参与者。

可以相信这些服务不是恶意的；但是，通常不希望授予它们理解数据内容所需的权限。它们被允许存储和转发数据，但不能查看数据内部。

Trent 就是这种服务的一个例子。为了支持部署这些类型的服务，安全模型需要支持有一个参与者，如 Trent，允许接收、处理和中继 RTPS 消息，但不允许查看消息中的数据内容。换句话说，他可以看到消息头和示例信息（作者 GUID、序列号、keyhash 等），但不能看到消息内容。

为了支持像 Trent 这样的服务，Alice 需要接受 Trent 作为其关于主题 T 的消息的有效目的地，并且只与 Trent 共享用于计算 Trent 的 HMAC 的密钥，而不是用于加密数据本身的密钥。此外，Bob、Mallory 和其他人需要接受 Trent 是一个能够在话题 T 上写作并传递 Alice 消息的人。这表明两点：①接受和解释用 Alice 的密钥加密的消息；②允许 Trent 在他的样本信息中包含他从 Alice 那里得到的信息（作者 GUID、序列号和正确处理中继消息所需的任何其他信息）。

假设 Alice 在发送给 Trent 的消息中使用了 HMAC。Trent 将从 Alice 那里收到正确验证 HMAC 所需的密钥。Trent 将能够存储这些消息，但缺乏用于加密的密钥，将无法看到数据。当他将消息转发给 Bob 时，他将包含表明消息来自 Alice 的信息，并生成一个具有自己的秘密 HMAC 密钥的 HMAC，该 HMAC 密钥与 Bob 共享。Bob 将接收到该消息，验证 HMAC 并确认它是来自 Alice 的中继消息。Bob 认识到 Trent 被授权转发消息，因此 Bob 将接受与 Alice 相关的示例信息，并处理该消息，就像它起源于 Alice 一样。特别是，他将使用 Alice 的密钥来解密数据。

如果 Alice 使用了数字签名，Trent 就有两个选择。如果数字签名只包含他需要从 Alice 那里传递的数据和样本信息，Trent 也可以简单地传递数字签名。否则，Trent 可以去掉数字签名然后放入他自己的 HMAC。与之前类似，Bob 发现 Trent 可以中继来自 Alice 的消息，并且能够正确地验证和处理消息。

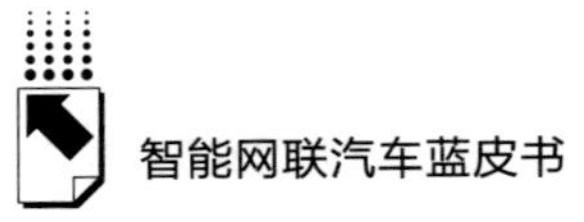

五　车载中间件安全策略

（一）AutoSAR 的安全机制

1. SecOC

在车载网络中，CAN 总线作为常用的通信总线之一，其大部分数据是以明文方式广播发送且无认证接收，这种方案具有低成本、高性能的优势。但是随着汽车业务的网联化、智能化，数据安全越来越被重视。传统的针对报文添加 RollingCounter 和 Checksum 信息的方法的安全性十分有限，也容易被逆向破解，进而可以伪造报文控制车辆。

SecOC 是在 AutoSAR 软件包中添加的安全组件，主要增加了加解密运算、密钥管理、新鲜值管理和分发等一系列的功能和新要求。该模块的主要作用是为总线上传输的数据提供身份验证，可以有效地检测出数据回放、欺骗以及篡改等攻击。

在 SecOC 标准中，AutoSAR 主要基于 MAC（Message Authentication Code）的身份验证和 Freshness 的防重放攻击，实现数据的真实性和完整性校验。首先 MAC 是保障信息完整性和认证的密码学方法之一，其中 CMAC（Cipher based MAC）一般用于对称加密，整车厂可在车辆下线刷写程序时静态分配密钥，也可选择使用云端服务器动态地给车辆分配密钥，是车载总线加密认证的常用方案。MAC 的作用不是防止有效数据被泄露，而是为了保护数据不会被攻击方篡改，即完成数据来源的认证。如需保护通信数据不被攻击方监听，则报文的有效数据还需要进行额外的加密。

为了降低重复攻击的风险，则需要在 Secured I-PDU 中加入新鲜度值，Freshness Value 是根据一定逻辑不断更新的数值，Freshness Value 的更新方法多种多样，AutoSAR 标准将计数器或时间的新鲜度值作为典型选项（见图 2）。

在 CP AutoSAR 平台，SecOC 模块依赖于 PduR 的 API 和功能，提供了

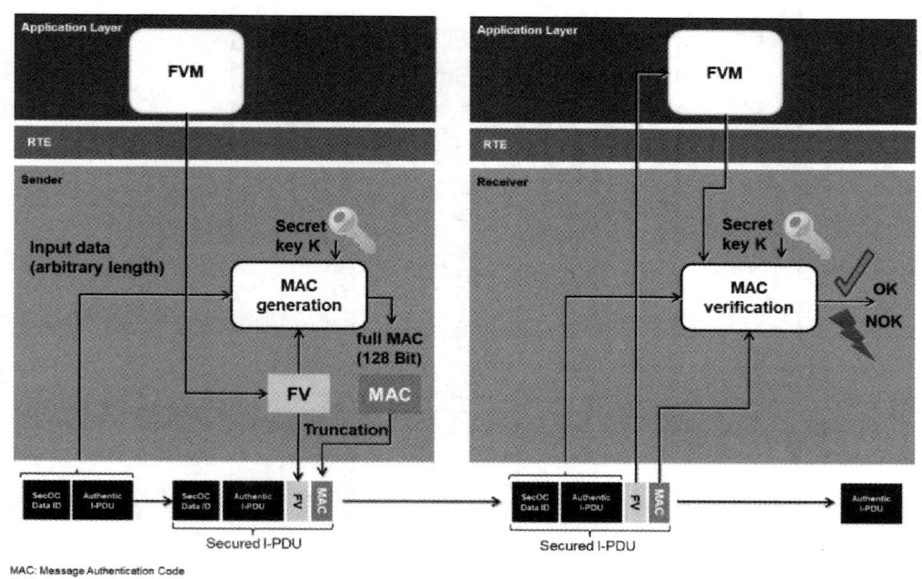

图 2　消息认证和新鲜度验证流程

资料来源：Specification of Secure Onboard Communication AUTOSAR CP Release。

PDU Router 所需的上下两层 API（upper and lower layer API）功能。依赖于由 CSM 模块在 AutoSAR 中提供的加密算法。SecOC 模块需要 API 函数来生成和验证加密签名（Cryptographic Signatures）或消息验证码（Message Authentication Codes）。为 RTE 提供具有管理功能的 API 作为服务接口进行调用。

SecOC 通信协议特性同样适用于 AP AutoSAR 平台标准中，其主要目标是实现与 CP AutoSAR 平台 SecOC 功能互操作性，尤其适用于使用 UDP 多播的消息场景（SecOC 是目前唯一支持的协议）和与 CP AutoSAR 之间基于信号的网络绑定的安全通信场景（见图 3）。

为了实现与 CP AutoSAR 平台的互操作性，SecOC 同样应用于 Adaptive CM 中。认证信息包括认证器（如消息认证码）和可选的新鲜度值。为了保持与 CP AutoSAR 平台的互操作性并提供可选的新鲜度值管理功能，

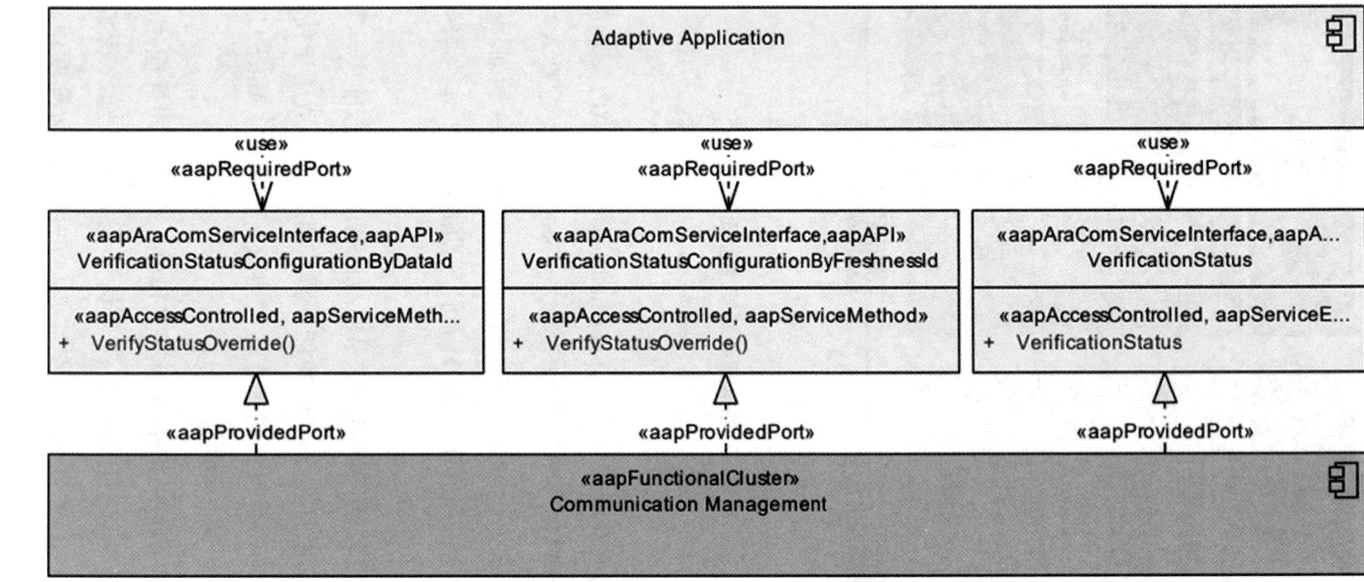

图 3　AP AutoSAR 通信管理中的 SecOC

资料来源：Explanation of Adaptive Platform Software Architecture AUTOSAR AP R22-11。

AP AutoSAR CM 将依赖于可插入的新鲜度值管理库。该库将提供新鲜度值管理相关的 API，包含 CP AutoSAR 平台关于 Freshness Management 客户端、服务端接口的副本以及调用定义的相关功能。

SecOC 的核心思想在于通信认证，但是不涉及报文加密。虽然伪造报文的难度已经大大提升了，但是在通信过程中采用明文传输，依旧有一定的风险；认证信息的强度和信息长度相关，通信认证方案会加重报文负载（传统 CAN 报文的负载只用 8~64 个字节），从而导致负载率提升、通信实时性下降，可能使得正常功能受到影响，应考虑安全强度与通信实时性的相互平衡；MAC 技术应考虑对称密钥的管理和共享问题，目前大部分 MCU 是没有安全功能的，对称密钥也是明文保存在系统或者内存中。共享该密钥时采用明文通信，这是非常不安全的。但 MCU 的计算能力和存储空间是有限的，采用安全机制，必然消耗资源，应充分考虑系统的稳定性，以保障业务与安全机制能够正常运行；SecOC 用于保证安全通信，必然涉及密钥（key）的管理，应考虑灌装、更新和维护该 key，同时还需考虑换件后 key 的一致性。

2. TLS

TLS（Transport Layer Security）作为传输层的中坚力量，可以支撑上层的 SOME/IP、MQTT 和 HTTP 等协议，不仅可以用于 V2X 的安全通信，也可以用于车内通信节点之间的安全通信。当然就 T-BOX 等可以与车外节点通信的节点而言，其安全性要求更高，可以应用更加完整的广义 TLS，既安全，又灵活。而车内之间一般 IP 地址、端口、服务接口等都是固定的，安全性要求也不如 T-BOX 高，则可以应用广义 TLS 中的预共享密钥（TLS_PSK）等套件，既高效又稳定。

TLS 属于工作在传输层的协议，介于传输层底层协议和上层应用协议之间。而以太网的传输层主要有两大底层协议：TCP（Transmission Control Protocol）和 UDP（User Datagram Protocol）。二者各有特点，互为补充。不管在传统互联网上，还是车载以太网上，两者都是常见的传输层底层协议。不同的传输层底层协议实际上对应着不同的传输层安全保护协议，采用 TCP

传输的，就用 TLS 保护。采用 UDP 传输的，就用 DTLS 保护。DTLS 的全称是 Datagram Transport Layer Security，比 TLS 多出来的“D”，指的就是 UDP 中的“D”。TLS 和 DTLS 各有不同的版本，目前主流支持的还是 1.2 和 1.3 版本。

AutoSAR 标准基于 Ethernet 架构同时提供了 ISODoIP 的解决方案。DoIP 全称是 Diagnostic Over IP，顾名思义就是基于 IP 的诊断。DoIP 具有处理大量数据、节省重编程时间、方便接入 IT 设施、标准通信灵活使用等优势。普通的 DoIP 是基于 TCP 进行诊断通信，在 ISO 13400-2 2019 版本中定义了安全的 DoIP 会话，即基于 TLS 进行诊断通信。

DoIP server 协议栈会根据 DoIP client 实体的请求，确定使用 TCP 还是 TLS 进行诊断信息的传输。TLS 允许在 Client DoIP 实体和 Server DoIP 实体之间建立经过身份认证和加密的通信通道，Client DoIP 实体身份的验证可以在诊断应用层中实现，如 ISO 14229 中定义的 0x29 服务。

随着汽车网联化的发展，以太网通信已经在车内通信及车联网普及，TLS 和 DTLS 也更多地被应用于汽车行业。AutoSAR 在 CP 和 AP 中也加入了 TLS 和 DTLS 的规范。从 AutoSAR CP 4.4 标准开始就明确了支持 1.2 和 1.3 版本，优先选择 1.3 版本。AP R21-11 中只描述了 1.2 版本，但相信将来也会加上 1.3 版本。

3. IPsec

IPsec（Internet Protocol security）是网络安全协议，运行在 OSI 模型的第三层（Internet Protocol，IP 层），在 VPN（Virtual Private Network）应用很广泛（见图 3）。IPsec 在 IP 层对报文提供数据机密性、数据完整性、数据来源认证、防重放等安全服务，定义了如何在 IP 数据包中增加字段来保证 IP 包的完整性、私有性和真实性，以及如何加密数据包。

IPsec 提供了两种安全机制：认证和加密。认证机制使 IP 通信的数据接收方能够确认数据发送方的真实身份以及数据在传输过程中是否遭篡改。加密机制通过对数据进行加密运算来保证数据的机密性，以防数据在传输过程中被窃听。

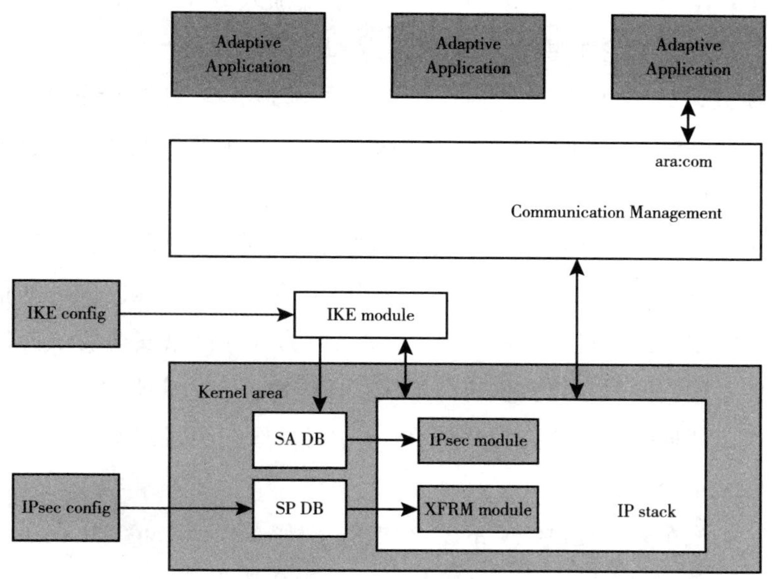

图 4　IPsec 协议及组件功能

资料来源：Explanation of IPsec Implementation Guidelines AUTOSAR AP R21-11。

IPsec 的安全体系由验证头协议（Authentication Header，AH）、安全封装协议（Encapsulating Security Payload，ESP）及安全联盟（Security Association，SA）三部分组成。AH 是验证头协议（IP 协议号为 51），主要提供的功能有数据源验证、数据完整性校验和防报文重放功能，可选择的散列算法有 MD5（Message Digest）、SHA1（Secure Hash Algorithm）等。ESP 是报文安全封装协议（IP 协议号为 50），ESP 将需要保护的用户数据进行加密后再封装到 IP 包中，验证数据的完整性、真实性和私有性。可选择的加密算法有 DES、3DES、AES 等。SA（Security Association）是 IPsec 的基础，也是 IPsec 的本质，IPsec 对数据流提供的安全服务通过 SA 来实现，包括协议、算法、密钥等内容。IPsec 有隧道（tunnel）和传输（transport）两种运行模式，运行模式和安全体系中的 AH 及 ESP 组合形成四种情况：隧道模式+AH、隧道模式+ESP、传输模式+AH 以及传输模式+ESP。

AutoSAR CP R19-11 标准在 TCP/IP 模块加入 IPsec 相关功能介绍，并对功能实现进行了条件约束，目前只支持 IPsec 运输运行模式，暂不支持隧道运行模式、IPv6 和多点传播。并规定了其他模块可执行的操作内容，KeyM 模块可为 IPsec 子模块提供证书处理，CSM 允许执行 IPsec 子模块所使用的加密作业和密钥操作。

AutoSAR AP 中 IPsec 协议实施的目标是在车载 IP 网络中提供安全的通信通道。在 AutoSAR 自适应平台中实施 IPsec 将为网络节点之间的通信提供保密性、完整性或两者兼备的选项。IPsec 作为标准网络安全协议提供了安全通信的手段，同时支持多供应商堆栈互操作性。自适应平台没有为电子控制单元指定任何操作系统，因此是 IPsec 功能最好的实践方式。

4. Crypto Stack

为了给汽车软件提供统一的安全加密/ 解密接口，AutoSAR 在 4. 3 版本推出 Crypto Stack 模块。Crypto Stack 是 AutoSAR 架构体系中负责数据加密保护和密钥管理的模块，由 Crypto ServiceManager、Crypto Interface、Crypto Driver 三个部分组成，为应用程序和系统服务提供了标准化的密码服务接口。密码服务可以是哈希计算、非对称签名验证、对称加密等。其主要应用于 ECU 通信加密、SecurityAccess 流程保护和 KEY 的管理等使用场景。

CSM（Crypto Service Manager）是加密服务管理器，位于 AutoSAR 的 SYS 模块最高层的服务层。服务层是基础软件的最高层，它的任务是为应用软件和基本软件模块提供基本服务，即为应用软件和基本软件模块提供最相关的功能。CSM 基于一个依赖于软件库或硬件模块的加密驱动程序来提供加密功能的服务，也可以使用多个加密驱动程序的混合设置。CSM 通过 CryIf（Crypto Interface）访问不同的加密驱动程序。

Manager AutoSAR CP R20-11CSM 作为服务层，为 SWC 或 BSW 提供加密操作的接口。CSM 的主要任务是对服务进行调度和排序，并调用加密接口（CryIf）进行进一步操作。CryIf 将请求调度到加密驱动程序及其静态分配给该服务的加密驱动程序对象。CSM 使用基元（CsmPrimitives，已配置加密算法的实例）的静态配置来定义加密操作。并将这样的基元分配给 Job（Job 是配置

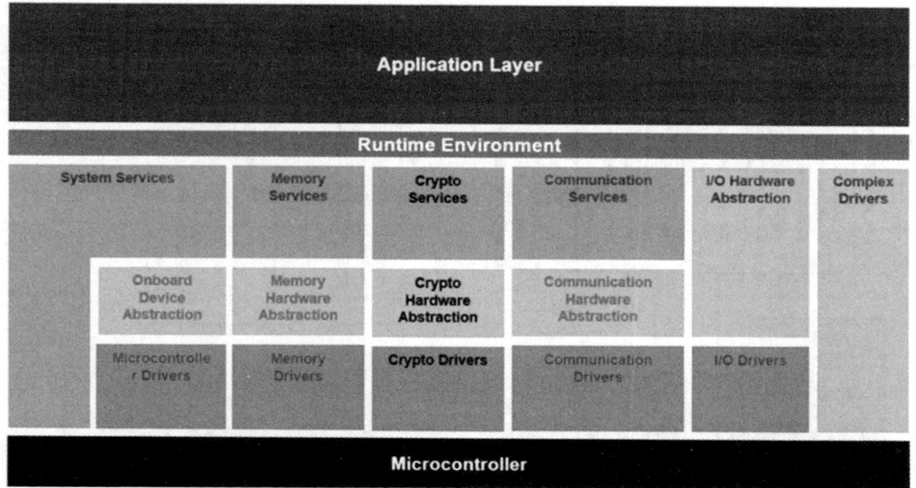

图 5　AutoSAR layered view of the crypto stack

资料来源：Specification of Crypto Service Manager AutoSAR_ SWS_ CryptoService。

过的 CsmJob，指的是密钥、密码原语和参考信道），该配置决定进一步的属性，如优先级、异步或同步执行以及程序执行中应使用的密钥。需要注意的是，密钥总是位于加密驱动程序，CSM 只使用对它的引用。

密钥和基元的分离允许加密操作和密钥管理 API 分离。这使得应用程序可以专注于所需的加密操作，如 MAC 计算和验证，而密钥管理器则在配置设置期间提供密钥。

CSM 的 API 大致可以分为两类：直接 AP（I 主要用于密钥管理）和基于 Job 的 AP（I 主要用于加密操作）。直接 API 与 CryIf 和 Crypto Driver 中的函数有直接对应关系，这些函数只能同步调用，CSM 将把参数从应用程序直接传递给函数调用。基于 Job 的 API 使用一个 Job 结构，即 Crypto_JobType，包含静态和动态参数以及对结构的引用，为执行该 Job 的加密驱动程序提供所有必要的信息，使用 Job 的每个服务都将使用此结构。服务的所有必要参数将首先由 CSM 打包到结构的元素中，其次调用 CryIf，最后调用配置好的 Crypto Driver。

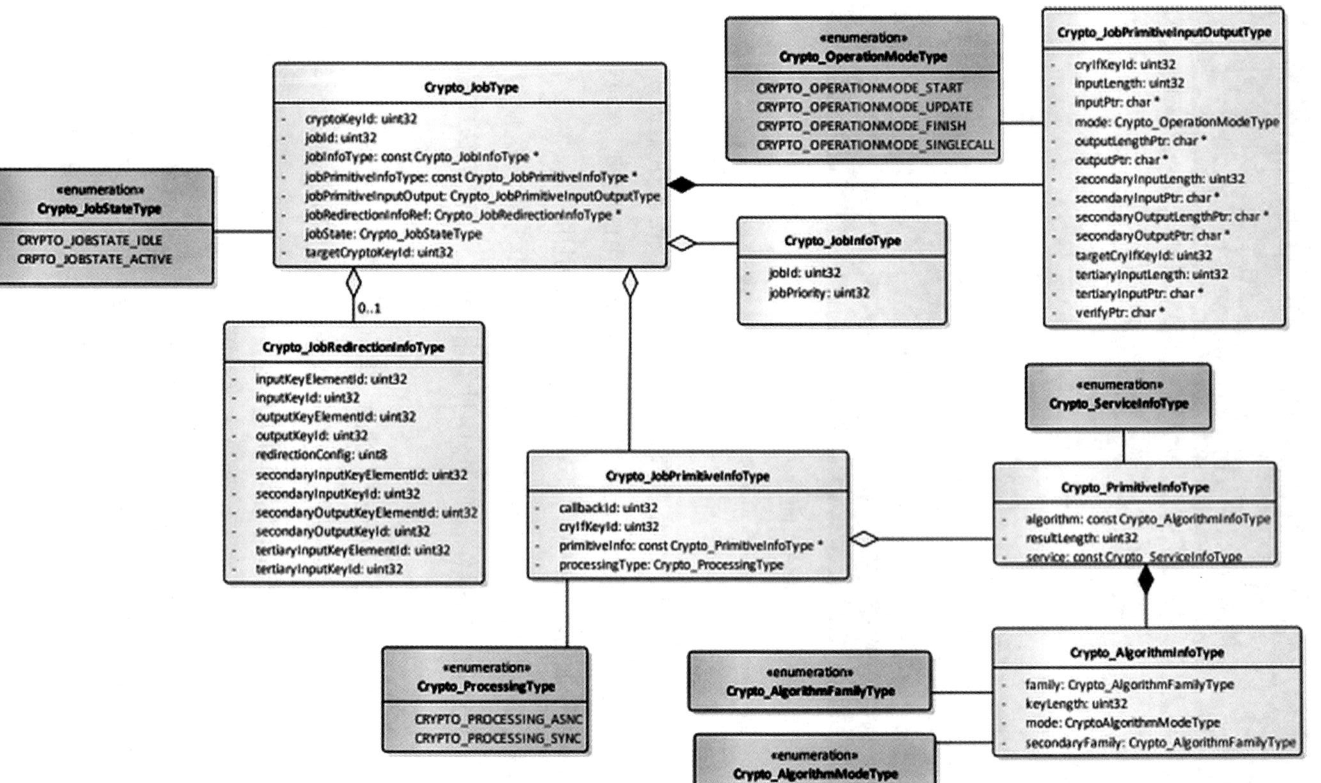

图 6　Structure of Crypto_ JobType（Job）and its dependencies

资料来源：Specification of Crypto Service Manager AutoSAR CP R21-11。

Job 可以同步运行，也可以异步运行，这取决于静态配置。加密服务信息、加密算法族和模式的参数决定了加密驱动程序中要执行的确切的加密算法。

CryIf（Crypto Interface）是加密接口模块，位于 BSW（Basic SoftWare）的抽象层。CryIf 模块提供了唯一的接口来管理不同的加密硬件和软件解决方案，如 HSM、SHE 或基于软件的 CDD。

CryDrv 有如下两种实现方式。

（1）Crypto（HW based），硬件加密模块的驱动程序，用于控制 HSM（Hardware Security Module）或 SHE（Security Hardware Extensions）和具体芯片有关。

（2）Crypto（SW based），基于软件的 CDDs（Complex Device Drivers）实现的加密算法，如 AES-128 等算法。

基于以上两种不同的实现方式，CryIf 模块提供了唯一的接口来管理不同的加密硬件和软件解决方案。因此，基于 CryIf 维护的映射方案，CSM 模块可以使用多个底层的 Crypto HW 以及 Crypto SW 解决方案。此外，CryIf 还确保了对加密服务的并发访问，从而能够同时处理多个加密任务。

与 CP AutoSAR 不同，AutoSAR 自适应平台支持用于通用加密操作和安全密钥管理的 API。该 API 支持在运行时动态生成密钥和加密作业，以及对数据流进行操作。API 实现可以引用一个中央单元（加密服务管理器）来实现平台级任务，例如跨应用程序一致地进行访问控制和证书存储，还可以使用加密服务管理器来协调功能到加密驱动程序的卸载，如硬件安全模块（HSM）。为了在潜在的应用程序受损的情况下支持密钥的安全远程管理，Crypto Stack 集成了密钥管理体系结构，其中密钥和相关数据以端到端的保护形式进行管理。密钥可以基于现有的供应密钥以受信任的方式引入系统，也可以通过本地密钥生成以不受信任的方式引入系统。

5. IAM

车内信息娱乐应用程序由于与外界互联网相连，被入侵的风险很高，像这类应用程序在设计时一定是不被允许使用车身控制相关服务的。例如信息娱乐系统首先被外界攻击，然后被远程控制去使用制动服务，为了保障安全，必须要阻止这种信息娱乐应用程序对制动服务访问的任何尝试。

日益增长的安全需求驱动了身份和访问管理（IAM）的发展，AutoSAR Adaptive 平台需要和应用程序建立健壮和良好定义的信任关系。IAM 为 Adaptive 应用程序引入了特权分离，并针对攻击时的特权升级提供了保护。另外，在部署期间，IAM 能够使集成者提前验证 Adaptive 应用程序要求的资源访问权限。IAM 为来自 Adaptive 平台基础功能簇和相关模型资源的请求提供了访问控制框架。

IAM 框架为 AutoSAR Adaptive 平台堆栈和 Adaptive 应用程序的开发人员提供了一种机制，这种机制用于对每个应用程序的意图进行建模，根据访问请求提供访问控制决策，并执行控制访问。IAM 侧重于提供方法来限制 Adaptive 应用程序对 Adaptive 平台基础接口、服务接口与功能集群相关的明确资源接口（如 KeySlots）的访问。特别对系统资源（如 CPU 或 RAM）的强制配额不包括在 IAM 中。

在运行期间，IAM 的进程对 Adptive 应用程序是透明的，除非请求被拒绝并发出通知。远程 Adaptive 平台提供的服务实例请求由 IAM 覆盖的，传入请求的 PDPs 必须由 Adaptive 应用程序实现。

该框架旨在运行期间执行对 AutoSAR 资源的访问控制。假设 Adaptive 应用程序将在启动时进行身份验证，并且现有受保护的运行时环境确保 Adaptive 应用程序被正确隔离，并且防止它们的特权升级（例如绕过访问控制）。

考虑一个简单的应用场景，对于访问权限的描述，通常可以用一个访问权限矩阵来表示：访问权限矩阵显示的是访问主体和访问客体之间的访问权限。所谓访问主体，是指一个想要获得其他服务访问权限的对象，通常是指系统中的一个进程；所谓访问客体，是指应当授权被访问的对象，通常它可以是指系统中的一个进程也可以是系统中的其他资源。

访问权限相关的信息需要以清单文件的形式部署在系统中。对于这份清单文件，有以下两种组成形式。

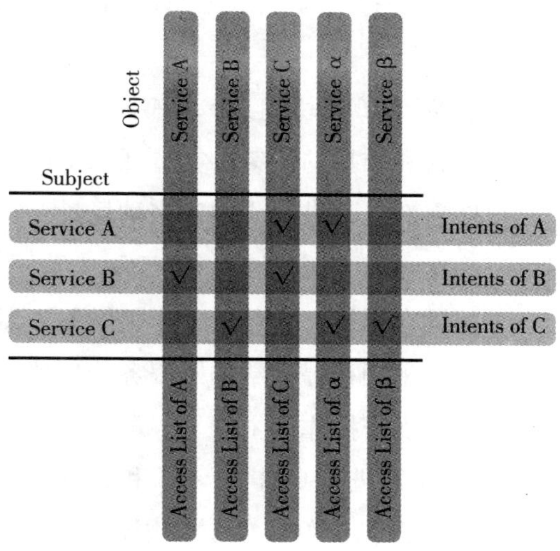

图 7　访问权限矩阵

资料来源：Requirements on Identity and Access Management AUTOSAR AP R22-11。

第一种，针对每一个服务和应用，从访问权限主体的角度，列举每个访问主体的访问意图，也就是每个访问主体拥有的其他服务或应用程序（访问客体）的访问权限。

第二种，针对每一个服务和应用，从被访问的客体角度，列举出它支持被哪些其他服务和应用（访问主体）访问。对于访问主体，通常情况下它可访问的客体清单文件是不会随着时间的推移而改变的；但是对于一个访问客体，它的被访问清单会随着新的应用部署而更新。

6. KeyM

在一个加密功能中，密钥和证书的功能所占比重很大。密钥是一种参数，它是在明文转换为密文或将密文转换为明文的算法中输入的参数。许多加密算法需要使用到密钥，因此，就需要 KeyM 模块来管理密钥，而 KeyM 对于密钥的管理主要体现在更新和生成密钥方面。而证书以加密或解密的形式保障了用户网络交流中的信息和数据的完整性和安全性。KeyM

模块可以实现证书链的配置保存与验证，这使得网络中的信息和数据的安全性更高。

AutoSARKeyM 模块由两个子模块组成：密钥子模块和证书子模块。密钥子模块用于初始化、更新和维护的密钥材料；证书子模块允许定义和配置证书，以便在生产时存储它们，并进一步用于多种场景。

密钥子模块提供了一个 API 和配置项，用于引入或更新预定义的加密密钥材料。它充当一个关键客户端，解释从一个关键服务器提供的数据，并创建相应的关键材料，这些密钥被提供给加密服务管理器。成功安装密钥材料后，应用程序就能够进行加密操作。

证书子模块提供了对证书进行操作的 API 和配置。允许配置证书链，在配置中将证书的属性和关系设置好，上层应用通过 API 将证书数据传给 KeyM 后，证书子模块将根据配置内容及 HSM 按照标准结构解析的证书存储配置的位置（NVM、CSM 或 RAM）。此外，证书子模块允许 BSW 模块和 SWC 在 AutoSAR 软件架构的中心点上更有效地使用证书进行操作。此类操作的示例包括验证完整的证书链或从运行时提供并验证的证书中检索元素。所需的加密操作（如验证证书签名）仍然由加密服务管理器中定义的相关加密作业执行。

与 CP AutoSAR 不同，AP AutoSAR 平台的更新和配置、通信、持久性或诊断等服务，也需要加密服务作为其功能的一部分。由于架构差异，AP AutoSAR 平台会将需要用户自定义、差异性的功能在应用层去实现，所以应用程序可以定义所需的密钥插槽、加密提供程序和证书。当需要关键材料时，必须由自适应应用程序（例如 OEM key manager）配置，平台应指定槽型机器的关键槽。为了管理关键材料，一个专用的自适应应用程序（密钥管理器）可以指定相同的密钥插槽（即相同的参数和插槽型机器）。

7. IdsM

车辆中的许多新功能建立在车载和后台服务之上，需要应对保护车辆免受网络攻击的挑战。为车辆的 E/E 架构配置了安全机制，更新签名软件、安全启动和安全车载通信系统正在逐步建立。目前，IDS 作为一种额外的安全机制正在引起 OEM 和供应商的关注。

入侵检测系统管理器（IdsM）是一个基础软件模块（适用于 Classic AutoSAR）或平台服务（适用于 Adaptive AutoSAR），用于收集和集中聚合可能由车辆软件、通信或电子系统受到恶意攻击而导致的安全事件。软件组件 IdsM 提供了接收板载安全事件 SEv 通知的标准化接口。SEv 可以通过 BSW（Basic Software Modules）和 SW－C（application Software Components）实现的安全传感器上报。此外，可以用可选的上下文数据（如事件类型和可疑数据）报告 SEv，这些数据对于在后端执行的安全取证来说是有用的信息。

除了收集，IdsM 还可以根据可配置的规则对 SEv 进行筛选。IdsM 将上报的 SEv 过滤并转换为合格的机载安全事件（QSEv），IdsM 进一步处理 QSEv，用于存储或转发。根据总体安全概念的不同，QSEv 可以通过安全事件内存（Sem）在本地持久化，也可以传播到已配置的接收器，或者两者兼有。可用的接收器是诊断事件管理器（Dem）模块和 IDS 报告器模块（IdsR），它们可以将 QSEv 数据传递给后端中的安全操作中心（SOC）。

在车辆内的每个安全相关或机器中，IdsM 模块或服务的实例会收集和过滤安全事件（可选地包括附加数据），以便将它们存储在本地安全事件内存（Sem）和/或通过车辆网络将它们转发到中央入侵检测系统报告器（IdsR）。例如，该 IdsR 可能位于远程信息处理单元内，使其能够通过蜂窝网络向 OEM 的安全操作中心（SOC）发送安全报告和相关数据。安全事件管理（SIEM）分析这些信息，并在必要时用于制定和决定适当的防御或缓解措施以应对攻击。

AutoSAR 标准指出 BSW 模块、CDD 和 SWC 都可以充当安全传感器，安全传感器将安全事件（SEv）报告给 IdsM，AutoSAR 标准化可以由 AutoSAR BSW 报告的安全事件类型的子集。每个 BSW 的规格里列出了自己产生的安全事件类型，这些事件由相应模块报告，业务组件也可以报告在 AutoSAR 中未标准化的自定义安全事件类型，可以使用安全性摘要（SecXT）指定由特定 ECU 报告的安全性事件类型的属性。AutoSAR 入侵检测系统管理器是通用的、提供灵活的配置。它独立于底层通信系统，在上述限制和假设条件下可以应用于任何汽车领域。

（二）DDS 的安全机制

DDS 安全规范为兼容 DDS 实现定义了安全模型和服务插件接口（Security Model and Service Plugin Interface ，SPI）体系结构。DDS 安全模型通过 DDS 实现对这些 SPI 的调用来强制执行。此规范还定义了这些 SPI 的一组内置实现。

（1）指定的内置 SPI 实现可实现兼容 DDS 应用程序之间的开箱即用安全性和互操作性。

（2）SPI 的使用允许 DDS 用户自定义 DDS 实现用于信息保障的行为和技术，特别是身份验证、访问控制、加密、消息身份验证、数字签名、日志记录和数据标记的自定义。

安全规范定义了五个 SPI，当它们组合在一起时，可为 DDS 系统提供信息保障。

（1）身份验证服务插件，提供验证在 DDS 上调用操作的应用程序和/或用户的身份的方法。包括用于在参与者之间执行相互身份验证和建立共享密钥的工具。

（2）访问控制服务插件，提供对经过身份验证的用户可以执行的 DDS 相关操作强制执行策略决策的方法。例如，它可以加入哪些域，可以发布或订阅哪些主题等。

（3）加密服务插件，实现（或与实现的库接口）所有加密操作，包括加密、解密、散列、数字签名等。这包括从共享机密派生密钥的方法。

（4）日志记录服务插件，支持审核所有与 DDS 安全相关的事件。

（5）数据标记服务插件，提供一种向数据示例添加标记的方法。

（三）ROS 2.0的安全机制

ROS 2.0 阶段，因组件 DDS 自带安全特性原因，安全方案有了统一框架，并形成SROS 2。命名SROS 2是为继承和区分SROS方案，但不同于SROS，SROS2是ROS 2官方标准并集成在主线中。

ROS 2.0中，DDS-Security默认未使能。SROS 2方案则是在ROS 2.0基础上，使能DDS-Security，并提供对应部署应用的工具集。可以认为：

SROS 2=ROS 2.0+DDS-Security+Tools。

ROS 2适配修改主要有两个，一个是RCL（ROS Client Library）层修改，另一个是SROS 2 utilities工具集。

RCL修改主要是安全特性开关和策略配置，具体如ROS_ SECURITY_ ENABLE（true/false）、ROS_ SECURITY_ STRATEGY（Enforce/Permissive）、ROS_ SECURITY_ KEYSTORE（key files directory）等参数实现和支持。

SROS 2 utilities工具主要解决PKI密钥证书和控制策略文件的管理，具体如CA和KEYSTORE根目录管理、节点公私钥和证书创建部署、访问控制策略文件（Governance/Permission）创建部署等。

六　趋势

ROS是目前最主流的机器人操作系统框架，ROS安全经过多年研究和发展，在风险分析和安全方案维度已有不小进步，ROS 2中已有了基于DDS的统一安全框架。但是对于ROS甚至整个机器人系统来说，在安全标准与规范、DDS标准与实现差异、DDS安全与性能、全系统方案等维度，还有很多工作可以改进。

在安全方案维度，针对现有方案的问题或盲点，后续可见的研究趋势如下。

一是DDS本身的成熟度演进。一方面，当前开源或商业DDS实现与DDS标准规范还存在差异，例如DDS-Security标准规定了五大安全特性（Authentication、Access Control、Cryptographic、Logging、Data Tagging），而多数方案仅实现前三种强制特性；另一方面，开源DDS实现目前还存在性能、稳定性问题，质量成熟度不高。

二是基于DDS-Security安全方案的性能调优。一方面，在安全研究第三段，已有很多论文对DDS-Security方案的性能进行过深入分析，如加密算法对通信性能影响、DDS-Security使能及Governance配置对整体性能影响等，但仍缺乏相对全面、精细的性能调优实践、指导。而ROS系统中不同节点、不同消息的安全需求并不完全一致，面向性能优化的安全策略对方案实施有积极意义。另一方面，社区中DDS-Security使能对应的demo样例相对简单、对应安全文档匮乏，用户学习和配置困难，不利于方案推广。

三是安全研究从ROS框架扩展到机器人全系统。在SROS/SROS2聚焦解决ROS本身安全问题后，作为ROS执行环境、存储载体的Host OS的安全和风险受到更多关注。例如SROS 2中密钥证书默认明文存储在Host OS指定目录下，无额外安全措施。业界libddssec方案通过TEE技术（ARM Trustzone）解决密钥证书安全存储问题，为机器人系统提供了可信计算和可信根能力，提升系统整体安全性。除软硬件安全能力应用外，一些研究倾向借用传统安全方案如IDS（Intrusion Detection System）部署缓解Host风险，一些研究倾向于在机器人全系统中实施零信任方案，如Zero Trust in Robotics。

参考文献

《一文读懂自动驾驶的“中间件”》，https：//zhuanlan. zhihu. com/p/372712318。

《自动驾驶中间件之二：通信中间件，DDS与SOME/IP谁主沉浮?》，https：//www. eefocus. com/article/515201. html。

《智能风潮，汽车中间件新赛道》，https：//xueqiu. com/7697110006/223078420。

ThomasMoulard，“ROS2 Robotic Systems Threat Model”，http：//design. ros2. org/articles/ros2_ threat_ model. html.

Publication，“DDS Security，” https：//www. omg. org/spec/DDS-SECURITY/1. 1/PDF.

B.22
基于未来网络体系的车路云天地一体化体系 MIN-V2X

摘　要： 本报告围绕智能网联汽车网络安全和数据安全发展趋势，首先对智能网联汽车 IP 体系的缺陷和挑战进行了分析，介绍了网络主权以及网络架构；其次重点介绍了智能网联汽车多边共管多标识网络体系，包括多边共管多标识网络体系起源和安全防护机制、基于多边共管多标识网络的车路云安全专网、基于多边共管多标识网络体系的车路云通信设计、MIN-V2X 在智能网联汽车上的应用场景，为推动智能网联汽车多标识网络技术的国家标准化和体系 MIN-V2X 提供创新性解决方案。

关键词： 多边共管多标识网络体系　安全防护机制　车路云通信　车路云天地一体化体系 MIN-V2X

一　IP 体系的缺陷

车辆上所有的远程控制都需要依靠 CAN 总线，其可能成为黑客入侵的突破口，一旦入侵后通过逆向工程找到车辆控制各种功能的入口，从而控制车辆。目前特斯拉 CAN 总线接入的功能主要是智能座舱域和车身功能域，但随着未来动力、底盘和辅助驾驶域的接入，车辆实际的驾驶安全面临严峻的考验，智能网联汽车的网络安全问题不容忽视，需要采取有效的技术和措施来保护车辆和用户的数据和隐私。然而，现有的网络技术基于 IP 体系，存在很多的缺陷和风险，无法满足智能网联汽车的安全需求。

现有 IP 体系下，DNS 根区数据库单一机构管控和 IP 地址语义过载等问题极大影响到互联网在智能网联车联网上的安全应用。固守在 IP 标识体系上推动全球互联网治理体系变革无异于“与虎谋皮”。IP 体系在安全层面也具有以下缺陷。

一是 IP 地址是由 Internet 网络信息中心分发的，很容易发现数据包的源地址。IP 地址隐含了主机所在的网络，攻击者可以根据它得到目标网络的拓扑结构。因此使用公有 IP 地址的网络拓扑对 Internet 上的用户来说是暴露的，同时 Internet 上的路由器只负责将数据传送到下一个路由器，并不关心其中内容，也没有人关心其中内容。也就是说，数据包的包头和内容都有可能被假冒、篡改和破坏。数据包都是分成多个分片在网络上发送，黑客很容易插入数据包以篡改其中的内容。

二是 IP 既不能为数据提供完整性、机密性保护，又缺少对源 IP 地址的认证机制。源 IP 地址很容易被伪造和更改，导致网络遭受 IP 欺骗攻击。这样网上传输数据的真实来源就无法得到保证。

三是 IP 的另一个安全问题是利用“源路由”选项进行攻击，源路由指定了 IP 数据包必须经过的路径，对该选项的设置使得入侵者能够绕开某些网络安全措施而通过安全性差的路径来攻击目标主机。

总而言之，IP 网络已经不能满足当今社会对于安全的需求，新型网络的研发需要尽早被提上议程。

二　网络主权

顶级域名及根区数据库由美国单一机构中心化管理，事实上构成了网络空间单边垄断，去中心化的多边共管共治是全球对域名空间管理的诉求。顶级域名是指互联网域名系统中最高层次的域名，如 .com、.cn 等，它们决定了互联网的基本结构和访问方式。根区数据库是指存储了所有顶级域名及其运营者信息的数据库，是互联网域名解析的核心和基础。目前，顶级域名及根区数据库由美国政府授权的互联网名称与数字地址分配机构（ICANN）

和互联网数字地址分配机构（IANA）负责管理，这意味着美国政府拥有对全球互联网域名空间的最终控制权。这种中心化的管理模式不仅损害了其他国家和地区在互联网治理中的主权和利益，也增加了互联网遭受攻击和干扰的风险。因此，全球各方呼吁建立一个去中心化的多边共管共治的域名空间管理体系，以实现互联网的公平、开放和安全。

IP 既不能为数据提供完整性、机密性保护，又缺少对源 IP 地址的认证机制。源 IP 地址很容易被伪造和更改，导致网络遭受 IP 欺骗攻击。这样网上传输数据的真实来源就无法得到保证。IP 欺骗攻击是指攻击者修改数据包的源 IP 地址，使其看起来像来自一个可信或授权的源头，从而欺骗目标系统或网络。IP 欺骗攻击通常用于发动拒绝服务（DoS）攻击，通过伪造大量的数据包，占用目标的网络资源，使其无法正常工作。IP 欺骗攻击也可能用于发动中间人攻击，通过伪造数据包，截取或篡改目标和源之间的通信内容。IP 欺骗攻击对个人和企业都可能造成严重的损失，如数据泄露、身份盗用、财产损失、信誉损害等。

三　网络架构

IP 协议是互联网的基础，定义了网络中数据包的格式和传输方式，使得不同的网络和设备能够互相通信。然而，随着互联网的发展，IP 协议也暴露出了一些问题，如地址耗尽、路由复杂、安全薄弱等。为了解决这些问题，人们提出了一些新的网络架构和协议，如 IPv6、SDN、NDN 等。但是，要想在现有的互联网上部署这些新的网络架构和协议，就会面临极其艰巨的挑战。IP 协议已经深深地嵌入所有网络终端设备的网络协议栈和应用软件代码，同时也嵌入路由器的硬件和软件，这意味着要想改变 IP 协议，就需要对所有的网络设备和软件进行大规模的修改和更新，不仅需要巨大的技术投入和较高的经济成本，而且需要克服各种兼容性和安全性问题。也就是说，IP 网络可扩展和可演进差，全新淘汰升级成本太高。

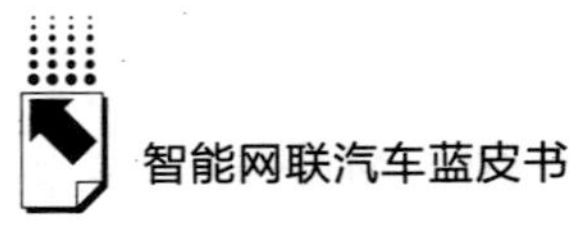

四　多边共管多标识网络体系

（一）多边共管多标识网络体系起源

在 2015 年 12 月 16 日的第二届世界互联网大会开幕式上，中国国家主席习近平首次提出了“网络空间命运共同体”的重要理念。这一论述强调了互联网的全球性、开放性和多边性，并倡导和平、主权、共治、普惠四项基本原则，推动网络空间国际合作。这一理念也被认为是中国在全球互联网治理领域的重要贡献之一。中国政府积极参与联合国等国际组织的互联网治理讨论和协商，推动了全球互联网治理体系的完善。这表明中国已经认识到网络空间的全球性和多边性，并将其作为重要的国际合作领域。同时，中国也通过这一理念，为中国参与网络空间国际合作提供了战略指引，促进了网络空间国际法治和全球数字经济发展。

为了践行这一理念，中国在网络领域不断创新和突破，探索构建多边共管主权互联网的新型网络架构。多边共管多标识网络体系 MIN（Multi-Identifier Network）是一种融合区块链和未来网络并兼容 IP 的多边共管网络体系。这种网络体系旨在构建多边共管、多标识寻址、内生安全和高效可用的未来网络空间，为各国共享，实现公共网络空间的共管共治及私有空间的高度自治、互不干涉，保障各个国家尤其是发展中国家的网络空间主权。

多边共管多标识网络的核心创新点有以下两个。

一是将身份作为不可或缺的基本核心标识，为了兼容 IP，同时支持身份、IP 地址、内容、服务、北斗地空等网络标识。

二是管理面多边共管多标识系统（Multi-Identifier System，MIS），基于并行投票证明的联盟区块链构建，解决了 IP 网络单一标识和集中管理的困境。MIS 要求所有用户以真实身份注册，将用户身份信息和行为信息等数据记录在区块链上，并使用现代密码技术加密存储日志数据，保证内容与身份绑定且不可篡改、可追溯。

除了以上两个核心创新点，多种原创技术被集成到核心设备多标识路由器（Multi-Identifier Router，MIR）上，包括结合哈希表和前缀树的支持百亿级标识算法、基于三维双曲空间中坐标映射的寻址方法与计算模型、以身份/内容等非 IP 标识为隧道传输 IP 分组的方案等。

（二）多边共管多标识网络体系安全防护机制

1. 内嵌身份认证和包签名的多标识路由寻址方案

每个用户和设备入网前，都需要在 MIS 联盟链中注册自己的真实身份信息，以获得其唯一的身份标识，后续发出的每个数据包都需要用对应的私钥签名，以供转发、接受节点对其进行身份认证。这样可以实现用户与内容的紧密绑定。如果发布或请求的内容有问题，可以准确定位到个人，确保行为和资源可以得到有效管理和控制。总的身份注册和包转发过程参与者包括 MIN 客户端、MIS 系统和 MIR 路由器（见图 1）。

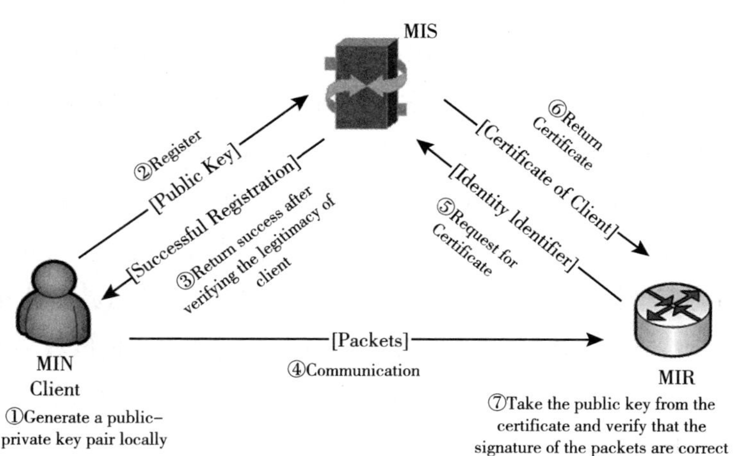

图 1　用户入网流程

资料来源：李挥等：《多边共管多标识天地一体化智能网联汽车高安全专网系统》，2022 年 11 月。

用户身份注册过程基于非对称密码学。首先 MIN 客户端为用户在本地生成公钥和私钥，然后将公钥和用私钥签名的身份信息提交给 MIS 中的任意节点。当节点接收到客户端发送的请求时，首先检查其格式，然后在本地数据库中搜索用户信息，并对其中的一些内容进行简单的验证，比如用户名是否合法、是否存在用户信息重复、用户公私钥是否有效等。若上述步骤之一失败，则向用户返回这个错误信息。如果全部验证成功，则由 MIS 联盟链的记账节点生成交易，并将其发送给所有区块链节点。区块链中的投票节点收到一个预区块时，将对是否允许这个预区块成为一个正式区块-1、0 或 1 的形式进行投票。领导节点收集投票结果进行计数并生成投票证明。区块信息存储在 MongoDB 数据库中，从区块中提取用户注册信息，并存储在用户注册表中。身份认证体现在通信过程中。在注册完成后，用户对于其发布的每个数据包都需要以自己的私钥进行签名，写入 MIN 包的签名区，签名算法可采用国密 SM2 椭圆曲线算法。中间路由器定期维护从 MIS 得到的用户信息表，在收到报文后从中提取对应用户的签名信息，利用从 MIS 中获得的公钥信息，对收到的包进行身份认证。

除了安全因素外，考虑到不同的用户有可能存在不同的寻址需求，路由过程应该对应不同的标识。为了支持多种标识，摆脱对传统网络的寻址依赖，结合上述身份认证方案，设计对应的寻址方式。不同的标识适合的传输语义并不相同，主要包括以 IP 网络架构为代表的“推”模式和以内容中心网络（Content Centric Network，CCN）为代表的“拉”模式。为此，提出了一种支持可变报文长度的报文格式，增强网络分组定义的灵活性和可扩展性。在安全性方面，该报文格式支持在每个网络分组中以内嵌数字签名的方式确保网络分组的完整性，并且支持溯源。图 2 展示了一种通用的 MIN 体系的数据包格式。

该报文的网络分组编码中，包含类型（Type）、大小（Size）和数据（Data）三个要素，分别用 T、S 和 D 表示。该编码方式支持层级化嵌套，同时具有不定长特性，可以提供更强的扩展功能。通用数据包包含四个区域，分别为标识区、签名区、只读区和可变区。

（1）标识区（Identifier Area），存放一至多个标识，用于区分不同网络分组以供转发。

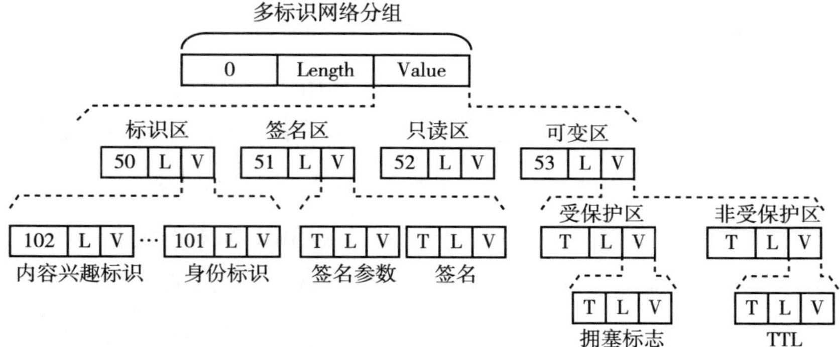

图 2　MIN 通用数据包格式

资料来源："Co - governed Sovereignty Network: Legal Basis and Its Prototype & Applications with MIN Architecture"。

（2）签名区（Signature Area），存放一到多个数字签名，每个数字签名由签名信息和签名值组成，签名信息指签名类型以及用于验证签名的证书的位置。用户在获得自己的公私钥对并在 MIS 系统中注册后，每次发包时，都会用私钥对包信息进行签名并写入本区域，用于转发节点或源端节点对发包者的身份认证。这个签名方案是可扩展的，也就是说用户可以根据其安全需求选择逐跳签名或源端签名等不同安全等级的签名方案。

（3）只读区（Read Only Area），包含 0 个至多个 TSD 数据块，用以存放发送的内容，由网络发送者填充，中间路由器不可以篡改。只读区和签名区一起保证了发送内容的真实性、完整性、不可抵赖性。

（4）可变区（Mutable Area），存放中间路由器既可以修改属性，又可以划分为受保护区和非受保护区两个子区域。受保护区用以存放比较重要但可以修改的字段，如果中间路由器修改这些字段则需要进行签名；非受保护区用以存放重要等级低且可修改的信息，如存活时间（Time To Live，TTL）等，如果中间路由器修改，不需要签名。

在路由过程中，对于不同的标识，内容标识和服务标识采用拉式语义，通信时使用兴趣包和数据包。推式语义通信时采用通用推式包（General

Push Packet，GPPkt）。常见的使用推式语义的标识包括身份、地理信息和IP 标识。

路由设备采用自主开发的路由器 MIR。MIR 包含逻辑接口、包验证模块、转发模块、转发表模块、决策器等模块。对于接收到的包，MIR 首先会进行格式审查，并通过识别标识区中存放的标识类型区分包的类型，只有 MIN 包才会被继续转发。对于每一个 MIN 包，MIR 首先以包验证模块验证其签名是否正确有效，如果验证失败，则丢弃该包。如果验证通过，则将该包传递给标识选择模块，选出用于转发的标识，并根据标识区分不同的网络分组，分别执行对应的转发处理流程（见图 3）。

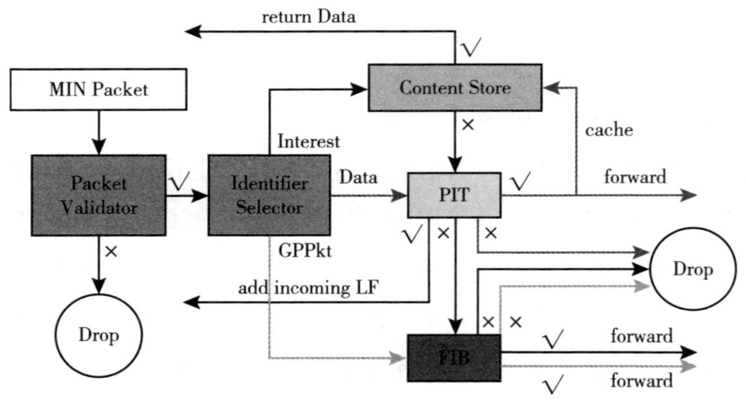

图 3　转发流程

资料来源："Co-governed Sovereignty Network：Legal Basis and Its Prototype & Applications with MIN Architecture"。

（1）兴趣包，首先查询本地内容缓存，如果命中缓存，则直接返回请求的数据，否则查询待定兴趣表（Pending Interest Table，PIT），如果 PIT 中存在匹配的条目，则表示已经有相同名字的兴趣包被发出且未被满足，那么聚合这些同样的兴趣包，将接收到兴趣包的逻辑接口记录到对应 PIT 条目中，并停止转发该兴趣包。如果 PIT 中不存在匹配的条目，则为其创建一个 PIT 条目，并查询转发表（Forwarding Information Base，FIB）中是否有匹配的路由。如果查询成功，则根据转发策略进行转发，否则，根据转发策略选择丢弃或者返回 Nack 消息。

（2）数据包，首先查询 PIT 表，如果没有查询到匹配的条目，则说明并不是被用户请求的数据包，直接丢弃，否则将该数据包存储到本地缓存中，并根据转发策略进行转发。

（3）GPPkt 包，MIR 对其处理逻辑与 IP 路由器相似，在 FIB 中查询目的标识，如果没有查询到匹配的条目，则直接丢弃，否则根据转发策略进行转发。

除了网络层，在应用层，本方案也会对每个用户的身份进行校验。并且用户的所有访问行为，也会根据其本身的访问权限而受到相关的约束。若该身份的权限允许其可以进行相关操作，那么用户可以正常访问；反之，用户的操作会被拒绝并且被 MIS 记录下来。

2. 基于加权中心度算法的拟态防御

除了对用户的身份认证和行为管理，在网络环境安全方面，提出了加权中心度算法（Weighted Network Centrality Measure，WNCM）对网络设备进行中心性、重要性排序，从中选择最重要、影响力最大的一部分设备进行重点保护。中心度算法（Network Centrality Measure，NCM）常用于图论和网络分析领域，用于识别图中特定节点的角色和对网络的影响。该算法用于在系统资源有限的情况下，根据用户安全需求，有侧重地选择节点提高网络防护的效率。

以上文展示的网络拓扑为例。该网络环境中，除外部攻击者，内网共包含七个可被重点防护的设备，其中有两个边界路由器、三个提供内网转发服务的服务器和两个提供存储功能的服务器。用中心度算法对其进行对比，选择其中的 2~3 个设备部署重点防护机制（见图 4）。本方案选择中心度算法系列指标中的三个核心指标：点度中心性（Degree Centrality）、接近中心性（Closeness Centrality）、中介中心性（Between Centrality）。

（1）点度中心性用以描述在一个共有 n 个节点的网络中，一个节点与其他 $n-1$ 分节点相联系的程度。

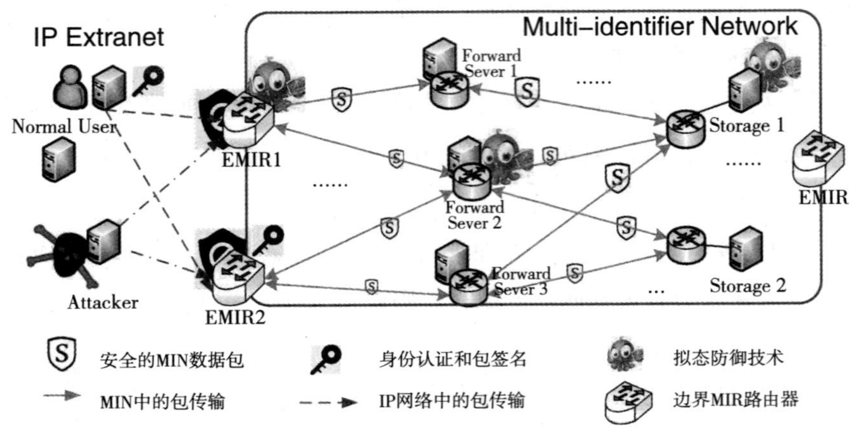

图 4　MIN 的安全防御方案

资料来源：“Co - governed Sovereignty Network: Legal Basis and Its Prototype & Applications with MIN Architecture”。

（2）接近中心性用以描述某个节点与其他节点的接近程度，与每个节点到其他节点的最短路径平均长度有关。

（3）中介中心性用以衡量一个节点在多大程度上可以成为其他节点信息传递的中介。用节点出现在其他任意两个顶点对之间最短路径上的次数占该顶点对存在的所有最短路径条数的比例进行描述。

如果一个节点的 Between 指标较高，那么可以认为该节点是核心成员，起到了比较重要的“中介”作用，可以较大程度地控制信息的传递而影响群体。

Rank：中心度等级。在得到以上三项指标后，可以对指标分别进行排序作为该指标的得分，对三项指标得分进行加和得到 sum 值，对 sum 进行排序得到最后的 Rank 值。

Rank′：加权中心度等级，根据多标识网络的特点，可以对各节点的权值做一定的调整。由于存储服务器存储网络的核心数据，赋予其最高权值，其 sum 值除以 3 得到新的 sum′。由于边界路由器负责连通内外网，承受来自外部的攻击，并且提供包封装、审计功能，赋予其中等权值，sum′为原始值除以 2。普通转发服务器权值最低，sum′为原始 sum 值。

需要加强保护的节点比例以 δ 表示。比如，系统管理员设置 $\delta=30\%$，选择两个节点进行保护，那么如果采用原始 Rank 指标，将会保护 EMIR1 和转发服务器 2；如果采用加权 Rank′指标，将会保护存储服务器 1 和 EMIR1。防守者可以根据系统需求对权值和保护比例 δ 进行调整。

被 WNCM 计算出的需加强保护的节点上将会被部署拟态防御机制。拟态的思想起源于可靠性领域非相似余度结构，通过对内部结构的非相似构造并重新配置，将信息系统的属性由同构静态转化为异构动态，从而形成一种内生的安全效应，也就是说使系统在不依赖先验知识或攻击行为特征的情况下，具有广义鲁棒控制的安全能力。因此，向攻击者提出了一个动态攻击面，破坏了攻击链的构造和有效性，增加了攻击的难度。在应用层，防火墙、重要路由器、服务器等核心设备具有部署拟态架构的方案。将拟态与编码相结合，提出拟态存储服务器（见图 5）。

该拟态存储系统包括客户端、动态异构模块及对象存储模块。动态异构模块又包含动态配置管理以及异构功能模块。前者负责动态管理系统配置，包括使用伪随机方式轮换纠删码等，使攻击者无法判定系统内部的准确状态。后者包括多个异构的执行体，负责处理收到的请求。其结果将由动态配置管理模块中的多余度表决器收集并判定输出。当纠删码解码输出结果不一致时，判决器裁定正确结果并进行后续警报等操作。除此之外，动态配置管理模块每隔一定的周期 T 对在线的异构执行体以概率 ω 进行随机替换，防止系统中存在潜伏的攻击者。

一些拟态存储系统的异构执行体为开源的分布式文件系统，如 HDFS、Ceph、Lustre 等，但不同分布式文件系统之间的异构性有限。通过对文件数据使用多种不同纠删码编码的方式实现异构。作为容错冗余技术，纠删码由于其较高的性能而广泛用于分布式存储系统，有利用率高、容错能力强的优点。(k, n) 纠删码将原始数据分割为 k 个数据块，然后编码生成 n（$n>k$）个数据块并存储在多个分布式节点中。其 (k, n) 特性指编码后任意 k'（$k' \geqslant k$）个切片都可恢复原始完整数据。

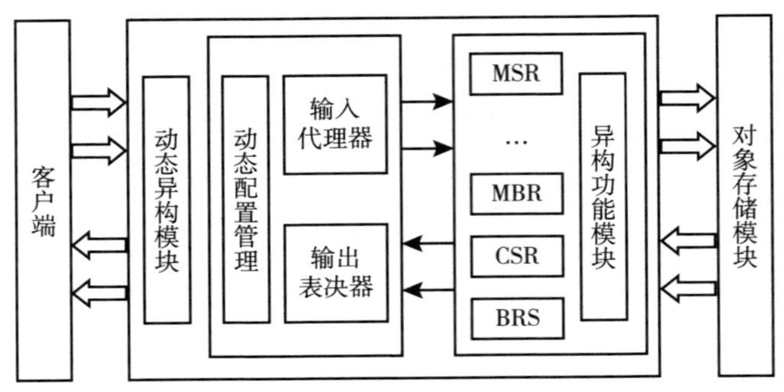

图 5　拟态存储架构

资料来源：李挥等：《一种融合区块链技术拟态存储防篡改日志的方法及系统》，2021 年 2 月。

3. 基于免疫学的安全双重防御感知策略

随着工业互联网的发展，原本封闭的孤岛环境的工业互联网现场网络和设备资源接入到互联网，在 MIN 体系的基础上构建一个内生安全双重防御体系，并在网络设计的各个层面考虑安全因素。MIN 体系中实现 DDESS 方式如下。

（1）身份认证和访问控制，在 MIN 体系中，采用零信任网络的思想，将身份认证和访问控制作为核心安全机制。这意味着在用户访问网络资源时，需要进行身份验证，并根据用户的权限和角色分配相应的访问权限。这有助于减少未经授权的访问和内部攻击的风险。

（2）加密技术和区块链技术，为了确保数据在传输过程中的安全性，在 MIN 体系中使用加密技术对数据进行加密。此外，区块链技术可以用于确保数据的完整性和不可篡改性，从而提高数据的安全性。

（3）可信计算和白名单策略，可以使用可信计算技术来确保软件和数据在执行过程中的安全性。此外，还可以实施白名单策略，以允许已知安全的应用程序和服务在网络中运行，从而降低恶意软件和攻击的风险。

（4）态势感知和动态防御，为了提高 MIN 体系对网络攻击的主动防御能力，通过对数据流量和访问日志的动态采集来实现网络态势感知。通过对网络环境的实时监控和分析，可以及时发现潜在的安全威胁，采取相应的防御措施。

（5）免疫疫苗培育，受生物免疫系统的启发，可以在 MIN 体系中培育应对未知网络攻击的免疫疫苗。这意味着通过不断学习和适应新的攻击手法，MIN 体系可以主动抵御未知的网络威胁，从而实现网络安全的动态防御。

通过在 MIN 体系中融合上述内生安全双重防御体系 DDESS，可以实现网络安全和可用性的均衡，提供一个更安全、可靠的网络环境。

4. 随机过程鞅量化

MIN 体系为了提高网络的安全性，引入了主动防御机制，通过随机重配置网络环境，不断改变可被利用的攻击面，从而增加攻击者的难度和成本。具体地，MIN 体系应用了以下两种主动防御技术。

（1）节点迁移技术，MIN 体系中的节点具有移动性和智能性，可以根据网络状态和安全需求，自主决定是否迁移到其他位置或者其他网络层次。节点迁移技术可以使得网络拓扑结构和节点位置不断变化，从而降低攻击者定位目标节点和发起攻击的可能性。

（2）节点异构技术，MIN 体系中的节点具有网络性和智能性，可以根据网络协议和安全需求，自主决定是否切换到其他协议栈或者其他安全机制。节点异构技术可以使得网络协议栈和安全机制不断变化，从而降低攻击者利用协议漏洞和安全缺陷的可能性。

MIN 体系通过应用这两种主动防御技术，实现了网络的动态性和多样性，从而提高了网络的安全性。为了评估 MIN 体系中主动防御机制的有效性，可以采用随机过程鞅量化模型来构建分析方案。具体地，可以将 MIN 体系中的攻防过程抽象概括成赛跑模型，从不同角度分别建立三种模型。基于半马尔可夫链的抽象模型从攻防双方速度相关参数入手进行初步评估，形成有效性和系统配置之间的显式函数表达；基于 SRN 的图像模型通过细粒度捕捉攻防行为与系统状态变化之间的关系，推测攻防对抗的结果；基于 Python 的仿真实验则对攻防过程中的离散事件进行复现，获得各项性能及安全量化结果。通过对三种方法评估过程和结果的对比，验证了建模的可信性和 MIN 体系防御的有效性，并对各方法的特点进行总结，从而推断不同条件下的适用评估方法。

5. 可信计算3.0

可信计算是一种旨在提高计算机系统的安全性和可靠性的技术，通过在硬件、软件和网络等层次引入可信根、可信链条、可信度量等机制来保证系统的正确运行和数据的保密性、完整性和可用性。可信计算概念最早可以追溯到 1985 年美国国防部颁布的《可信计算机系统评价标准》（TCSEC），首次提出了可信计算机和可信计算基（Trusted Computing Base，TCB），并把 TCB 作为系统安全的基础。当时主要是针对软件系统的可靠性和安全性问题，提出了一些评估软件可信度的标准和方法。

随着网络技术的发展和应用的普及，人们对网络安全的需求也越来越高，传统的软件可信计算已经不足以应对新的安全挑战。1999 年，微软公司提出了“可信计算平台”（TCPA）的概念，试图通过在计算机中嵌入一个专用的芯片——可信平台模块（TPM）来实现对系统启动、操作系统加载、应用程序运行等过程的验证和保护。2003 年，TCPA 组织更名为可信计算组织（TCG），并制定了一系列关于 TPM、可信网络连接（TNC）、自我加密驱动器（SED）等方面的标准和规范。这种以 TPM 为核心、以可信链条为基础、以可信度量为手段、以可信证明为目标的可信计算模式被称为“可信计算 2.0”。

然而，可信计算 2.0 也存在一些缺陷和局限性，主要有以下几个方面。

可信计算 2.0 依赖于外部硬件或软件厂商提供的 TPM 芯片或者其他可信根设备，这使得用户必须对这些厂商有足够的信任，而这种信任往往是无法保证或者不符合国家安全利益的。

可信计算 2.0 是一种被动的、串行的、单向的可信验证机制，只能在系统启动或者应用程序加载时进行一次性验证，而不能对系统运行时的状态和行为进行动态的监控和干预。

可信计算 2.0 是一种针对特定平台或者场景的可信解决方案，需要对不同的操作系统、硬件平台和应用领域进行定制化开发和适配，并且往往与现有的安全机制不兼容或者冲突。

为了克服可信计算 2.0 的不足，我国在网络空间安全领域进行了原创性创新，并于 2010 年提出了“可信计算 3.0”的概念。可信计算 3.0 是一种自主自控、主动免疫、通用独立、创新领先的新型可信技术，其核心思想可以概括为以下几个方面。

自主自控：可信计算 3.0 不依赖于外部的硬件或软件厂商，而是通过自己构建的可信子系统来监控和管理原系统中的安全机制，实现系统的“可信、可控、可管”，符合我国网络空间安全的基本要求。

主动免疫：可信计算 3.0 是一种主动的可信技术，能够利用可信根、可信链条、可信密码等技术，构建一个类似于人体免疫系统的计算环境，能够及时识别和禁止不符合预期的行为，使攻击者无法利用缺陷和漏洞对系统进行非法操作。

通用独立：可信计算 3.0 是一种通用的、独立于系统的可信技术，可以适应不同的操作系统、硬件平台和应用场景，而且可以与现有的安全机制兼容和协作，实现跨平台或者跨层次的安全保障。

创新领先：可信计算 3.0 是一种创新的可信技术，是我国在网络空间安全架构上的原始创新，有利于提升我国在网络安全领域的话语权和影响力。

MIN 体系融合了可信计算 3.0 技术来提升安全性，能够有效地保障系统的可信性、可控性和可管理性，抵御各种内外部的安全威胁，基于可信计算 3.0 原理，构建了具有自主自控、主动免疫、通用独立、创新领先特征的网络安全体系。它能够满足不同的系统环境和应用需求，实现跨平台或者跨层次的安全保障，以此实现了系统的自主自控、主动免疫、通用独立、创新领先。它是我国在网络空间安全领域的原始创新，有利于提升我国在网络安全领域的话语权和影响力。

（三）基于多边共管多标识网络的车路云安全专网

1. 单车智能

随着人工智能、传感器、计算机等技术的发展，汽车已经不仅仅是一种简单的交通工具，而是一种能够自主驾驶的智能机器。单车智能技术就是使单一车辆具备自主驾驶功能的技术，是实现自动驾驶的基础，也是智能网联汽车中不可或缺的部分。单车智能技术主要包括感知技术、决策技术和控制技术，分别负责对周围环境进行数据采集和信息识别、对当前状态和未来行为进行评估和选择、按照决策结果执行相应的动作。根据单车智能技术的水平和应用场景的复杂度，可以将其分为不同等级，从低到高依次为驾驶辅助、部分自动驾驶、有条件自动驾驶、高度自动驾驶和完全自动驾驶。这些等级反映了人类在自动驾驶过程中的角色和责任，从需要负责监控和控制车辆到可以完全放手让车辆自主驾驶。

单车智能技术是指让车辆具备类似人类的驾驶能力，通过车辆自身搭载的传感器、计算单元、线控系统等硬件设备，实现对周围环境的感知、决策和执行。单车智能技术是自动驾驶的一种实现方式，也是汽车行业新四化中的智能化方向。单车智能技术按照自动驾驶等级划分，从 Level1 到 Level5，分别代表不同程度的自动化水平，Level1 是辅助驾驶，Level2 是部分自动驾驶，Level3 是有条件自动驾驶，Level4 是高度自动驾驶，Level5 是完全自动驾驶。目前市场上已经有部分 Level3 和 Level4 的产品出现，但还没有达到规模化、商业化落地的水平。单车智能技术在提升出行安全、效率和舒适度方面有巨大的潜力和价值，但也面临着诸多的挑战和难题，如传感器成本、算法可靠性、道路复杂性、法律规范等。为了克服这些困难，单车智能技术需要与其他技术相结合，如车路协同、云计算、大数据等，实现更高级别的自动驾驶。

单车智能技术的发展历程可以追溯到 20 世纪 80 年代。当时欧洲和美国开启了一些自动驾驶相关研究项目，如欧洲的 EUREKA Prometheus 计划、美国的 ALV 计划等。这些项目主要利用雷达、摄像头等传感器进行道路检测和障碍物识别，并实现了一些简单的自动控制功能。20 世纪 90 年代后期到 21 世纪初期，随着计算机视觉和机器学习等的发展，以及美国国防部高级研究计划局 DARPA 举办的三届大挑战赛（Grand Challenge）

和城市挑战赛（Urban Challenge）等竞赛活动的推动，单车智能技术取得了显著进步，实现了在复杂环境中的自动驾驶。21 世纪初期以来，随着互联网公司和汽车厂商的加入，以及深度学习等技术的突破，单车智能技术进入了快速发展阶段，出现了多种商业化产品和应用场景，如特斯拉的 Autopilot、百度的 Apollo、Waymo 的无人出租车等。目前，单车智能技术正朝着更高级别的自动驾驶迈进，同时也在探索与其他技术的融合和创新，如车路协同、云计算、大数据等，以期实现更安全、更高效、更智能的出行。

2. 车路协同智能

车路协同智能是指让车辆具备类似人类的驾驶能力，通过车辆自身搭载的传感器、计算单元、线控系统等硬件设备，实现对周围环境的感知、决策和执行。同时，通过无线通信技术，实现车辆与基础设施如信号灯、道路标志、监控摄像头等之间、车辆与车辆之间的信息交互和协作。此外，通过云计算技术，实现对大量数据的存储、分析和优化，为车辆提供更精准和实时的导航、预警和服务。

车路协同智能有以下特点。

（1）跨学科融合，车路协同智能涉及多个学科领域，如无线通信、传感探测、云计算、人工智能、机器学习等，需要多学科交叉与融合，形成新的理论和方法。

（2）多要素协同，车路协同智能涉及多个交通要素，如人、车、路、云等，需要多要素之间实现有效的信息交互和协作，形成新的模式和机制。

（3）多场景适应，车路协同智能涉及多种交通场景，如城市道路、高速公路、停车场等，需要多场景之间实现灵活的适应和切换，形成新的服务和应用。

车路协同智能主要由三个部分组成：智能车载系统（IVS）、智能路侧系统（IRS）和通信平台（CP）。

（1）智能车载系统（IVS），安装在车辆上的系统，包括传感器（如雷达、摄像头等）、计算单元（如芯片、模块等）、线控系统（如刹车、转向等）等硬件设备，以及相应的软件程序。其主要功能是采集自身状态信息（如位置、速度等）和周围环境信息（如障碍物、行人等），并根据接收到的来自路侧或其他车辆的信息进行决策和执行（如导航、预警等）。

（2）智能路侧系统（IRS），安装在道路上或周围的系统，包括传感器（如线圈、摄像头等）、计算单元（如服务器、路侧单元等）、基础设施（如信号灯、道路标志等）等硬件设备，以及相应的软件程序。其主要功能是采集道路状态信息（如交通流量、路面状况等）和异常事件信息（如事故、堵塞等），并根据接收到的来自车辆或云端的信息进行决策和执行（如控制、指示等）。

（3）通信平台（CP），负责实现车辆与路侧、车辆与车辆之间的信息交互的平台，包括无线通信技术（如 DSRC、LTE-V2X、5G 等）、云计算技术（如大数据、人工智能等）等。其主要功能是提供稳定、高效、安全的数据传输和处理能力，为车辆和路侧提供更精准和实时的导航、预警和服务。

车路协同智能涉及多个技术领域，其中比较关键的有以下几个。

（1）无线通信技术，实现车辆与路侧、车辆与车辆之间的数据传输的技术，主要包括专用短程通信技术（DSRC）、蜂窝移动通信技术（LTE-V2X）、5G 等、卫星导航技术北斗、GPS 等。无线通信技术需要满足低延迟、高可靠、快速接入等要求，以保证车路协同智能的安全性和效率性。

（2）传感探测技术，实现对车辆状态和周围环境的感知的技术，主要包括雷达、摄像头、激光雷达、超声波等。传感探测技术需要满足高精度、高鲁棒性、低成本等要求，以保证车路协同智能的准确性和可行性。

（3）云计算技术，实现对大量数据的存储、分析和优化的技术，主要包括大数据、人工智能、机器学习等。云计算技术需要满足高效率、高智能、高安全等要求，以保证车路协同智能的灵活性和创新性。

（4）协同控制技术，实现对车辆和路侧之间的协作和配合的技术，主要包括多目标优化、多智能体系统、博弈论等。协同控制技术需要满足多约束、多冲突、多利益等要求，以保证车路协同智能的公平性和可持续性。

车路协同智能作为智能交通系统 ITS 的重要子系统，其发展历程可以追溯到 20 世纪 80 年代。当时欧洲和美国开始了一些自动驾驶相关的研究项目，如欧洲的 EUREKA Prometheus 计划、美国的 ALV 计划等。这些项目主要是通过车载传感器和计算机实现车辆的自动控制，但没有考虑车辆与路侧和其他车辆之间的信息交互和协同。

20 世纪 90 年代初，日本率先提出了智能交通系统（ITS）的概念，将车辆、道路、交通管理中心等要素整合在一起，通过无线通信技术实现信息的共享和服务的提供。此后，欧洲和美国也相继启动了各自的 ITS 项目，如欧洲的 DRIVE 计划、美国的 IVHS 计划等。这些项目开始了车路协同智能的雏形研究，但主要是以路侧为主导，以提高道路利用率和交通效率为目标。

20 世纪 90 年代末至 21 世纪初，随着无线通信技术和人工智能技术的发展，车路协同智能进入了一个新的阶段。欧洲、美国、日本等国家和地区开始了一些专门针对车路协同系统（CVIS）或车联网（VANET）的研究项目，如欧洲的 CVIS 计划、美国的 VII 计划、日本的 ASV 计划等。这些项目开始了以车辆为主导、以提高交通安全和环境保护为目标的车路协同智能研究，并制定了一些相关的标准和规范。

21 世纪中期至今，随着 5G、云计算、大数据等新技术的出现，车路协同智能进入了一个新的高峰期。各国开始了一些针对自动驾驶或智慧城市的研究项目，如欧洲的 CARTRE 计划、美国的 CV-Pilot 计划等。这些项目开始了以人为中心、以提高出行体验和社会福祉为目标的车路协同智能研究，并进行了一些试验和应用。

3. 低速智能无人车

低速智能无人车是指应用场景相对简单固定、时速低于 40 km/h 的自动驾驶汽车，也被称为低速自动驾驶汽车。它是自动驾驶汽车的一个细分门类，是指通过科技手段赋能传统汽车，实现无人驾驶的智能汽车。

低速智能无人车的应用领域包括校园、景区、园区、机场、矿山等，根据类别可以分为载人类、载货类和专用车类等，可以使用的范围包括特定区域的物流配送、矿山开采、无人机农用机械、餐饮及零售等。低速智能无人车技术多使用在运输货物上，但在部分使用场景中也可以用来载人，如高尔夫球车、园区巴士、机场接驳车等。

低速智能无人车相较于高速自动驾驶汽车，有以下技术特点和优势。

低速智能无人车的运行速度较低，因此对于安全性和稳定性的要求较高，同时也降低了致死率和破坏性；低速智能无人车的应用场景较为固定和简单，因此对于感知、定位、规划、控制等技术的难度较低，同时也减少了未知干扰的可能性；低速智能无人车的系统硬件成本和软件开发成本较低，不需要使用高精度的激光雷达、毫米波雷达等传感器，也不需要使用复杂的深度学习等算法。

低速智能无人车的技术实现和商业落地较为容易，不需要面对复杂的法律法规和社会接受度等问题，也不需要与其他交通参与者进行复杂的交互和协调。

目前，我国已经有多家企业在低速智能无人车领域进行了探索和实践，如百度 Apollo3、小鹏汽车、小马智行等。这些企业主要提供了以下几种类型的产品和服务。①萝卜快跑，百度 Apollo 推出的一款 5G 云代驾产品，可以通过远程控制实现快递配送、外卖送达等场景。②小鹏 G3i，小鹏汽车推出的一款搭载自动泊车系统 AVP 的电动 SUV，可以通过手机端实现远程泊入或泊出停车位。③小马智行，小马智行推出的一款低速无人驾驶巴士，可以在园区、景区、机场等场景提供载人出行服务。

2021 年，包含低速载人无人车、低速载货无人车，无人作业车在内，中国低速自动驾驶车销量达 2.5 万台，2022 年达 10.4 万台。低速智能无人车将成为人们日常生活中的一部分。

同时，低速智能无人车也面临着一些发展的挑战和问题，如：技术标准和规范的缺乏，导致产品质量不可控；技术创新和突破的缺乏，导致产品功能和性能不足；应用场景和需求的不匹配，导致产品推广和使用的困难。

总之，低速智能无人车是一种具有广阔前景和潜力的自动驾驶汽车类型，可以为企业降本提效，为用户提供便捷和舒适的出行体验。随着技术的进步和市场的成熟，低速智能无人车将会更多地融入人们的日常生活中。

4. 高速智能无人车

高速智能无人车是指能够在高速公路等高速场景下实现自动驾驶的汽车，也称高速自动驾驶汽车。它是自动驾驶汽车的一个细分门类，是指通过科技手段赋能传统汽车，实现无人驾驶的智能汽车。

高速智能无人车的应用领域主要包括长途客运、货运、旅游等，根据类别可以分为载人类、载货类和专用车类等，可以使用的范围包括特定区域的高速公路、专用高速公路、智能高速公路等。高速智能无人车技术多使用在运输货物上，但在部分使用场景中也可以用来载人，如高铁接驳车、旅游观光车等。

高速智能无人车相较于低速自动驾驶汽车，有以下几个技术特点和优势：高速智能无人车的运行速度较快，因此对于感知、定位、规划、控制等技术的要求较高，同时也提升了效率和舒适性；高速智能无人车的应用场景较为开阔和规整，因此对于道路环境和交通参与者的复杂度要求较低，同时也降低了风险和难度；高速智能无人车的系统硬件成本和软件开发成本较高，需要使用高精度的激光雷达、毫米波雷达等传感器，也需要使用复杂的深度学习等算法。

高速智能无人车的技术实现和商业落地较为困难，需要面对复杂的法律法规和社会接受度等问题，也需要与其他交通参与者进行复杂的交互和协调。

目前，我国已经有多家企业在高速智能无人车领域进行了探索和实践，如百度 Apollo3、蔚来汽车、小鹏汽车等。这些企业主要提供了以下几种类型的产品和服务。①Apollo RT6，百度 Apollo 推出的一款面向未来出行的第六代量产无人车，具备城市复杂道路的无人驾驶能力，成本仅为25万元。②蔚来ET7，蔚来汽车推出的一款搭载自动驾驶系统NAD的电动轿跑SUV，可以通过OTA升级实现全场景自动驾驶。③小鹏P7，小鹏汽车推出的一款搭载自动驾驶系统（XPILOT）的电动轿跑SUV，可以实现高速公路自动驾驶。

2021年，包含高速载人无人车、高速载货无人车，无人作业车在内，中国高速自动驾驶车销量达0.5万台，2022年达2.1万台。高速智能无人车将成为未来出行的一种重要方式。

同时，高速智能无人车也面临着一些发展的挑战和问题，如技术标准和规范的缺乏，导致产品质量和安全性的不可控；技术创新和突破的缺乏，导致产品功能和性能的不足；应用场景和需求的不匹配，导致产品推广和使用的困难。

总之，高速智能无人车是一种具有广阔前景和潜力的自动驾驶汽车类型，可以为企业降本提效，为用户提供便捷和舒适的出行体验。随着技术的进步和市场的成熟，高速智能无人车将会更多地融入人们的日常生活中。

（四）基于多边共管多标识网络体系的车路云通信设计

车路云通信技术是指利用车辆、道路和云端的信息交互，实现智能网联车辆的安全、高效和舒适驾驶的技术。随着车辆数量的增加、车辆功能的丰富、道路设施的智能化和云端服务的多样化，未来的车路云通信将面临海量、多源、异构、实时、动态、不确定等的数据传输和处理问题。现有的车路云通信解决方案主要基于集中式或分布式网络体系，存在带宽不足、延迟过高、容错能力弱、管理效率低、数据安全差等问题，特别是网络安全问题。

车路云通信技术是智能交通系统的重要组成部分，也是智慧城市的重要支撑。车路云协同通信技术的发展经历了从单一车辆到多车协同、从有线通信到无线通信、从集中式网络到分布式网络、从静态数据到动态数据、从离线处理到在线处理等几个阶段。目前，车路云通信技术已经进入了新的阶段，即基于人工智能、区块链、认知无线电等新兴技术的智能化、安全化、协同化和优化化阶段。

现有的车路云通信解决方案主要基于集中式或分布式网络体系。集中式网络体系是指通过一个或多个中心节点进行数据传输和处理的网络体系，如基于蜂窝网络或卫星网络的车路云通信解决方案。分布式网络体系是指通过多个对等节点进行数据传输和处理的网络体系，如基于车对车或车对路的车路云通信解决方案。这些解决方案虽然在一定程度上提高了车路云通信技术的性能和效果，但仍然存在以下不足和局限。

（1）带宽不足，由于车辆数量的增加、车辆功能的丰富、道路设施的智能化和云端服务的多样化，未来的车路云通信将涉及海量的数据传输，而现有的网络资源往往无法满足这种需求，导致数据传输速度慢、质量差、丢包率高等问题。

（2）延迟过高，由于数据传输过程中涉及多个节点、多跳转发、多层协议等因素，以及数据处理过程中涉及复杂算法、大规模计算等因素，未来的车路云通信将面临数据传输延迟和数据处理延迟，而这些延迟往往超过了实时应用的容忍范围，导致数据处理结果失效或错误等问题。

（3）容错能力弱，由于复杂环境下存在各种干扰、噪声、障碍物等因素，以及动态环境下存在各种拥塞、断开、切换等因素，未来的车路云通信将面临较高的数据传输不稳定性和不可靠性，而现有的网络技术和协议往往无法有效地应对这些问题，导致数据传输中断或失败等问题。

（4）管理效率低，由于多方参与者和多种场景下存在各自不同的需求和目标，以及各自不同的资源和能力，未来的车路云通信将面临数据传输和处理的冲突和竞争，而现有的网络管理和优化往往无法有效地协调和平衡这些问题，导致数据传输和处理的不合理或不高效等问题。

（5）数据安全差，由于多方参与者和多个领域下存在各自敏感的身份信息、隐私信息、利益信息等，未来的车路云通信将面临数据安全和隐私威胁，如数据泄露、数据篡改、数据损坏等，而现有的网络安全和加密往往无法有效地防止和解决这些问题，导致数据安全和隐私受损或损失等问题。

多标识网络专网 MIN 专网（为了方便称呼，下文统一用“内网”代替）是基于多标识网络所设计的一套高安全专网。MIN 专网中使用纯 MIN 链路进行通信，内置一套完善的安全机制，能够抵御 IP 链路下的网络攻击。此外，MIN 专网中还自带一套 VPN 系统，可以方便用户异地访问专网中的服务资源。

为了弥补 IP 互联网体系在服务质量、安全性、移动性方面的不足，MIN 融合区块链技术实现了去中心化的标识管理和解析，实现未来网络体系中全球非 IP 顶级标识的多边平等共管。MIN 支持利用身份、内容、服务、IP 及北斗地空等多种网络标识，各国拥有其顶级标识以下各级标识的网络空间独立主权。多标识网络的体系架构如图 6 所示。多标识网络体系 MIN 的两大元件分别是多标识管理系统（Multi-Identifier System，MIS）和多标识路由器（Multi-Identifier Router，MIR）。其中，MIS 作为 MIN 管理面的核心设备，代替 DNS 为 MIN 的各个标识空间提供统一的标识注册、管理、解析等服务。MIR 作为 MIN 数据面核心设备，代替 IP 路由器完成标识互译、路由寻址、传输控制、内容过滤、数据保护等功能。

从架构上，专网主要分为以下几个模块，它们之间的关系如下。

（1）VPN 客户端（MIN-VPN），是一个应用程序，可以让用户通过安全的认证方式，连接到 MIN 专网，并根据用户的访问需求，智能地选择合适的网络路径，实现高效的网络通信。

（2）VPN 服务端（VPN-Serve），是内网服务器上的一个应用程序，和 MIN-VPN 协同工作，为用户提供网络代理服务。它可以转发用户的网络请求，解析用户访问的域名，控制用户的访问权限，并生成相应的访问日志。

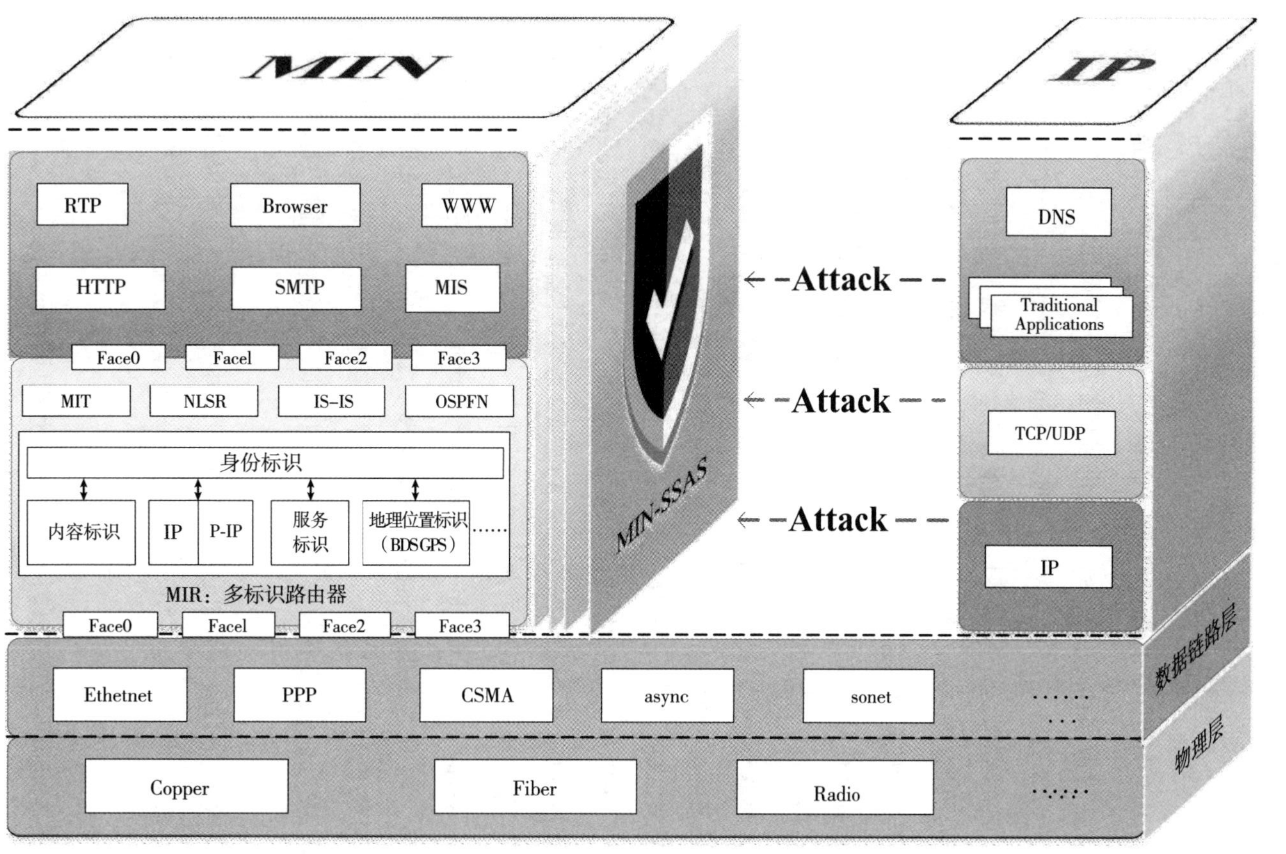

图 6　MIN 整体架构及与 IP 兼容且现网渐进可部署的关系

资料来源：“MIN：Co-Governing Multi-Identifier Network Architecture and Its Prototype on Operator’s Network，” in IEEE Access。

（3）多标识系统（MIS），是一个专门为 MIN 专网设计的管理系统，包括客户端和服务端。客户端是管理员电脑上的一个应用程序，只有管理员才能登录并使用。管理员可以通过 MIS 对 MIN 专网中的各种标识、身份和日志进行管理和维护。服务端是内网服务器上的一个应用程序，负责存储和处理标识、身份和日志的数据，并提供接口给客户端调用。

（4）VPN 管理控制台（VPN Management Service），是一个专门为 VPN 服务设计的管理系统，包括客户端和服务端。客户端是管理员电脑上的一个应用程序，只有管理员才能登录并使用。管理员可以通过 VMS 对 VPN 服务中的用户组、权限和日志进行管理和监控。服务端是内网服务器上的一个应用程序，负责存储和处理用户组、权限和日志的数据，并配合 MIN-VPN 进行用户身份认证，提供接口给客户端调用。

（5）MIN-Proxy，是边界服务器上的一个应用程序，负责在 IP 网络和 MIN 网络之间进行通信转换，从而实现两种网络之间的互联互通。

（6）Windows Server 2016，是一款微软提供的 Windows 服务端操作系统。MIN-VPN 利用了其中的两个服务：活动目录（Active Directory，AD）和证书授权（Certificate Authority，CA）。AD 服务用来管理用户和用户组的信息，CA 服务用来作为证书颁发和验证机构。

（7）多标识路由器（Multi-Identifier Router），MIR 是 MIN 专网中的核心设备，具有路由器的功能，并支持多标识网络协议。MIR 可以实现基本的网络包转发、路由、互译、缓存等功能，并记录操作日志。同时，MIR 还可以实现多跳签名、网络包验证等高级功能，提高网络安全性。

（8）应用层服务，目前已经在 MIN 专网中部署了一些常用的应用层服务，包括文件共享服务、电子邮件服务、视频会议服务以及车路云通信服务。

（五）MIN-V2X 在智能网联汽车上的应用场景

基于多标识网络 MIN 的智能网联汽车高安全专网 MIN-V2X 能够在多场

景下有效地保障网络的安全性。智能网联 MIN-V2X 主要包含全网络场景、无网络场景、基站网络场景、卫星网络场景四种场景。

1. 全网络场景

在全网络场景，车辆行驶区域与基站和卫星的通信良好，车辆可以同时进行与基站、卫星、其他车辆的信息传输。如图 7 所示，车辆通过 UU 接口与蜂窝基站进行通信，卫星对车辆进行实时定位，车与车之间可通过 PC5 接口直连通信。

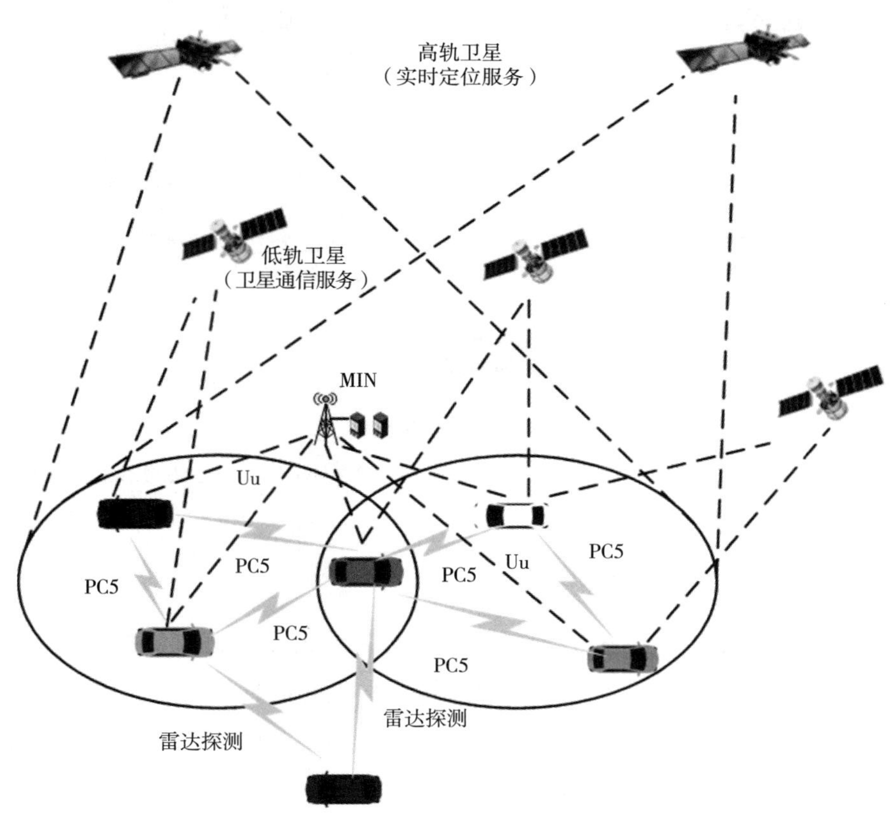

图 7　MIN-V2X 全网络场景

资料来源：李挥等：《多边共管多标识天地一体化智能网联汽车高安全专网系统》，2022 年 11 月。

2. 无网络场景

在无网络场景，车辆行驶区域不能与基站和卫星通信，可以直接与其他车辆信息传运输。如图 8 所示，车与车之间可通过 PC5 接口直连通信。

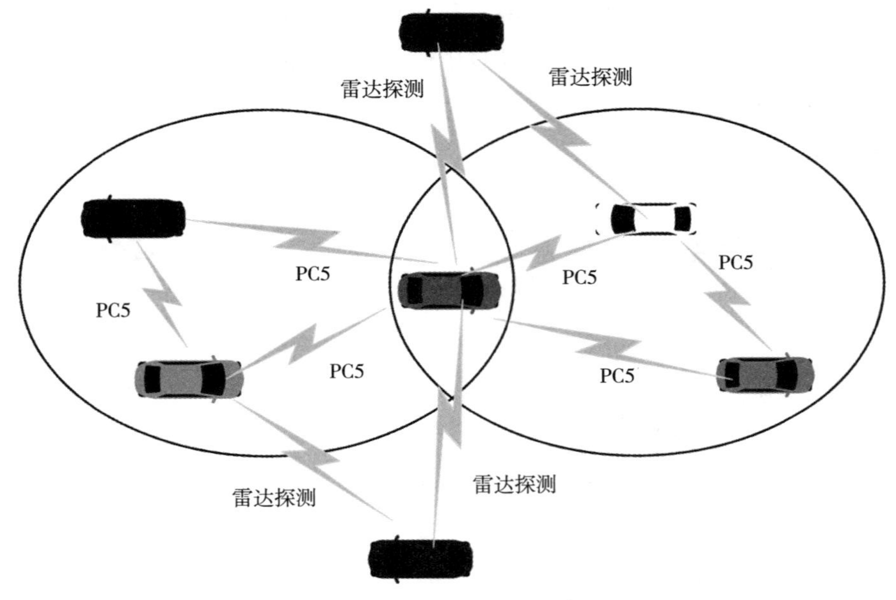

图 8　无网络场景

资料来源：李挥等：《多边共管多标识天地一体化智能网联汽车高安全专网系统》，2022 年 11 月。

3. 基站网络场景

在基站网络场景，车辆行驶区域仅与基站通信良好，不能与卫星通信。此时车辆可以同时进行与基站、其他车辆的信息传输。如图 9 所示，车辆通过 UU 接口与蜂窝基站进行通信，车与车之间可通过 PC5 接口直连通信。

4. 卫星网络场景

在卫星网络场景，车辆行驶区域仅与卫星通信良好，不能与基站通信。此时车辆可以同时进行与卫星、其他车辆的信息传输。如图 10 所示。卫星对车辆进行实时定位，车与车之间可通过 PC5 接口直连通信。

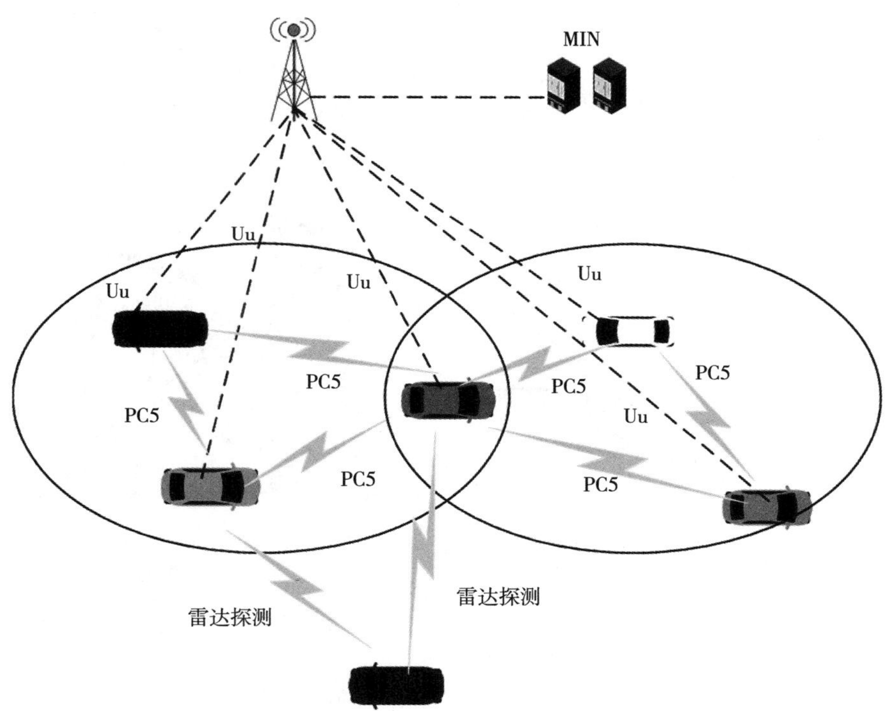

图 9　MIN-V2X 基站网络场景

资料来源：李挥等：《多边共管多标识天地一体化智能网联汽车高安全专网系统》，2022 年 11 月。

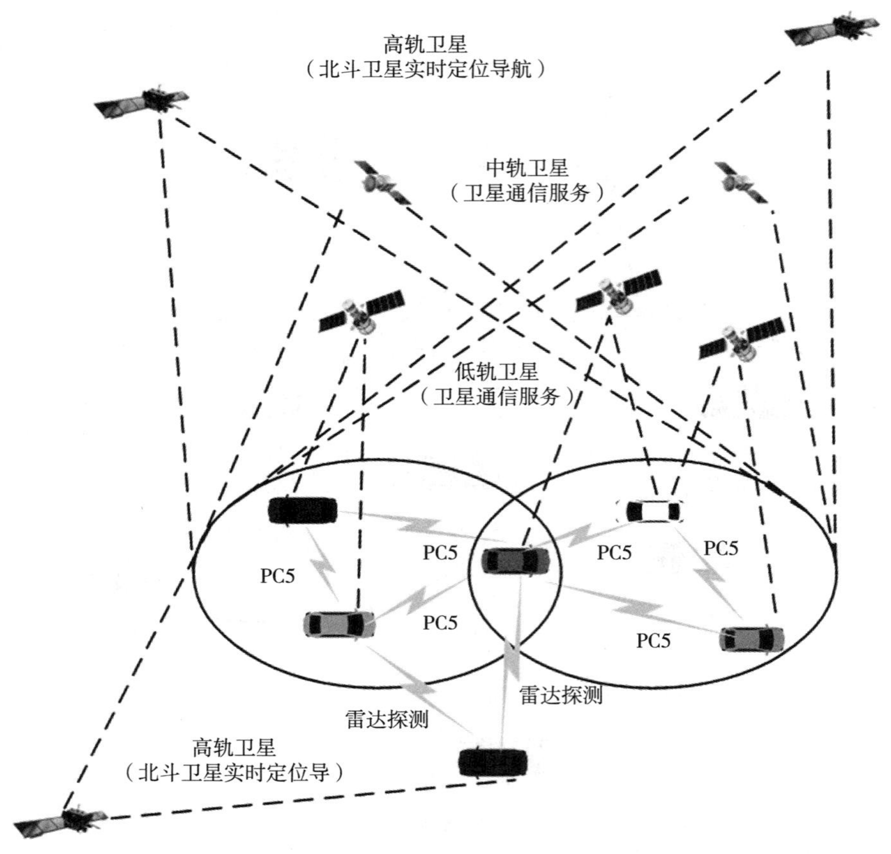

图 10　MIN-V2X 卫星网络场景

资料来源：李挥等：《多边共管多标识天地一体化智能网联汽车高安全专网系统》，2022 年 11 月。

参考文献

杨昕、李挥、阙建明、马震太、李更新：《面向未来网络的安全高效防护架构》，《计算机科学》2023 年第 3 期。

汪允敏、李挥、王菡：《区块链在工业互联网标识数据管理策略研究》，《计算机工程与应用》2020 年第 7 期。

沈昌祥、田楠：《主动免疫可信计算打造安全可信网络产业生态体系》，《信息通信技术与政策》2022 年第 8 期。

Li H.， Wu J. X.， Xing K. X.， YI P.， "Prototype and Testing Report of a Multi-identifier System for Reconfigurable Network Architecture Under Co-governing，" *Scientia Sinica Informationisnis*， 2019（49）.

Li H.， Wu. J.， Yang X.， Wang H.， Lan J.， " Co-governing Multi-identifier Network Architecture and Its Prototype on Operator's Network，" IEEE Access 2020（8）.

Bai Y.， Zhi Y.， Li H.， Wang H.， Lu P.， Ma C.， " On Parallel Mechanism of Consortium Blockchain：Take PoV as an Example，" The 3rd International Conference on Blockchain Technology， 2021.

Guo S.， Hu X.， Guo S.， Qiu X.， Qi F.， "Blockchain Meets Edge Computing：A Distributed and Trusted Authentication System，" *IEEE Transactions on Industrial Informatics*， 2019， 16（3）.

Wang H.， Li H.， Smahi A.， Zhao F.， Yao， Chan C. C.， Wang S.， Yang W.， Li S-Y. R. MIS， " A Multi-Identifier Management and Resolution System in the Metaverse，" *ACM Transactions on Multimedia Computing*， *Communications and Applications*， 2023.

Jiangxing W. U， "Research on Cyber Mimic Defense，" *Journal of Cyber Security*， 2016.

Wang Y.， Li H.， Huang T.， Hang X.， Bai Y.， " Scalable Identifier System for Industrial Internet Based on Multi-identifier Network Architecture，" *IEEE Internet of Things Journal*， 2021.

Yang X.， Li H.， Wang H.， "NPM：An Anti-attacking Analysis Model of the MTD System Based on Martingale Theory，" IEEE Symposium on Computers and Communications， 2018.

Chen Z.， Cui G.， Zhang L.， Yang X.， Li H.， " Optimal Strategy for Cyberspace Mimic Defense Based on Game Theory，" IEEE Access 2021.

Computer Security Requirements， " Guidance for Applying the Department of Defense Trusted Computer System Evaluation Criteria in Specific Environments，" DOD Computer Security Center， 1985.

附　录　地方政策汇编

附表　地方政策概览

省份	文件	核心内容
吉林	《吉林省人民政府关于落实新一代人工智能发展规划的实施意见》	加强车载感知、自动驾驶、车载网、物联网等技术集成和配套,开发交通智能感知系统,形成自主的驾驶平台技术体系和产品总成能力;发展面向无人驾驶的车载网
湖北	《湖北省"十三五"智能网联汽车与智慧交通创新发展和建设规划》	进一步发展车载与网联信息融合技术;加快示范试验区国家基地建设,依托武汉经济技术开发区国家级智能网联汽车示范区,培育智能汽车与智能交通融合发展的产业生态
浙江	《浙江省新能源汽车产业"十三五"发展规划》	打造杭州云栖小镇、桐乡乌镇两个5G车载网智交通示范应用基地;加快新能源汽车智能化运营、车联网系统等方面的技术突破和规范化应用,建成全省统一的智能化信息平台,形成新能源汽车互联共享的格局
	《浙江省人民政府关于深化制造业与互联网融合发展的实施意见》	推进感知互联的智能新产品新装备研发。加快发展穿戴电子、网络终端、智能家居、医疗电子、车载网等网络化、智能化产品
	《浙江省新一代人工智能发展规划》	着力突破新能源汽车"车网融合"技术和车载智能操作系统、高精度地图及定位、智能感知、智能决策与控制等重点技术,推动智能辅助驾驶、复杂环境感知、车载智能设备等产品的研发与应用
四川	《四川省"十三五"汽车产业发展指导意见》	加快智能网联汽车推广示范。以建设中德合作智能网联汽车、车联网标准及测试试验验证试点示范试验基地为契机,大力推动全省智能网联汽车、车联网推广示范
福建	《福建省新能源汽车产业发展规划(2017—2020年)》	加快自动驾驶技术发展。加快车端智能互联、"互联网+"应用,寻求企业大数据应用及车载网增值服务,实现车载网服务二次销售

续表

省份	文件	核心内容
广东	《广州市智能网联与新能源汽车产业链高质量发展三年行动计划(2022—2024年)》	为《广州市构建"链长制"推进产业高质量发展的意见》(穗厅字〔2021〕17号)关于"系统制定全市重点产业链'1+X'政策体系"的任务要求,加快布局智能网联与新能源汽车产业链,进一步培育区域产业发展新动能,推动广州汽车产业高质量发展,由市工业和信息化局、市发展改革委联合牵头制定《广州市智能网联与新能源汽车产业链高质量发展三年行动计划(2022—2024年)》。计划目标到2024年,初步建成以企业创新为主体、以自主可控为导向的智能网联与新能源汽车全产业链群
	《深圳经济特区智能网联汽车管理条例》	包括总则、道路测试和示范应用、准入和登记、使用管理、车路协同基础设施、网络安全和数据保护、交通违法和事故处理、法律责任以及附则
安徽	《安徽省"十三五"汽车和新能源汽车产业发展规划》	积极推动车联网通信技术等开发与集成供应,加快车载网与智能交通系统的产业链布局,到2020年基本建成自主、中高端的智能网联汽车产业链与智慧交通体系,自主设施占有率达到80%以上
云南	《云南省信息产业发展规划(2016—2020年)》	重点发展移动车载网等移动互联网产业;重点支持移动互联网、物联网、车联网环境下的新兴服务业项目
湖南	《湖南省"十三五"新型工业化发展规划》	加快壮大新兴产业,积极培育智能网联汽车产业;支持汽车企业与互联网企业协作开发包括自动驾驶汽车在内的网联智能汽车;建设网联汽车产业集群
江苏	《江苏省"十四五"新能源汽车产业发展规划》	在智能网联汽车领域,突破智能驾驶算法、域控制器、汽车线控底盘、道路融合感知、车联网网络安全与数据安全等关键核心技术。完善数据产权和收益分配机制,构建全省统一的车联网大数据交互体系,充分挖掘数据价值,建立可持续运营的车联网商业模式,面向机场、景区、矿山、工地、港口、社区等特定需求,开展基于5G的自动驾驶接驳车、工程车、物流车、快递车、环卫车等车辆示范运营
	《江苏省推进车联网(智能网联汽车)产业发展行动计划(2019—2021年)》	力争到2021年,车载网(智能网联汽车)相关产业产值突破1000亿元,基本建立智能车辆、信息交互、基础支撑等细分领域产业链,打造2~3个产业竞争力和规模水平国内领先的产业集聚区
北京	《北京市智能网联汽车创新发展行动方案(2019年—2022年)》	积极推动北京建设成为5G车载网重点示范应用城市,2020年在重点区域完成5G车载网建设,推动延崇高速、京雄高速、新机场高速等高速路智能网联环境、监控测评环境建设,规划智能网联专用车道
上海	《上海市智能网联汽车产业创新工程实施方案》	到2020年,保持并巩固上海智能网联汽车在全国的领先地位,力争在局部领域达到全球领先水平,努力建成全国领先、世界一流的智能网联汽车产业集群

皮 书

智库成果出版与传播平台

✧ 皮书定义 ✧

皮书是对中国与世界发展状况和热点问题进行年度监测，以专业的角度、专家的视野和实证研究方法，针对某一领域或区域现状与发展态势展开分析和预测，具备前沿性、原创性、实证性、连续性、时效性等特点的公开出版物，由一系列权威研究报告组成。

✧ 皮书作者 ✧

皮书系列报告作者以国内外一流研究机构、知名高校等重点智库的研究人员为主，多为相关领域一流专家学者，他们的观点代表了当下学界对中国与世界的现实和未来最高水平的解读与分析。截至 2022 年底，皮书研创机构逾千家，报告作者累计超过 10 万人。

✧ 皮书荣誉 ✧

皮书作为中国社会科学院基础理论研究与应用对策研究融合发展的代表性成果，不仅是哲学社会科学工作者服务中国特色社会主义现代化建设的重要成果，更是助力中国特色新型智库建设、构建中国特色哲学社会科学“三大体系”的重要平台。皮书系列先后被列入“十二五”“十三五”“十四五”时期国家重点出版物出版专项规划项目；2013~2023 年，重点皮书列入中国社会科学院国家哲学社会科学创新工程项目。

皮书网

（网址：www.pishu.cn）

发布皮书研创资讯，传播皮书精彩内容
引领皮书出版潮流，打造皮书服务平台

栏目设置

◆关于皮书

何谓皮书、皮书分类、皮书大事记、
皮书荣誉、皮书出版第一人、皮书编辑部

◆最新资讯

通知公告、新闻动态、媒体聚焦、
网站专题、视频直播、下载专区

◆皮书研创

皮书规范、皮书选题、皮书出版、
皮书研究、研创团队

◆皮书评奖评价

指标体系、皮书评价、皮书评奖

◆皮书研究院理事会

理事会章程、理事单位、个人理事、高级研究员、理事会秘书处、入会指南

所获荣誉

◆2008 年、2011 年、2014 年，皮书网均在全国新闻出版业网站荣誉评选中获得“最具商业价值网站”称号；

◆2012 年，获得“出版业网站百强”称号。

网库合一

2014年，皮书网与皮书数据库端口合一，实现资源共享，搭建智库成果融合创新平台。

皮书网

“皮书说”
微信公众号

皮书微博

中国社会发展数据库（下设 12 个专题子库）

紧扣人口、政治、外交、法律、教育、医疗卫生、资源环境等 12 个社会发展领域的前沿和热点，全面整合专业著作、智库报告、学术资讯、调研数据等类型资源，帮助用户追踪中国社会发展动态、研究社会发展战略与政策、了解社会热点问题、分析社会发展趋势。

中国经济发展数据库（下设 12 专题子库）

内容涵盖宏观经济、产业经济、工业经济、农业经济、财政金融、房地产经济、城市经济、商业贸易等12个重点经济领域，为把握经济运行态势、洞察经济发展规律、研判经济发展趋势、进行经济调控决策提供参考和依据。

中国行业发展数据库（下设 17 个专题子库）

以中国国民经济行业分类为依据，覆盖金融业、旅游业、交通运输业、能源矿产业、制造业等 100 多个行业，跟踪分析国民经济相关行业市场运行状况和政策导向，汇集行业发展前沿资讯，为投资、从业及各种经济决策提供理论支撑和实践指导。

中国区域发展数据库（下设 4 个专题子库）

对中国特定区域内的经济、社会、文化等领域现状与发展情况进行深度分析和预测，涉及省级行政区、城市群、城市、农村等不同维度，研究层级至县及县以下行政区，为学者研究地方经济社会宏观态势、经验模式、发展案例提供支撑，为地方政府决策提供参考。

中国文化传媒数据库（下设 18 个专题子库）

内容覆盖文化产业、新闻传播、电影娱乐、文学艺术、群众文化、图书情报等 18 个重点研究领域，聚焦文化传媒领域发展前沿、热点话题、行业实践，服务用户的教学科研、文化投资、企业规划等需要。

世界经济与国际关系数据库（下设 6 个专题子库）

整合世界经济、国际政治、世界文化与科技、全球性问题、国际组织与国际法、区域研究 6 大领域研究成果，对世界经济形势、国际形势进行连续性深度分析，对年度热点问题进行专题解读，为研判全球发展趋势提供事实和数据支持。

法律声明